TESSA HENNIG schreibt seit vielen Jahren große TV-Unterhaltung und Bestseller-Romane mit Herz und Humor, die auch erfolgreich verfilmt wurden.Wenn sie vom Schreiben eine Auszeit benötigt, reist sie auf der Suche nach neuen Stoffen gern in den Süden.

Tessa Hennig

C'est la vie, chérie

Roman

Ullstein

Besuchen Sie uns im Internet:

www.ullstein.de

Wir verpflichten uns zu Nachhaltigkeit

- Klimaneutrales Produkt
- Papiere aus nachhaltiger
  Waldwirtschaft und anderen
  kontrollierten Quellen
- ullstein.de/nachhaltigkeit

MIX
Paper | Supporting
responsible forestry
FSC® C021394

Originalausgabe im Ullstein Taschenbuch

1. Auflage Juli 2023

© Ullstein Buchverlage GmbH, Berlin 2023

Umschlaggestaltung: bürosüd° GmbH, München

Titelabbildung: © Gerhard Glück

Gesetzt aus der Quadraat Pro powered by *pepyrus*

Druck und Bindearbeiten: ScandBook, Litauen

ISBN 978-3-548-06768-1

Kapitel 1

Der Tag war gelaufen. Ulrike hatte einen Wurm im Ohr. Geholt hatte sie ihn sich von Herrn Eberle, der unentwegt nervenzersetzende Schlager von irgendwelchen Radiostationen aufschnappte, die sie anscheinend rund um die Uhr spielten. Freddy Brecks *»Rote Rosen, rote Rosen. Sind die ewigen Boten der Liebe. Rote Rosen, rote Rosen. Die bekommst du darum auch von mir.«* Die Textzeilen hatte Herr Eberle gesungen, als er um Ulrikes Rosenbestand herumscharwenzelt war. Die Platte aus den Siebzigern lief heute sicher den ganzen Tag in Ulrikes Stammhirn – so tief hatten sich diese Zeilen in ihren Kopf eingenistet. Wie eine Platte mit Kratzer in Dauerschleife. Der Eberle war glücklicherweise nicht dazu gekommen, weitere Strophen von sich zu geben, weil Ulrike ihn jäh unterbrochen hatte, um ihm klarzumachen, dass Rosen nichts weiter als ein Klischee waren. Wer rote Rosen kaufte, um seiner Angebeteten ein Zeichen seiner Liebe zu schenken, dem fiel halt nichts Besseres ein. Aber gut, wieder sechzig Euro Umsatz gemacht. Die roten waren nun weg und der Eberle auch. Ulrike seufzte erleichtert, als sich die Tür hinter ihm schloss. Voller Wehmut betrachtete sie die schönen Sträuße, die sie heute Morgen liebevoll arrangiert hatte. Romantik pur für frisch Verliebte. Ihre floristischen Kompositionen sagten mehr aus als dieser toupierte Breck mit seinem Gassenhauer. Am besten gefiel ihr der rund gebundene Strauß mit Alstromerien und Santini, Schleierkraut und Lilien, eingebettet, ja fast schon liebkost von Salal und Pistazie. Ein kleines Meisterwerk, wenngleich ein Kinderspiel für eine gelernte Floristin mit über dreißig Jahren Berufserfahrung, zehn davon im »Blütentraum« – ihrem kleinen Laden in der Offenburger Innenstadt, der es bis heute geschafft hatte, den Billigblumenangeboten sämtlicher Supermarktketten zu trotzen. Wahrscheinlich war es ihre Liebe für alles, was blühte, die sie tagtäglich, obwohl sie kurz vor der Rente stand, noch in den Laden trieb, der letztlich nicht nur Flora, sondern Ästhetik und Wohlbefinden verkaufte. Vom täglich betörenden Duft, der aus unzähligen Blütenkelchen strömte, mal ganz abgesehen. Das war jeden Tag ein Genuss, gemütsaufhellend und Trost spendend, wenn das Leben mal wieder vor sich hin zickte. Der Ohrwurm war erst weg, als Frau Heidenreich vor ihrem Laden auftauchte und sie keine zwei Atemzüge später mit einem einnehmenden Lächeln begrüßte. Ulrike mochte diese Stammkundin besonders gerne, weil sie stets guter Dinge war. Kundschaft hatte sie nicht nur einmal für Schwestern gehalten, wenngleich Ulrike der Heidenreich in Sachen Ausstrahlung, die Gletschereis zum Schmelzen bringen konnte, in letzter Zeit nicht mehr das Wasser reichen konnte. Sie sahen sich tatsächlich ähnlich, obwohl nicht einmal entfernt verwandt. Graues, kurz geschnittenes Haar, feine Gesichtszüge, braune wache Augen und Grübchen, wenn sie schmunzelten. Markant war bei beiden das Nashörnchen – Ulrikes Mann Hans bezeichnete es als solches. Auch bei Frau Heidenreich ragte die Nasenspitze etwas nach oben. Ulrikes Kundin wäre, zumindest auf dem Papier, die ältere Schwester. Sie sah mit ihren einundsiebzig aber fast noch einen Tick jünger aus als Ulrike an schlechten Tagen. Angeblich wegen gesunder Ernährung, Verzicht auf Salz und vor allem Zucker, Nikotin, Alkohol und Kaffee. Seit ihrem Vortrag darüber, dass Zucker das schlimmste Gift unserer Zeit sei, dick, süchtig, aber auch träge mache und die gesunde Reproduktion von körpereigenen Zellen unterdrücke, war keiner mehr im Haus. Frau Heidenreich war der lebende Beweis dafür, dass Gesundheit, Vitalität und Schönheit auch mit einem höheren Alter einhergehen konnten. Bei ihr hingen weder die Mundwinkel noch die Wangen, und nur die Haut am Hals zeigte ein paar Fältchen. Wer so aussah, konnte es sich sogar leisten, Kleidung zu tragen, vor der manch Fünfzigjährige zurückschrecken würde. So auch heute. Sie trug eine Bluse mit buntem Blumenmuster, einen roten Schal, passend zum Lippenstift, den gleichfarbigen modischen Ohrringen und eine keck geschnittene weiße Falschpelzjacke, die sie wahrscheinlich nur zur Zierde lose auf den Schultern trug. Joan Collins in Stöckelschuhen – zumindest gemessen an Ulrikes Hush Puppies mit Fußbett, ohne die sie die vielen Stunden im Laden nicht überstehen würde. Ulrike musste nie ihr routiniertes Lächeln für die Laufkundschaft aufsetzen, wenn sie hereinkam, obwohl sie die Frau daran erinnerte, dass sie im Gegensatz zu ihren Blumen, aber auch im Vergleich mit der Heidenreich, bereits am Verwelken war. Die Frau war noch nicht einmal geliftet!

»Guten Morgen, Frau Becher. Was für ein wunderschöner Tag.« Frau Heidenreich versprühte pure Lebensfreude.

Ulrike bemerkte erst jetzt, dass sich die Wolken verzogen hatten und die Sonne die Geschäftshäuser gegenüber beschien.

»Mal sehen, wie lange sich die Sonne heut noch blicken lässt.« Ulrike gab sich angesichts des wechselhaften Aprilwetters der letzten Tage pessimistisch.

»Ach was. Die bleibt schon am Himmel. Sie ist immer am Himmel. Nur manchmal schieben sich halt ein paar Wolken davor.« Frau Heidenreichs fröhliches Wesen verströmte seine Schwingungen wie der Duft von Ulrikes Blumenmeer. Erstaunlicherweise hatte sie nicht wie sonst die Ecke mit den Blumentöpfen im Visier. Manchmal kaufte sie auch nur ein paar Schnittblumen. Der Blumenstrauß für Romantiker schien es ihr heute besonders angetan zu haben.

»Das ist genau das Richtige«, schwärmte sie und ließ sogleich ihre Nase in einen der Alstromerienkelche sinken. Die zogen normalerweise Schmetterlinge an. Frau Heidenreich wirkte wie einer. So leicht, zart und unbeschwert.

»Ideal, einfach ideal ...«

»Den hab ich heute Morgen als Hochzeitsstrauß gebunden. Die Hochzeit wurde aber auf kommende Woche verschoben«, erklärte Ulrike.

»Na, da hatte ich wohl den richtigen Riecher.«

»Sie wollen heiraten?«

»In meinem Alter? Wo denken Sie hin, meine Teuerste, obwohl ...« Frau Heidenreich schien dieser Gedanke zu erheitern.

Ulrike sah sie entgeistert an, woraufhin Frau Heidenreich laut loslachte. Dass sie Männer immer noch interessierten, war Ulrike bekannt. Mit Mitte fünfzig die zweite Scheidung. Mit Ende fünfzig eine neue Flamme, die allerdings vor drei Jahren erloschen war. Ulrike hatte das Bouquet für seine Beerdigung gebunden.

»Er heißt Wolfgang. Total schnuckelig, der Kerl.«

Ulrike traute ihren Ohren nicht.

»Schnuckelig?« Ulrike hatte bei diesem Wort einen gerade mal geschlechtsreifen Jüngling vor Augen.

»Er ist letzte Woche sechzig geworden, aber immer noch total vital.«

Aha, vermutlich auch einer mit gesunder Ernährung und dem ganzen Pillepalle, um Falten aus dem Gesicht fernzuhalten.

»Hab ihn im Spanischkurs kennengelernt.«

»Sie lernen Spanisch?«

»Er hat ein Haus an der Costa Blanca. Er will, dass ich zu ihm ziehe.«

»Einfach so? Weg von hier?«

»Nennen Sie mir einen Grund, weshalb ich hierbleiben sollte. Sieht man mal von Ihrem Blumenladen ab.«

Ulrike fiel keiner ein. Frau Heidenreich hatte ihres Wissens eine fette Rente und war zudem witwenrentengeboostert. Ihr Sohn hatte sich in ein Mädchen aus der DomRep verliebt und lebte dort von einem Surfverleih, ansonsten von Joints und Liebe. Der besuchte sie gerade einmal im Jahr, entweder zu Weihnachten oder an ihrem Geburtstag, und würde sicher auch nach Spanien fliegen, um die Mama zu erfreuen.

»Sehen Sie«, kam es dann prompt. »Ich glaube, es würde Ihnen auch gefallen. Um die Jahreszeit duftet es dort überall nach Orangen. Man wird ganz high davon«, fuhr Frau Heidenreich fort.

»Sie waren schon dort?« Erst jetzt fiel Ulrike auf, dass sie Frau Heidenreich tatsächlich für bestimmt zwei Wochen nicht mehr gesehen hatte.

Sie nickte genießerisch.

»Er hat eine Finca, etwas abseits vom Meer. Aber der Blick von dort oben und, was soll ich sagen ... Ich fühle mich um zehn Jahre jünger«, juchzte sie. Das klang so, als hätten sie es jeden Tag in irgendeiner Orangenplantage getrieben.

»Wolfgang ... Ach ... Wolfi ...« Frau Heidenreich wirkte wie weggetreten.

Ulrikes Verdacht bestätigte sich. »Er ist wohl noch gut beieinander«, wagte sie anzumerken.

»Gut beieinander? Ein Stier!« Frau Heidenreich kicherte wie ein junges Gör. Das war der Schlag in die Magengrube, obwohl Ulrike genau wusste, dass sie es nicht ernst gemeint haben konnte. In dem Alter. Oder etwa doch? Allein die bloße Vorstellung, dass

Männer ab sechzig noch so viril sein konnten und Frauen wie die Heidenreich so lustvoll, brachte Ulrikes Weltbild angesichts eigener jahrelanger leidvoller Erfahrung im ehelichen Schlafgemach arg ins Wanken. Jeder hatte doch ab fünfzig seine Zipperlein. Arthrose, Rheuma, Schleimbeutelentzündungen, Hexenschuss. Rückenprobleme sowieso, wenn nicht Schlimmeres. Ein Stier? Die Heidenreich übertrieb sicher maßlos.

»Er kommt heute zu Besuch. Den Strauß nehm ich.«

Ulrike nickte und nahm ihn aus der Vase, steckte ihn in eine Plastiktube, gefüllt mit Wasser und etwas Düngerflüssigkeit, damit die Stängel straff blieben. Der ideale Strauß für Wolfgang, dessen Stängel anscheinend auch noch recht straff war. Die Frau war zu beneiden.

»Er sieht aus wie Mitte fünfzig. Anfangs hatte ich schon meine Bedenken, aber glauben Sie mir. Es zahlt sich aus, sich einen jüngeren Mann zu nehmen ...« Frau Heidenreich hatte noch nie ein Blatt vor den Mund genommen, wenn es um ihre Männer ging, dennoch kam das etwas befremdlich rüber.

»Was kostet der?«

»Fünfunddreißig neunzig.«

»Sie haben wirklich ein glückliches Händchen. Er ist wunderschön.«

Ulrike freute sich über das Kompliment, fragte sich momentan allerdings, ob sie bei der Auswahl ihres Gatten vor vielen Jahren auch ein so glückliches Händchen bewiesen hatte.

Normalerweise war die Mittagspause nichts, worauf sich Ulrike sonderlich freute. Im Laden war es schöner als daheim, obwohl ihre direkt über dem »Blütentraum« liegende Eigentumswohnung geschmackvoll eingerichtet, mit Grünpflanzen und täglich frischen Schnittblumen dekoriert war. Eine Kleinigkeit zu sich nehmen konnte sie auch im Laden, zumal unweit ihres Zuhauses jede Menge Restaurants günstige Mittagsgerichte anboten. Ging schnell, doch dann hätte sie abends kochen müssen, was Ulrike zu mühsam war. Wer den ganzen Tag im Laden stand, der stellte sich nicht auch noch abends an den Herd. Von müden Füßen konnte heute treppauf bis zur Wohnungstür nicht die Rede sein, denn im Briefkasten hatten zwei beflügelnde Schreiben gelegen. Ulrike konnte es gar nicht erwarten, sie zu öffnen, stürmte gleich in die Küche und stellte gerade noch den Einkauf ab – Brokkoli, Karotten und vegetarische Schnitzel. Gesund essen wie die Heidenreich, auch wenn es bei ihr selbst anscheinend nichts nützte, um die hängenden Mundwinkel dauerhaft nach oben zu pinnen. Mit dem Schreiben von der Lebensversicherung in der Hand war das momentan jedoch ein Kinderspiel. Der Lohn einer Selbstständigen, die in einen alten und daher noch renditestarken Vorsorgefonds eingezahlt hatte, lag nun in ihren Händen. Einhunderttausend und ein paar Zerquetschte würden spätestens kommende Woche auf ihrem Girokonto sein. Vermutlich aber nicht für lange – zumindest, wenn es nach Ulrike ginge. Das zweite Schreiben war der angeforderte Prospekt eines Wohnmobilherstellers. Das Gemüse musste warten. Ulrike setzte sich gleich an den Küchentisch und besah sich das Objekt ihrer Begierde. Eine Empfehlung der Reinhards, Stammkunden, die, seitdem sie in Rente waren, mit so einem Teil um die halbe Welt tuckerten und ihre Fotoalben mit ihr online teilten. Die beiden waren zu beneiden. Nach so vielen Ehejahren immer noch ein Herz und eine Seele. Mit Ende sechzig noch fit wie ein Turnschuh. Nahezu täglich neue Eindrücke, Begegnungen mit interessanten Menschen. Leben in traumhaft schönen Landschaften und immer in Bewegung. Ulrike seufzte. Die Prospektfotos dieser Wohnmobilreihe anzusehen, die an Sehnsuchtsorten aufgenommen wurden, war beflügelnd und Qual zugleich, denn Hans liebte den Komfort und die Bequemlichkeit. Eingerostet war er. Eingefahren. Keine zehn Pferde würden ihn in so ein Ding kriegen. Mit »Ding« meinte er aber sicher den kleinen Van ihrer Nachbarn, die seit Jahren mit ihrem selbst umgebauten Vehikel in den Urlaub fuhren. Jeden Tag das Bett hochkurbeln, um sich drinnen überhaupt bewegen zu können. Keine Küche. Kein Klo, keine Dusche, sondern nur ein klitzekleines Waschbecken, das per Handpumpe aus einem Zehnliterkanister mit Wasser gespeist wurde und gerade mal für eine Katzenwäsche reichte, wenn kein Campingplatz frei oder erschwinglich war. Das wäre auch nichts für Ulrike, doch das vor ihr im Katalog abgebildete Modell hatte so ziemlich alles, was man zum Leben brauchte – für ein komfortables Leben. Ulrike nahm sich daher vor, bei Hans noch einen Anlauf in Sachen Wohnmobil zu unternehmen. Sogar einen kleinen Schreibtisch hätte er darin. Im Zeitalter von Roaming und 5G könnte er von überall aus seine Lektorate verschicken und Online-Videokonferenzen abhalten. Vielleicht würde ihn auf Reisen sogar die Muse wieder küssen, damit er endlich mit seinem Roman weiterkam. Die Hoffnung starb bekanntlich zuletzt. Nun war das Gemüse dran, denn was nützte ein Leben auf Achse, wenn die eigenen Achsen ächzten. Gesund bleiben, ob mit Falten oder ohne. Ulrike stand auf, holte sich ein Schnittbrett von der Anrichte und zog ein großes Messer aus dem Block. Wie schön wäre es jetzt, nicht vor ihrer Einbauküche zu stehen, sondern das Gemüse auf der grob geschätzt einen Quadratmeter großen Arbeitsplatte dieser Wohnmobilküche vor sich liegen zu haben. Mehr Platz brauchte man doch gar nicht, um Essen zuzubereiten. Frisches von jedem Ort, an dem sie gerade waren. Das kleine Fenster zwischen Kühlschrank und dem Küchenmöbel für die Mikrowelle würde ihr einen Blick in traumhaft schöne Landschaften eröffnen – statt weißer Fliesen vor ihrer Nase. Du würdest den Blumenladen und deine Kundschaft vermissen, sagte sie sich. Länger arbeiten? Wozu? Nächstes Jahr bekam sie ihre normale Rente. Lange genug hatte sie im Angestelltenverhältnis darin eingezahlt. Seit dem sechzehnten Lebensjahr, um genau zu sein. Hans hatte bereits seine gesetzliche und eine von einer Pensionskasse. Keine Schulden. Fürs Essen, Klamotten und was man sonst noch so zum Leben brauchte, würde das doch reichen. Zusammengerechnet zweieinhalb Mille. Davon konnte man erst recht »on the road« leben. Keine Nebenkosten für die Wohnung mehr. Es sprach doch alles dafür. Der Kundschaft wegen länger zu arbeiten kam jedenfalls nicht mehr infrage. Blumen in der Natur waren sowieso viel schöner, und wer wusste schon, wie lange sie körperlich noch in der Lage war, jeden Tag im Laden zu stehen, um der Konkurrenz zu trotzen. So viel Gewinn brachte er nicht mehr ein. Das Messer lag noch immer unverrichteter Dinge in ihrer Hand, als sie das Geklimper von Hans' Schlüsselbund an der Tür vernahm. Es riss sie aus ihren Gedanken. Schon war der Brokkoli in zwei Teile geschnitten. Schnell, schnell, denn in gut einer Stunde musste sie wieder im Laden sein.

Die Tür fiel ins Schloss.

»Hallo, Schatz«, ertönte, gefolgt von einem gequälten Stöhnen. Um sechs raus, um nach Frankfurt zu einer Drehbuchbesprechung zu fahren, rechtfertigte es. Hans hasste es, früh aufzustehen. Die schlurfenden Schritte, die sie vernahm, während sie das Gemüse zerkleinerte, ließen nichts Gutes ahnen.

»Am liebsten würde ich das alles hinschmeißen«, sagte er, als er die Küche betrat, seine Laptoptasche auf den Tisch legte und sich kraftlos auf einen der Küchenstühle plumpsen ließ. Wunderbar! Alles hinschmeißen und dann mit einem Wohnmobil um die

Welt düsen. Leider sagte er das oft genug, doch hingeschmissen hatte er seinen Job als Lektor und Dramaturg bisher noch nicht.

»Gerupft hab ich sie.«

»Wen? Die Autorin oder die Redakteurin?«

»Beide.«

»Und warum?« Ulrike rechnete damit, dass er gleich wieder damit anfing, wie seicht das Fernsehprogramm geworden war und wie eingefahren die Drehbuchautoren seien, nur noch niederste Instinkte bedienten, Liebesgedöns oder Krimis in flachen Geschichten und am besten mit viel Haut. Dabei war doch gegen niedere Instinkte gar nichts einzuwenden. Leider waren sie ihm schon vor Jahren verloren gegangen, was aber auch daran liegen könnte, dass er zu viel saß und sich kaum bewegte. Ihr auch, räumte sich Ulrike zugleich ein. Ohne Frau Heidenreichs Männergeschichten würde sie vermutlich nicht einmal mehr daran denken.

»Mein Schädel. Zieht an den Schläfen. Und ich hab so einen Druck hinter den Augen.« Hans stöhnte erneut auf. »Mein Kollege hatte einen Hirntumor.«

»Glaub mir, du hast keinen. Hast du während der Fahrt was getrunken?«

»Das überteuerte Zeug im Zug?«

»Na, dann musst du dich auch nicht darüber wundern, dass du Kopfschmerzen hast.«

Hans stöhnte erneut auf.

»Jetzt erzähl schon. Wie war die Besprechung?«

»Das Buch ist für die Tonne. Die Prota ist wieder einmal so ein junges Ding. Ein Großstadtschneckchen. Ihr Ex hat sie sitzen lassen, und dann fährt sie zur Tante, die ein kleines Café kurz vor der Pleite betreibt. Rate mal, wohin.«

»Nordsee? Ostsee?«, mutmaßte Ulrike. Die gängigen Klischees waren Ulrike bekannt. Er lästerte schließlich unentwegt darüber.

»Ersteres.«

»Und dann verliebt sie sich in den Gärtner?«

»Noch schlimmer. In den Sohn des Nachbarn, der mit ihrer Tante im Clinch liegt.«

»Verstehe. Romeo und Julia. Zwei verfeindete Lager. Und die Liebe glättet die Wogen. Die jungen Leute werden ein Paar, und die Tante verträgt sich am Ende wieder mit dem Nachbarn«, spann Ulrike den Faden weiter.

»Aber erst, als die Kleine das Café mit ihren frischen Ideen wieder auf Vordermann gebracht und den widerspenstigen Typen gezähmt hat. Hundertmal in Varianten erzählt. Ich könnte kotzen.«

»Was regst du dich so auf? Lass sie doch nach Schublade schreiben. Wenn's gedreht wird und die Zuschauer das sehen wollen.«

»Der Produzent hat mich als frustrierten Knochen bezeichnet.« Ulrike hatte Mühe, nicht loszufeixen, und war daher froh, dass sie ihm noch den Rücken zudrehte. Der hatte doch recht.

»Und dafür lebe ich. Für so einen Schrott.« Hans fing erneut an zu jammern.

»Zwingt dich ja keiner. Du könntest von deiner Rente leben.« Ulrike zog den Wok scheppernd aus der Anrichte und gab das Gemüse hinein. Ein Glas Wasser dazu. Deckel drauf und dünsten lassen. Es war nichts mehr zu tun. Daher setzte sie sich zu ihrem Mann an den Tisch. Sein Laptop bedeckte dummerweise den Katalog, was einen abrupten Themenwechsel unmöglich machte.

»Von meiner Rente leben … Als ob das Geld alles wäre.« Ulrike überraschte, dass ihre Worte anscheinend in ihm nachhallten.

»Und wofür willst du leben?«, sprudelte es aus ihr heraus.

Er zuckte nur die Achseln.

»Wofür leben wir?«

Hans' starrer und fast schon lebloser Blick trieb Ulrike in den Wahnsinn. In diesen Momenten kam er ihr vor wie ein alles verzehrendes schwarzes Loch, das ihr die Lebensfreude nahm. Bis vorhin gut drauf. Von einem Wohnmobil geträumt, und nun floss die Energie in Strömen aus ihr heraus.

»Du vergräbst dich doch nur noch in deinen Büchern.« Damit meinte sie gute Literatur, mit der er sich seelisch anscheinend über Wasser hielt und sie wach, weil er oft genug bis tief in die Nacht las. Ulrike war danach, ihm das jetzt gleich noch mit aufs Brot zu schmieren.

»Ist 'ne bessere Welt.«

»In der ich anscheinend nicht mehr vorkomme.« Endlich ausgesprochen.

»Du übertreibst.«

»Ich hab unseren Hochzeitstag letztes Jahr jedenfalls nicht vergessen«, hielt sie ihm vor.

»War ja kein runder.«

Was sollte man darauf noch sagen?

»Ich hab Anja angerufen und zum Essen eingeladen. Sie kommt. Markus auch. Und Sophie freut sich auf ihre Oma«, sagte er. Wenigstens hatte er den diesjährigen Hochzeitstag nicht vergessen, auch wenn es nur ein halbrunder war. Fünfundvierzig Jahre mit diesem Mann. Dafür müsste man einen Orden bekommen. Der Gedanke daran munterte Ulrike etwas auf. Das Wort »Oma« ließ die Gesichtswangen allerdings gleich wieder hängen.

Endlich nahm er den Laptop vom Tisch. Sein Blick verfing sich wunschgemäß an dem Prospekt, aber nur kurz, denn dann sah er sie entgeistert an.

»Hab ich mir schicken lassen.«

»Wozu?« Sein fassungsloser Blick sprach Bände.

»Wir könnten uns das jetzt leisten.«

Hans litt sichtlich. Das Für und Wider eines Wohnmobils hatten sie bereits x-mal diskutiert. Angefangen bei den hohen Standplatzmieten über die bald unbezahlbaren Dieselpreise bis hin zu Horrorgeschichten von Überfällen.

»Schau ihn dir doch wenigstens mal an.«

»Wir haben hier doch alles.«

»Du vielleicht.«

»Was fehlt dir denn?«, fragte er so unbedarft und zugleich ungläubig, dass Ulrike keinen Ton mehr herausbrachte. Einiges fehlte, dachte sie sich im Stillen.

Es dampfte nicht mehr aus dem Wok. Nicht, dass das Gemüse noch anbrannte.

Ulrike stand wortlos auf und ging zur Herdplatte. Er bekam nicht einmal mehr mit, dass sie ihr Glück nur noch im Blumenmeer ihres Ladens fand. Seine Frage beschäftigte sie so sehr, dass sie gedankenverloren die inzwischen garen Gemüsebrocken im Wok hin- und herschob. Mehr körperliche Nähe? Dass er besser drauf war? Das stünde schon mal ganz oben auf der Liste. Würde ein Wohnmobil sie glücklich machen? War es nicht nur der verzweifelte Versuch, aus ihrem eingefahrenen Leben auszubrechen? Etwas zu verändern, egal wie? Vergrub sie sich nicht selbst in ihrem Blütentraum wie er in seinen Büchern? Im Wok würde sie jedenfalls keine Antwort auf diese Fragen finden.

Diese Jeanette Belford war für Anja mittlerweile ein rotes Tuch. Kamen ihre Ein- und Ausgabenbelege per Mail als PDF herein, gab es gleich mehrere Gründe, sich darüber zu ärgern. Die Scans waren schief und teilweise unscharf. Einen Scanner hatte die Belford anscheinend nicht. Mal schnell das Handy drüberhalten.

Gut, das hatte Anja bei anderen Klienten auch. Wie will man dann richtig buchen und den Gewinn für die Steuererklärung oder wie heute die Zahllast für die Umsatzsteuervoranmeldung ermitteln? Bewirtungsbelege ohne Angabe eines Grunds oder Namensnennungen waren bei der Belford sowieso schon normal. Peanuts, zumal das Finanzamt bisher noch nie irgendwelche Belege dieser Art angefordert hatte. Was Anja viel mehr ärgerte, lag einige Schichten tiefer in ihrem Inneren. Jeanette Belford konnte von der Malerei leben! Dabei hatte es von Anjas Mutter und ihrem Vater immer geheißen: »Brotlose Kunst. Lerne was Gescheites. Etwas Handfestes.« Es gab in den Augen ihrer Eltern kaum etwas Handfesteres als den Beruf der Steuerfachfrau. Regelmäßiges Einkommen. Feste Arbeitszeiten. Etwas Parteiverkehr, um nicht zwischen Aktenordnern, dem PC und Drucker in ihrem zehn Quadratmeter großen Büro zu veröden. Gewinne herunterrechnen und Steuerschlupflöcher ausfindig machen, also Denkarbeit, die gelegentlich sogar forderte und Spaß machte, übernahm allerdings ihr Chef. Jeanette Belford führte Anja vor Augen, dass sie doch hätte Kunst studieren können. Die machte in manchen Jahren locker fünfzig- bis sechzigtausend Umsatz, und wenn's schlechter lief, gab sie Kurse an der Volkshochschule. Jede Urlaubsreise ließ sich absetzen. Was die Belford machte, war zwar nichts »Handfestes«, aber etwas »Gescheiteres« als dieser furztrockene Job, für den Anja sich tagtäglich ins Büro schleppte. Vertippt! 112,13 statt 112,31. Mist! Kein Wunder, wenn man nicht bei der Sache war. Anja ertappte sich auch noch dabei, sich durchs Haar zu fahren. Noch bis letzte Woche eine sinnvolle Geste, weil ihr die schulterlange mittelblonde Mähne unentwegt ins Gesicht gefallen war. Mit Kurzhaarschnitt aus rein pragmatischen Gründen war das gänzlich sinnlos. 112,31 – nun war der Bewirtungsbeleg richtig eingegeben. Anja richtete sich auf, um tief Luft zu holen. Die Belford hatte keinen Mann und keine Tochter. Dafür Freiheit. Man konnte nicht alles im Leben haben. Anja hatte Sophie, die kleine süße und fleißige. Der Gedanke an ihre Tochter fühlte sich gut an und legitimierte ihre Entscheidung, dem Rat ihrer Eltern gefolgt zu sein. Für Sophie hatte sie ihr Studium aufgegeben. Anja brauchte gleich noch einen tiefen Atemzug, um das aufsteigende flaue Gefühl aus sich herauszuatmen. Sie war gerade dabei, die nächste PDF-Datei zu öffnen, als die Tür aufging und Susanne, ihr Lehrling, hereinspazierte. Gerade mal achtzehn und bildhübsch. Bis gestern noch in Thailand mit dem Rucksack unterwegs gewesen. Was erlebt. Anja hatte ihr noch Tipps gegeben, denn an ihre Rucksacktour in den Neunzigern konnte sie sich noch allzu gut erinnern. Ein echtes Lebenshighlight war das gewesen.

Wie immer kam Susanne nicht pünktlich aus der Berufsschule. Dem Chef war es egal, also verkniff sich Anja eine entsprechende Bemerkung.

»Wow«, kam zur Begrüßung. Susanne musterte sie trotzdem etwas irritiert.

»Steht Ihnen gut. Flott.«

»Eher praktisch und stromsparend. Das Föhnen ging mir auf die Nerven.« Das war nur die halbe Wahrheit, denn bei kurzem Haar ließen sich graue Ansätze schneller wegfärben.

»Verstehe.« Susanne verstand es sicher nicht, denn so wie sie sich jeden Tag stylte, verbrachte sie bestimmt eine halbe Stunde länger im Bad. Und an den höheren Stromverbrauch dachte sie sicher auch nicht. Wer heutzutage gedankenlos einen Langstreckenflug buchte, der scherte sich nicht um die Klimabilanz.

»Und? Wie war's in Thailand?«, fragte Anja eher höflichkeitshalber.

»Ein Traum. Coole Typen kennengelernt. Jeden Tag chillen am

Strand und abends in den Club. Einer der Jungs ist aus Offenburg. Stellen Sie sich das mal vor.«

Noch so ein Klimasünder, und anscheinend hatte Susanne sich in den verknallt – so wie das junge Ding strahlte.

»So klein ist die Welt.«

»Wir sehen uns heute Abend«, gestand sie mit Schmachtblick. Susanne wirkte wie weggetreten. Anja trat gedanklich nun auch weg, weil sie ein Déjà-vu überfiel. Erinnerungen an ihren Thailand-Urlaub. Sie hatte ihren Mann bei dieser Gelegenheit kennengelernt. Ein Film lief vor ihrem inneren Auge ab. Koh Samui. Die romantischen Hütten für fünf Dollar die Nacht direkt am Strand. Die Barbecues mit frisch gefangenem Fisch – und dann der erste Kuss zum Sonnenuntergang vor einem blutrot-violett schimmernden Himmel. Anscheinend stand der Kleinen das gleiche Schicksal bevor. Dass sie Susanne nun etwas betreten musterte, war klar. Verträumte Augen hatte sie an ihrer Vorgesetzten noch nicht zu Gesicht bekommen.

»Alles gut?«

»Ach, ich war in Gedanken.«

»Ich wollt mich nur zurückmelden. Ich soll für Herrn Schneider die Akten ablegen. Die von allen Kunden aus dem vorletzten Quartal.«

»Kundinnen und Kunden«, berichtigte Anja sie nicht zum ersten Mal. Lernte man das nicht in der Berufsschule? Eine korrekte Ausdrucksweise war heutzutage von großer Bedeutung.

»Der Kundschaft«, gab Susanne keck zurück. Geschickt aus der Affäre gezogen.

Anja nickte anerkennend.

»Wenn Sie noch etwas für mich haben …«

»Nein, nein. Ich komme heute schon klar. Morgen lass ich Sie die Lohnsteuererklärungen machen.«

Susanne nickte nicht gerade begeistert. Wahrscheinlich malte sie sich aus, dass sie nach ihrem Date nicht sonderlich fit sein würde. Die kleine Hedonistin machte die Ausbildung doch nur, weil sie die Nichte vom Schneider war. Die war bestimmt nicht so bescheuert, sich ein Leben lang mit Zahlen und Steuergesetzen herumzuplagen.

»Viel Spaß beim Ablegen der Akten.«

Susanne verdrehte die Augen und verließ Anjas Büro.

Wahrscheinlich ging Susanne mit ihrer neuen Flamme in einen der angesagten Clubs. Von ihr erfuhr man, was in der Ortenau los war. Mal wieder tanzen, wie früher? Dazu war sowieso keine Zeit, denn heute musste sie für ihren Mann die Buchhaltung für sein Fitnessstudio erledigen. Einmal dort, könnte sie allerdings auch gleich in die Aerobic-Stunde gehen. Das war ja fast wie Tanzen, nur viel schneller. Danach in die Sauna und später den Abend gemütlich in ihrem schönen Heim ausklingen lassen. Hatte auch was, sagte Anja sich und öffnete den nächsten Bewirtungsbeleg der Belford. Diesmal mit weniger Unbehagen.

Die Assistentenstelle am Lehrstuhl für Wirtschaftspsychologie hatte Sophie sich spannender vorgestellt. Tonnen Literatur für Frau Prof. Dr. Röttgers' geplante nächste Veröffentlichung in Verhaltenspsychologie aus dicken Wälzern zu kopieren, Termine für Vorträge zu koordinieren und Klausuren vorab zu korrigieren war ermüdend. Tutorien abzuhalten, für die eigene Doktorarbeit zu recherchieren und die Sprechstunde für Studierende waren es hingegen nicht. Daran fand Sophie Halt, auch wenn die meiste Zeit für Hiwi-Dienste draufging. Heute überwog nach einem Nine-to-five-Arbeitstag die Langeweile. Nichts als Orga-Kram. Doch kaum hatte sie die Tür ihres Büros neben der von Prof. Röttgers abgeschlossen, ergriff sie wieder jenes beflügelnde Uni-Feeling, das sie letztlich dazu bewogen hatte, vorerst noch nicht für jemanden außerhalb der Unimauern zu arbeiten, selbst wenn die Kohle für den Assi-Job ein Witz im Vergleich mit dem Einstiegsgehalt einer Unternehmensberatung oder Personalabteilung einer großen Firma war. Die suchten händeringend nach Personal mit ihren Qualifikationen. Was sie bekam, reichte zudem, um zu leben, sprich die Studentenbude ohne Mamas und Papas Unterstützung zu finanzieren. Hier ging es einfach lockerer zu. Sie musste nichts businesstauglich Schickes tragen. Jeans taten es auch. Und man kannte sich. Ein Stück heile Welt und Unbeschwertheit bewahren, wobei sie gut für die Welt da draußen vorbereitet war. Der Studienschwerpunkt »Konfliktlösungen in komplexen Organisationsstrukturen« prädestinierte für einen Spaziergang durchs Leben, das anscheinend, wenn man sich täglich die Nachrichten reinzog, nur noch aus Konflikten zu bestehen schien. Verhaltensweisen von Gruppen, Vorgesetzten und Untergebenen, daraus resultierende Eigendynamik und kommunikative Verhaltensmuster. Hoch spannend! Sophie fragte sich selbstkritisch auf dem Weg durch den Gang, der zum Foyer der Uni führte, warum sie sich das gerade vor Augen hielt. Das klang so, als wollte sie sich ihre Forschung schönreden. Quatsch! Die Doktorarbeit zu diesen Themen machte Spaß. Trotzdem keimte die Frage auf, ob sie sich da nicht in irgendetwas verrannt hatte. Klar, Bachelor mit Bestnote. Master ebenfalls, aber das schrieb Sophie eher ihrem Ehrgeiz zu. Vermutlich hätte sie in Physik oder Sprachwissenschaften genauso geglänzt. Willste wirklich künftig im Kostüm durch Führungsetagen huschen, dich aufbrezeln wie Daniela? Die kam nämlich gerade aus dem Zimmer für den Lehrstuhl für Finanzen und trug jetzt schon ein Kostüm, und zwar eines, das ihre Reize in besonderem Maß betonte. Typ »Cameron Diaz« mit großen blauen Kulleraugen. Perfekt geschminkt und mit bananenbreitem Lächeln. Bei der müsste ein Maskenbildner am Set keine Hand mehr anlegen, bevor die erste Klappe fiel. Dagegen kam Sophie sich vor wie Nicole Kidman in jungen Jahren, naturgelockt mit ungesundem hellen Teint – und alles andere als eine sexy Erscheinung. Mit Nickelbrille auf der Nase, ohne die sie blind durch die Welt laufen würde, und in ihrem Hoodie-Sweater fühlte sich Sophie neben Daniela wie eine Schülerin, die kurz Uniluft schnuppern wollte.

»Hallo, Sophie. Na?«

»Hattest du heut ein wichtiges Meeting?«

»Nein. Wieso?« Knöpfte sie sich für Professor Beckmann die Bluse so weit auf? So bekam man auch eine Assistentinnenstelle, amüsierte Sophie sich.

»Wie läuft's mit deiner Doktorarbeit?«

»Gut. Wird wohl Ende des Jahres fertig«, erklärte Sophie. »Und bei dir?«

»Ich lass mir Zeit.« Sophie vermutete, dass Daniela die Arbeit nicht auf die Reihe bekam.

»Den Job kann man sich auch im nächsten Jahr noch aussuchen. Hauptsache, du hast den Doktor vor deinem Namen«, sagte Daniela. So viel zum Thema »akademisches Interesse«.

»Was tut man nicht alles für rund zwanzig Prozent mehr Gehalt. Für Doppelstudium oder Promotion«, sagte Sophie mehr zu sich.

»Das ist völlig irre. Nur weil man sich mit einem einzigen Thema ausführlicher beschäftigt, heißt das doch noch lange nicht, dass man im Job besser ist.« Damit hatte Daniela recht.

»Du machst doch Konfliktlösung in Großunternehmen, oder?«

Sophie überraschte, dass Daniela sich noch daran erinnerte.

»Da braucht's Menschenkenntnis. Sind wir doch mal ehrlich.

Es geht letztlich doch nur darum, Mitarbeiter dazu zu kriegen, dass sie spuren.«

Sophie nickte. Das war es vermutlich unterm Strich. Daniela brachte es bestimmt einmal weit. Bauernschlau war sie ja, allerdings auch sehr höflich. Sie öffnete ihr sogar die Tür nach draußen.

Was für eine schöne Überraschung! Damit meinte Sophie den Umstand, dass ihr Freund auf einer der Sitzblockreihen neben dem Rasen auf sie wartete. Gelegentlich holte Niklas sie spontan ab. Angeblich, weil er solche Sehnsucht nach ihr hatte. Das war natürlich Quatsch. Er konnte das nur, weil er heute Nachmittag freihatte. Das wusste Sophie, weil er im Fitnessstudio ihres Vaters arbeitete. Er war wieder einmal mit seinem Handy beschäftigt. Süchtig nach Videos, bei denen es um Body Shaping ging, um noch den letzten Muskel sichtbar aus sich herauszukitzeln. Ein richtiger Sportfreak.

»Den hab ich doch schon mal hier gesehen«, sinnierte Daniela mit dem geschärften Blick eines Habichts, der seine Beute im Visier hatte. Sie wusste nicht, dass Niklas bereits vergeben war, nämlich an die Brillenschlange im Hoodie. »Macht sicher viel Sport. Außerdem mag ich Kerle mit dunklem Haar und blauen Augen.«

»Hast ihm also schon in die Augen gesehen?«

»Ich ihm? Er mir!«

Whoops! Das wollte Sophie eigentlich nicht hören.

»Der lässt bestimmt nichts anbrennen.« Daniela fuhr sich mit der Zunge über die Lippen.

»Wie kommst du darauf?«

»Hab ich im Gefühl.«

Das Gefühl hatte Sophie auch gehabt, bevor sie ihn im Gym

ihres Vaters näher kennengelernt hatte. Aber am Ende hatte sie ihn noch nicht gut genug kennengelernt.

»Oh. Mist. Ich hab mein Handy vergessen«, sagte Sophie. Eine glatte Lüge. Ihr war nach einem psychologischen Menschenexperiment. Wie sie Daniela einschätzte, würde sie nicht grußlos an Niklas vorbeischwirren. Die grub ihn bestimmt an.

»Wir sehen uns ...« Und schon verschwand Sophie im Inneren des Gebäudes. Der Eingang war verglast. Sie ging ein paar Schritte in den Gang hinein, nur um dann gleich wieder kehrtzumachen und durch die Scheibe zu beobachten, wie Niklas reagierte. Daniela war nur noch wenige Schritte von ihm entfernt, er noch mit seinem Handy beschäftigt. Doch dann legte er es abrupt zur Seite. Hatten Männer einen Instinkt für sich nähernde Gelegenheiten? Sophies Augen weiteten sich, weil seine Daniela von oben bis unten scannten. Am Ausschnitt verfingen sie sich. Klar, dass sie ihn nun anquatschte und sich vor ihm in Pose setzte. Über was redeten die? Wieso lächelte er? Niklas! Eifersucht war einer fast promovierten Psychotante unwürdig. Scheiß drauf! Schon hatte sie ihr Handy in der Hand und sendete ihm per Messenger eine Sprachnachricht: *Hast du schon was vor heut? Hab jetzt Feierabend.* Dann sah er gleich ihr Profilbild auf dem Display seines Handys. Nicht, dass es noch zu Schlimmerem kam, das sie mitansehen musste. Na also. Das wirkte. Dabei hatte er ihre Nachricht noch gar nicht abgehört. Er schien Daniela etwas zu erklären. Sie trollte sich daraufhin. Sein Blick klebte trotzdem an ihren hinteren Rundungen. Na warte, Bürschchen! Sophie schoss förmlich aus dem Unigebäude und sprintete auf dem Rasen hinter Büschen lautlos und somit unbemerkt zu ihm.

»Du sitzt ja immer noch da. Ich dachte schon, du tappst ihr gleich hinterher.«

Niklas fuhr förmlich zusammen und sah sie schreckensbleich an. Sollte er erregt gewesen sein, war er jetzt sicher abgekühlt.

»Sophie ...«, stammelte er.

»Die ist doch scharf auf dich. Nur zu.«

»Daniela?«

»Oh. Ihr habt euch also schon bekannt gemacht.«

»Sie hat mir gesagt, wie sie heißt.«

»Und was noch?«

»Nichts.«

»Ihr habt geredet. Ich hab's gesehen.«

»Ob ich Lust hätte, mal was mit ihr zu trinken«, gestand Niklas ein.

»Klar hast du Lust.«

»Nein, hab ich nicht.«

»Du hast sie mit Blicken doch fast ausgezogen.«

»Rein hormonell bedingt. Das hat nichts zu bedeuten.«

»Also ein rein unterbewusster Prozess bei Männern.«

»So könnte man es auch sagen.«

Niklas schnappte sich ihre Hand und zog sie zu sich auf die Bank. Dann sah er ihr direkt in die Augen.

»Du bist eifersüchtig!«

»Ich hab weder ihren Hintern noch ihre Titten.« Am besten gleich ohne Umschweife zum Punkt kommen.

»Die will ich nicht.«

»Ja, aber ...«, fing sie an.

»Oh, oh. Die bösen zwei Wörter. Wir wollen doch nicht in eine ›Ja, aber‹-Schleife verfallen«, zog er sie breit grinsend auf. Zu Recht, denn erst am Vortag hatte sie ihm einen Vortrag darüber gehalten, dass genau diese beiden Wörter in Kombi Diskussionen meist ungut verlaufen ließen und man sie zur Konfliktbewältigung tunlichst umschiffen sollte. Fragen zu stellen oder Möglichkeiten in den Raum zu werfen sei der sinnvollere Weg. Alles, nur nicht auf diese Weise widersprechen. Erstaunlich, dass er alles, was sie ihm sagte, wie ein Schwamm in sich aufsog. Anscheinend gab es aber noch eine Konfliktbewältigungsmöglichkeit, die nicht in den Lehrbüchern stand. Die kannte er. Dazu reichte ein tiefer Blick in ihre Augen und dass er sie sanft zu sich zog, zu seinen Lippen, um genau zu sein. Wer so küssen konnte, der brauchte sich nicht mehr herauszureden – rein hormonell betrachtet.

Kapitel 2

Die Buchhaltung im Fitnessstudio ihres Mannes zu machen ent-
lastete nicht nur die Familienkasse. Anjas Tätigkeit sorgte dafür,
dass alles korrekt war bzw. korrekt erschien, wenn es aus der
Hand einer Steuerfachfrau kam – allerdings auch für Stressabbau
und Entspannung nach ihrem Feierabend. Damit warb Markus ja.
Sportliche Anstrengung schüttete Glückshormone aus, und gerade an Tagen, an denen man sich mies fühlte, sollte man sich
dazu aufraffen. Nach der Stunde Power Yoga mit einer Schwedin,
die nicht nur mit einer Traumfigur gesegnet war, sondern mit ihren Übungen auch noch der Schwerkraft trotzte, fühlte Anja sich
jedoch alles andere als fit. Selbst »der Hund« war heute zu anstrengend für sie gewesen, nur »das Kind« hatte sie entspannt –
zwei klassische Yogapositionen, die in keiner Stunde fehlten. Der
Versuch, heute nach Anweisung der Schwedin einen Kopfstand
zu wagen, hatte gar in einer Panikattacke gemündet. Zappelnde
Beine gerade zu kriegen, um sich nicht das Genick zu brechen,
sah bestimmt urkomisch aus. Das Knacksen im Halswirbelbe-
reich war allerdings nicht zum Lachen gewesen. Mit vierundvier-
zig konnte man mit dem gummigliedrigen, ranken und schlanken
Junggemüse halt nicht mehr mithalten. Da half nur noch eines.
Duschen und ab in die jüngst errichtete gemischte Sauna – die
Idee ihres Mannes. Tatsächlich hatten sich nach dem Abriss der

kleinen Saunen für Männlein und Weiblein sowie der Werbung für den Unisex-Wellnesstempel jede Menge neue Mitglieder gefunden – natürlich keine Mitgliederinnen. Noch so ein Wort, bei dem sie nicht wusste, ob es demnächst auch Eingang in den Sprachgebrauch finden würde. Männer würden Markus' Ansicht nach nun einmal gerne nackte weibliche Haut sehen. Um damit jedoch Frauen, die sich in gemischten Saunen unwohl fühlen, nicht zu vergraulen, gab es dienstags einen reinen Frauentag und donnerstags einen nur für Männer, meist Männer, die Männer sehen wollten. Heute war Montag. Das Handtuch ließ Anja um sich geschlungen. Es reichte schon, nackt durch die Duschen huschen zu müssen, gemeinsam mit den Gummimenschen, die nicht ein Gramm zu viel an den Hüften hatten. Klar, dass die sich splitterfasernackt und ungeniert auf den Saunabrettern verteilen konnten. Anja zog das hintere Eck vor. Es war weniger gut ausgeleuchtet und bot somit Schutz vor neugierigen oder mitleidigen Blicken. Die Position da oben hatte allerdings den Nachteil, nach jedem Aufguss eine volle Breitseite Hitze abzubekommen, aber auch den Vorteil, alles gut im Blick zu haben. Drei Kerle mit Traumkörpern, um genau zu sein. Die waren jeden zweiten Tag da und grüßten sie sogar. Einer goss gerade auf. Er hieß Karl, war Mitte dreißig, und mein lieber Schwan, war der gut beieinander. Anja amüsierte sich darüber, dass auch die beiden Yoga-Gummimädels ungeniert auf den »Ofen« starrten. Der kurze Anflug einer erotischen Fantasie beim Blick auf das stramme Gesäß des Mannes, der nun das Handtuch wie einen Propeller über seinem Haupt kreisen und somit seine Muskeln spielen ließ, um die Wärme zu verteilen, fiel abrupt wie ein Kartenhaus in sich zusammen, als Anjas Mann den Versuch unternahm, sich während eines Aufgusses zu ihnen zu gesellen. Das galt in der Sauna als Todsünde.

»Hey, Tür zu«, gellten ihre Mitschwitzenden nahezu unisono,

Vermutlich hatte er den Aufguss nicht mitbekommen, weil er sich vor der Tür mit einem der Gäste unterhalten hatte. Er zwängte sich durch die beiden Sitzreihen nach oben zu ihr – kein leichtes Unterfangen, denn sein rechtes Bein spielte seit seinem Unfall beim Paragliding nicht mehr so recht mit. Sein Rücken schmerzte bei unbedachten oder ungewohnten Bewegungen aufgrund der daraus ebenfalls resultierenden Wirbelsäulenverletzung. Der Preis für seine Extremsport-Leidenschaft. Die lange Narbe an seinem Bein zu sehen und sein schmerzverzerrtes Gesicht, als er sich zu ihr setzte, versetzte Anja anders als noch vor fünf Jahren, als man ihn aus der Klinik entlassen hatte, keinen Stich mehr mitten ins Herz. Es erzeugte jedoch nach wie vor ein Gefühl des Mitleids. Markus brauchte sie für so viele Dinge im Alltag. Lediglich aufrecht zu gehen oder kerzengerade auf einem Stuhl mit einer Rückenlehne im Neunzig-Grad-Winkel zu sitzen, gelang nahezu schmerzfrei. Er litt auch darunter, kein Vorzeige-Fitnessmodell mehr zu sein und andere engagieren zu müssen, um auf den Social-Media-Kanälen ihre perfekt geformten Körper in kurzen Videoclips für Werbezwecke zu posten.

»Ah, tut das gut«, wisperte er, als er es sich auf der oberen Reihe bequem gemacht hatte, mit nur einem angezogenen Bein. Das rechte blieb ausgestreckt, um Nervenschmerzen zu vermeiden. Endlich entspannen. Anja interessierte der Adonis nicht mehr, als er aufstand und die Sauna verließ – ohne um die Hüfte gewickeltes Handtuch. Markus' Anwesenheit als Lustkiller zu bezeichnen wäre übertrieben. Sie liebte ihn. Das war es letztlich, was ihr die Lust gerade vertrieb. Er brauchte sie. Sie hatten ihr gemeinsames Leben, und auch wenn sein Studio knapp davor war, in hoffnungslos rote Zahlen zu schlittern, hatten sie es doch schön. Dieser Gedanke erwies sich als noch entspannender als die Wärme, die in sie hineinkroch und sie wohlig umhüllte. Das schöne Gefühl hielt an, bis die Tür aufging und die Schwedin sich zu ihnen in die Sauna gesellte. Die Blicke der Männer lagen sofort auf ihrem wohlgeformten Körper. Keine Minute später verselbstständigte sich das Handtuch zwischen den Beinen ihres Mannes zu Anjas Überraschung, denn in der Arena zu Hause war so ein Anblick eher selten. Höchstens morgens nach dem Aufstehen. Wann war das letzte Mal gewesen? Ewig her. Sex war zwar kein Extremsport, doch wenn ihm jede Position wehtat, dann schränkte das den Spieltrieb ein, ja, würgte ihn ab. Aus drei möglichen Varianten waren zwei geworden, aus zwei nur noch eine, und seit bestimmt über einem Jahr war Sendepause, die sich sogar richtig anfühlte. Mal ein Kuss, ausgiebig kuscheln, seine Nähe spüren. Das war sowieso viel wichtiger und letztlich schöner, sagte sie sich. Der Körper gewöhnte sich anscheinend an einen Hormonhaushalt auf Sparflamme. Den Widerspruch, sich den gut gebauten Herrn vorhin dennoch genauer angesehen zu haben, schob Anja kurzerhand mit der Begründung zur Seite, dass nur Hingucken ja etwas ganz anderes war. So ein Mann war ein Kunstwerk, das man sich wie eine griechische Statue im Museum ansah. Und was Markus betraf, war sie ihm etwa nicht mehr attraktiv genug? Er sagte schließlich nie etwas. Unsinn! Die Dinge waren nun einmal so, wie sie waren. Abschalten und den noch in der Luft schwelenden Lavendelduft inhalieren.

Wer selbst den ganzen Tag im Laden stand und dann, zurück zu Hause, den Mann schnarchend auf der Couch seines Arbeitszimmers vorfand, fühlte sich vom Leben ungerecht behandelt. Das allein war es aber nicht, was Ulrike heute wieder einmal so weit gebracht hatte, dass sie sich kraftlos fühlte und trotz knurrenden Magens allein die bloße Vorstellung, sich noch an den Herd zu stellen, ermüdete. Es war bereits sein Schweigen nach dem Gemüsegericht zu Mittag gewesen. Sein Blick auf den Prospekt, der alles gesagt hatte, und ihre daraus resultierende schlechte Laune. Dass ihr die Blumen bis Ladenschluss um sechs nicht alle verwelkt waren, grenzte an ein Wunder. Man verkaufte auch weniger, wenn man schlecht drauf war, fand nicht die richtigen Worte. Vielmehr schien jedes falsch zu sein. Unangebrachte Komplimente, ein aufgesetztes Lächeln, keine Lust, Kundschaft mit ihrem Ideenreichtum zu beglücken. Selbst die Füße taten heute Abend mehr weh als sonst. Der Vorsatz, sich künftig wie die Heidenreich gesund zu ernähren, war ebenfalls über Bord gegangen. Heut gab's Burger aus dem Gefrierfach mit Bratkartoffeln zum Abendbrot. Von dem Grünzeug allein wurde man sowieso nicht satt. Lass ihn schlafen, sagte sie sich. Das Gläschen Rotwein stand neben dem Laptop auf seinem Schreibtisch. Vermutlich hatte er wie üblich vergeblich versucht, an seinem Roman weiterzuschreiben, überlegte sie auf dem Weg zur Küche. Ulrike wusste nicht einmal, an was er schrieb. Bestimmt irgendetwas Anspruchsvolleres als das Zeug, das er berufsbedingt zu lesen bekam. Vielleicht zu anspruchsvoll, dachte Ulrike, während sie am Herd stand und das brutzelnde Fleisch in der Pfanne wendete. Wie kann man auch etwas Vernünftiges schreiben, inspiriert sein, wenn man den ganzen Tag daheim hockte? Den Mist anderer zu lesen war sicher auch keine Einladung für die Muse. Der Bratgeruch anscheinend schon. Ulrike vernahm erst die Tür zu seinem Arbeitszimmer, die schon seit einem halben Jahr quietschte, dann seine schlurfenden Schritte auf dem Gang.

»Das riecht ja lecker.« Hans war wieder unter den Lebenden.

Ulrike drehte sich nicht einmal um, sondern widmete den zwei Burgern und den Bratkartoffeln daneben ihre ganze Aufmerksamkeit.

»Magst du auch einen Schluck Wein?«

Ulrike sah ihn aus den Augenwinkeln mit der Flasche Wein in der Hand schon zum Küchenschrank mit den Weingläsern gehen.

»Nein.«

»Die Flasche ist schon auf.«

»Was interessiert mich, ob die Flasche schon auf ist.«

»Dann trink ich auch keinen mehr.«

Hans ging zu seinem Platz.

»Wenn du dir noch einen genehmigen willst, dann trink. Vielleicht geht's dann besser mit dem Schreiben.« Das musste raus.

Er schwieg – wieder einmal.

Die Burger waren durch. Die Kartoffeln goldgelb. Ulrike holte zwei Teller und Besteck aus dem Schrank.

»Du solltest raus. Unter Menschen. Mal was anderes sehen als diese vier Wände oder irgendein miefiges Redaktionsbüro.«

»Vielleicht hast du recht.«

»Das weiß ich nicht, aber du könntest es mal ausprobieren.«

»Du bist so schlecht gelaunt ... Wegen des Wohnmobils?«

Nun war es Ulrike, die schwieg. Ihm jetzt alles aufzuzählen, was ihr durch den Kopf ging, würde ihr den Appetit verderben. Nicht vor dem Essen. Sie befüllte stattdessen die Teller und stellte ihm seinen hin.

»Wenn du so sehr daran hängst. Dann kaufen wir ihn eben«, sagte Hans. Wie großzügig von ihm. Als ob er ihn ihr von seinem Ersparten und nicht sie ihn sich selbst von der fälligen Lebensversicherung kaufen würde.

»Du glaubst doch nicht allen Ernstes, dass ich mich da reinsetze, um mir dann Tag für Tag deine Leidensmiene anzusehen.« Ulrike machte sich in dem Moment klar, was sie am allermeisten an ihm aufregte. Glaubte er etwa, der Klügere zu sein, wenn er klein beigab? Gefiel es ihm, sich in Selbstmitleid zu suhlen, oder wollte er den Märtyrer spielen wie in seinen heiß geliebten alten Hollywood-Schinken?

»Vielleicht wird's ja schön. Wer weiß …« Die fast schon unterwürfige Stimme wie weichgespült. Kaum noch zu ertragen.

»Vergiss es.«

»Aber dann wirfst du es mir ewig vor.«

»Um das geht es doch gar nicht.«

»Um was dann?« Hilfloser konnte ein Blick nicht sein.

»Iss! Sonst wird es kalt.«

Hans schien fast dankbar dafür zu sein, als sie ihm das Besteck reichte.

Ulrike starrte auf den Burger. Noch bis eben hatte sie die leckere Kruste in der Pfanne angelacht.

Hans fing an zu essen. Er vermied den Blickkontakt. Sie kannte das an ihm. Ja keinen Streit vom Zaun brechen. Nicht einmal das ging noch mit ihm. Jeden Tag das gleiche Spiel. Monat für Monat. Himmel. Es waren schon Jahre. Schweigen, Wegducken, Leiden. Mit diesen Strategien versuchte Hans, die ungute Stimmung auszusitzen.

»Ein Glück, dass ich schon meine Rente hab. Die nach uns sollen bis siebzig arbeiten. Hab's im Fernsehen gesehen.«

Themenwechsel à la Hans, um über irgendetwas zu reden. Ulrike ging heute nicht darauf ein. Mit vollem Mund sowieso ein Unding.

»Na ja … Am besten, man schaut gar nicht mehr fern.«

Ulrike würgte mittlerweile die Kartoffeln in sich hinein und freute sich auf den Abwasch, um noch etwas Zeit für sich allein zu haben, denn sie wusste genau, wer gleich nach dem Essen vor der Glotze sitzen würde. Und sie später mit ihm, gestand sie sich ein. An irgendeinem Mist blieben sie bestimmt wieder hängen. Ulrike schlief dabei in der Regel ein, nur um sich dann mit letzter Kraft ins Bett zu schleppen und auf angenehme Träume zu hoffen. So konnte das nicht mehr weitergehen. Nur noch Blumenfee zu sein, daheim Putze und Köchin, die dank seiner Energiesaugqualitäten außerhalb ihres Ladens stumpf vor sich hin lebte, reichte ihr nicht mehr.

Zeit für Bettgeflüster! Anja schätzte das nahezu allabendliche Ritual, über Dinge zu sprechen, die tagsüber im Zuge des Alltagsstresses liegen geblieben waren. Markus kam in letzter Zeit erst gegen zehn von der Arbeit. Die Einnahmen reichten nicht mehr für genug Personal. Niklas und eine Aushilfe schmissen meist nur tagsüber den Laden. Irgendjemand musste ihn schließlich zusperren, durchlüften, die Sauna ausschalten und die Lichter ausknipsen. Endlich daheim noch eine Kleinigkeit essen, Post durchgehen, und schon war es elf. Den Haushalt nahm Anja ihm weitgehend ab. Dennoch war bei ihm vor Mitternacht Schicht im Schacht. So auch am heutigen Abend.

Anja kam nach dem Zähneputzen aus dem Bad, legte sich zu ihm und überlegte, ob ihr Vorhaben, Markus auf die Schwedin in der Sauna anzusprechen, dem Begriff »Bettgeflüster« wieder etwas mehr von seiner ursprünglichen Bedeutung einhauchen würde. Vielleicht ein klitzekleines bisschen. Kaum zugedeckt, musste sie sich eingestehen, dass sie nur deshalb auf den Gedanken gekommen war, weil sie den sexy Handtuchschwinger beim Aufguss noch immer vor Augen hatte. Wenn der jetzt neben ihr im Bett liegen würde, würde sicher nicht mehr geredet. Anja schmunzelte bei dem Gedanken, was Markus nicht entging, weil er zu ihr hersah, obwohl er noch sein Smartphone mit News über neueste astronomische Entdeckungen, Quasare, Neutronensterne, Supernovas und sonstigen Wissenschaftskram in der Hand hielt. Eigentlich machte er das normalerweise erst nach ihrem Austausch über Unerledigtes, um schon nach wenigen Zeilen todmüde gerade noch das Handy auf den Nachttisch legen zu können – manchmal schaffte er noch nicht einmal das.

»Die neue Yogalehrerin war ein Glücksgriff.« Anja entschloss sich nun doch dazu, dieses Thema aufzugreifen.

»So? Die Leute sind geteilter Meinung. Den meisten ist ihre Stunde zu anstrengend, die wollen doch nur auf den Blöcken hocken und tief ein- und ausatmen.«

»Es waren auffallend viele Männer in der Stunde.«

»Weil's anstrengt. Männer stehen nicht auf soft. Die wollen sich auspowern. Kardio. Muskeln.«

»Und was fürs Auge. Hab ich recht?«

»Schon.«

Anja sah ihn nur fragend an.

»Wir könnten doch auch mal wieder. Möchtest du?«, kam dann überraschenderweise von ihm. Für einen Moment ein verlockendes Angebot, doch die Erinnerung an die letzten gescheiterten Versuche, zwar mit Humor kaschiert, waren nicht gerade beflügelnd.

Schon drehte er sich zu ihr und ließ seine Hand auf ihren Bauch wandern. Früher hätte es nur wenige dieser Streicheleinheiten bedurft, um sie in angenehme Schwingungen zu versetzen. Endlos lange Küsse dazu. Dann kam schnell eins zum anderen. Die Erinnerung an längst vergangene Tage erregte sie, die an die letzten Male fühlte sich wie ein Eimer mit kaltem Wasser an. Und dennoch erwiderte sie seine Zärtlichkeiten. Ihm dabei in die Augen zu sehen brachte aber weitere Ernüchterung mit sich. Darin stand kein Verlangen, kein seidiger Glanz mehr wie früher. Anja las darin eher ein schlechtes Gewissen seiner Frau gegenüber, weil eine andere Feuer in ihm entfacht hatte. Markus merkte wohl auch, dass sie nicht so recht in Stimmung kam.

»Ist doch auch schön, sich nur zu streicheln«, sagte er in vorauseilendem Gehorsam. Gut gemeint. Seine Berührungen unterstrichen das liebevoll, doch Anja entlarvte seine Worte als Ankündigung, dass es auch heute Abend zu mehr nicht kommen würde, vermutlich auch aus Angst, erneut mitten im Liebesspiel abzubrechen, was ihm wahrscheinlich noch mehr zu schaffen machte als ihr.

»Ja, ist schön.« Das war nicht gelogen.

»Wirklich?«, fragte er.

»Es ist so ungewohnt geworden.«

»Mir geht es genauso«, gestand er ein.

»Ich fühl mich einfach nicht mehr so wie vor ein paar Jahren. Manchmal vermisse ich es gar nicht mehr.« Auch dieses Geständnis war aufrichtig.

Die Bewegungen seiner Hand schliefen daraufhin ein. Anja wurde klar, dass sie ihm damit indirekt die Schuld gab.

»Ob das bei anderen Paaren ähnlich ist? Auch ohne meine speziellen Probleme? Ich hör das im Studio. Irgendwann ist doch alles nur noch Routine«, sagte er.

Anja wusste, dass er damit recht hatte, doch auch diese Routine hatte sie jahrelang nicht gestört. Sie waren schon lange nicht mehr wie zwei Fremde, die sich in einer Bar begegnet waren, übereinander hergefallen. Lust aus Nähe. Das war es doch, was die Routine zu etwas Schönem aufblühen ließ.

»Wir könnten ja mal was Neues ausprobieren«, hauchte er.

Nach etwas Neuem war Anja nicht mehr. Und ihn in Gedanken an diesen knackigen Kerl zu berühren, nur um Lust in sich aufkeimen zu lassen, kam ihr wie ein Betrug an ihrem Mann vor. Andererseits war er ihr Mann. Dann eben doch Routine. Anja ließ ihre Hand eine Etage tiefer wandern. Nun schloss er die Augen. Dachte er nun an die Schwedin? Offenbar nicht, denn es regte sich nichts bei ihm. Jetzt weiterzumachen und auf bloße Mechanik zu setzen, würde ihm das Gefühl geben, ein Versager zu sein. Anja schmiegte sich stattdessen an ihn.

»Wir sollten es in der Sauna treiben«, sagte er schmunzelnd.

»Du meinst ein flotter Dreier mit der Schwedin?«

»Und mit Karl. Der gefällt dir doch, oder?«

Das irritierte Anja.

»Hat er mir erzählt.«

»Erzählt?« Anja spielte die Unschuld vom Lande, ebenfalls schmunzelnd.

»Du gefällst ihm auch.«

»Ich?«

»Er steht auf reifere Frauen.«

»Das meinst du aber jetzt nicht im Ernst.«

»Kam mir so in den Sinn.«

»Damit du mit der Schwedin ...?«

»In Gedanken ... Sind nur Fantasien ...«

Anja ahnte, dass er sich unter der Dusche nicht nur den Schmutz und Schweiß vom Tag herunterholte. Wahrscheinlich wurden ihre Badfliesen bald schwanger.

Ein lauter Signalton aus seinem Handy vertrieb abrupt die Vorstellung seiner Prostatahygiene. Er griff auch gleich zum Handy, denn der Klingelton dieser Chatnachricht war der von Sophie.

»So spät abends?«, wunderte sie sich.

»Sprachnachricht«, sagte Markus und stellte den Lautsprecher des Handys an.

»Ich hab keine Ahnung, was ich Oma zum Hochzeitstag schenken soll. Mit Blumen brauchen wir ihr nicht zu kommen. Paps, frag Mama, ob sie sich morgen in der Mittagspause mit mir trifft, 'ne Stunde shoppen. Schlaf gut. Küsschen. Sophie.«

»Hast du schon was?«, fragte Anja.

»Schampus und diese leckeren belgischen Pralinen, die deine Mutter so gerne mag? Kam mir heut in den Sinn.«

»Eine Riesenflasche Schampus? Mama mag doch keinen Alkohol.«

»Ich dachte eher an uns. Streiten doch nur noch.«

»Zuschütten?« Anja kam der Gedanke auf einmal gar nicht mehr so abwegig vor.

»Warum nicht? Und danach stellen wir fest, dass wir eine Traumehe führen, und sind so blau, dass wir übereinander herfallen.« Markus feixte.

»Schampus!« Anja ließ es klingen wie einen Deal. Ein gutes Ergebnis ihres heutigen Bettgeflüsters, das sie beide mit einem Kuss besiegelten, auch wenn es nur ein Gutenachtkuss war.

Anjas Verdacht, dass sie nie im Leben so schnell ein Geschenk zum Hochzeitstag für ihre Eltern finden würden, hatte sich bereits nach einem ersten Rundgang durch den von Sophie auserkorenen coolen Geschenkeladen bestätigt. Eine Vase mit Gravur? Das wäre ein passendes Geschenk für Mama. Eine riesige Tafel Schokolade, weiß und dunkel, zwar ideal, um ihre Yin-und-Yang-Situation – man könnte auch polare Energien dazu sagen – zu versinnbildlichen, würde aber ein zu großer Fingerzeig auf ihre ständigen Kabbeleien sein. Allerdings ein verdienter, denn ihre Eltern stritten sich mit Vorliebe im Beisein Dritter. Die nach Verlassen des Ladens anschließende Pause im Café ums Eck diente nicht nur der Stärkung und Nahrungsaufnahme. Sie wurde zur Krisensitzung. Was um alles in der Welt konnte man den beiden schenken?

»Ein Wellnesswochenende zu zweit?«, sprudelte es aus Sophie heraus, nachdem sie ein Stück Kuchen und ein paar Schluck vom Milchkaffee intus hatte.

»Wellness? Ich weiß nicht ... Deine Oma war noch kein einziges Mal bei uns in der Sauna, und sie geht nicht mehr zum Schwimmen.«

»Warum das denn?«

»Ich war mit ihr vor zwei Jahren im Thermalbad. Dachte, ich tu ihr was Gutes. Du weißt schon. So Seniorensport im Wasser mit so einer Nudel. Aqua-Gymnastik. Sie war danach so fertig, und ihre Augen haben vom Chlor gebrannt. Sie hasst Sauna sowieso.«

»Dann ein Gutschein für ein schönes Restaurant.«

»Mama mag Italienisch, Papa Griechisch. Thai mögen beide nicht. Deutsche Küche? Langweilig. Indisch? Mama mag nichts, was so stark gewürzt ist. Außerdem haben wir ihnen das schon vor zwei Jahren geschenkt. Sie waren beim Inder, und Mama konnte zwei Tage nicht aufs Klo.«

Sophie stöhnte und wirkte verzweifelt.

»Theaterkarten?«, fragte sie dann.

»Wäre nur was für Opa.«

»Also scheidet die Vase mit dem Herzchen und den eingravierten Namen auch aus«, schlussfolgerte Sophie. Klar, denn darin steckte man ja Blumen und keine Bücher.

»Also doch die Suppenschüsseln?«, schlug Anja vor, der schon, seitdem sie aus dem Laden raus waren, der Kopf schwirrte.

»Fünfundvierzig Jahre die Suppe gemeinsam ausgelöffelt. Das passt doch«, stellte Sophie fest.

»Irgendwie schon, aber ist das nicht zu wenig?«

»Ich hab doch ihre ganzen Fotos eingescannt. Wir könnten ein Puzzle aus einem ihrer Hochzeitsfotos machen. Wenn ich es heute online bestelle, dann ist es bis Donnerstag fertig.«

»Nicht schlecht«, überlegte Anja laut. War symbolträchtig wie die Suppenschüsseln. Ihre Eltern konnten ihre Ehe dann quasi wieder zusammensetzen.

»Machen wir das?«

Anja nickte erleichtert. Zwei gute Ideen.

»Was ist eigentlich mit eurem Hochzeitstag? Der ist doch auch bald?«

»Erst nächstes Jahr ein runder. Zwanzig Jahre. Alles darunter ist doch Pillepalle«, erklärte Anja. Sie waren gemeinsam zum Essen gegangen. Das reichte doch.

»Pillepalle? Heutzutage hält bei Jüngeren kaum eine Beziehung länger als ein paar Jahre. Unverheiratet – statistisch gesehen – maximal vier.«

»Warum das denn?«

»Routine, die Schmetterlinge kriegen lahme Flügel, verstehst du?«

Anja nickte eifrig. Und wie gut sie das verstand.

»Das heißt also, dass du dich in spätestens drei Jahren von Niklas trennen wirst?«, fragte sie augenzwinkernd.

»Den lass ich nicht mehr von der Leine.«

Anja lachte. Sophie wusste aufgrund ihrer psychologischen Schulung anscheinend, wie man einen Mann bei sich behielt.

»Papa meinte, als Niklas bei uns im Studio angefangen hat, das hält kein Jahr.«

»Was?«

»Jetzt tu nicht so überrascht. Du hast ein Studium. Er jobbt im Fitnessstudio. Klar, dass sich Papa da seine Gedanken macht.«

»Du meinst wegen der Kohle? Dass er mal nicht genug verdient, um eine Familie zu ernähren?«

»Familie? Sag bloß?«

»Irgendwann schon, aber nicht gleich.«

»Besser früher als später. In jungen Jahren ist man nervlich belastbarer«, erklärte Anja aus eigener Erfahrung.

»Aber da müsste ich alles hinschmeißen, wofür ich so hart gearbeitet habe. Das Studium. Wofür promovier ich jetzt?« Auch damit hatte Sophie recht. Anja hatte ihr Studium schwangerschaftsbedingt hingeschmissen. War's ein Fehler? Vermutlich ja ... Oder doch nicht? Sophie sollte jedenfalls nie in die Verlegenheit kommen, sich solche Gedanken zu machen.

»Lass dir Zeit damit. Und wer weiß, vielleicht ist Niklas ja nicht der Letzte. Es geht schließlich nicht nur ums Geld. Er hat nicht so viel drauf wie du. Ich hab doch seine Bewerbungsmappe gesehen. Mittlere Reife mit 'ner Drei. So helle wie du ist er nicht.«

»Er hat das Herz am rechten Fleck und hat andere Qualitäten.«

Anja feixte, denn die konnte sie sich bei dem Schwerenöter nur allzu lebhaft vorstellen.

»Das meinte ich nicht«, stellte Sophie klar.

»Sondern?«

»Er ist für mich da, wenn ich ihn brauch. Und täusch dich da mal nicht. Niklas interessiert sich für so viele Dinge. Er hat keine Eltern mehr und musste früh jobben. Keine Zeit für Schule und Abi. Alles klar?«

»Ich mach mir halt auch so meine Gedanken. Ich krieg im Studio doch mit, wie ihn die Mädels anhimmeln. Er kann jede haben.«

»Eben.«

»Wie meinst du das?«

»Ich bin nicht jede. Er sucht die Herausforderung. Hard to get und hard to keep. Verstehst du?«

»Nö.«

»Ist doch langweilig, jemanden abzuschleppen, der es darauf anlegt.«

»Du meinst, er sieht zu dir auf und findet dich auch deshalb so attraktiv?«

»Mit irgendetwas muss man ja punkten«, sagte Sophie. Es

klang so, als würde sie sich das einreden, wobei sie im Kern recht hatte. Wahrscheinlich stärkte Sophie sogar sein Selbstwertgefühl.

»Du strahlst von innen«, sagte Anja dann, um das ihrer Tochter ebenfalls zu stärken.

Das ging Sophie runter wie Öl.

Kapitel 3

Es gab nur zwei Gelegenheiten im Jahr, bei denen Anja sowohl ihre Tochter als auch ihren Mann derart herausgeputzt zu Gesicht bekam. Weihnachten und den Hochzeitstag ihrer Eltern. Sophie trug heute eine weiße Rüschenbluse zum schwarzen Rock und hübsche goldene Ohrringe. Ihr lockiges Haar fiel ihr wie das eines Rauschgoldengels auf die Schultern. Markus wirkte in Krawatte und mit dunkelblauem Anzug auch sehr feierlich. Da war Anja nichts anderes übrig geblieben, als sich auch in ihr schickes, leider schon etwas eng gewordenes sandfarbenes Kostüm zu zwängen. Die pfirsichfarbenen und mit diagonal eingeflochtenen Goldfäden versehenen Brokatknöpfe hatte sie zuletzt vor zwei Jahren in die Knopflöcher gebracht. So ausstaffiert, ging man auf eine Hochzeitsfeier. Es fehlten nur noch die Blumensträuße. Stattdessen hielt sie eines der von Sophie liebevoll mit goldfarbenem Papier verpackten Geschenke in der Hand. An dem mit einer roten Schleife versehenen Infinity-Puzzle aus dem Hochzeitsfoto ihrer Eltern würden sie sicher, wie der Name schon sagte, eine halbe Ewigkeit sitzen, um sich selbst beziehungsweise ihre Ehe wieder zusammenzusetzen. Die beiden Suppenschüsseln, die ihre Eltern hoffentlich gemeinsam auslöffeln würden, trug Sophie in einer Geschenktüte. Markus hatte sich tatsächlich auch weitreichendere Gedanken gemacht. Er hatte einen wunderschönen

Bildband von Paris dabei, der Stadt der Liebe. Das war deshalb so genial, weil ihre Eltern dort die Flitterwochen verbracht hatten. Sie liebten Paris und hatten es nach Anjas Wissen seither nicht mehr geschafft, dorthin zu fahren.

»Hoffentlich denkt Niklas daran, die Isodrinkspender aufzufüllen.« Markus konnte wieder einmal nicht abschalten. Schon während der kurzen Autofahrt zu ihren Eltern hatte er überlegt, ob genügend Trainingszettel da seien. Ob das WLAN im Fitnessstudio wieder funktionierte. Ob sie die Gehälter am Vortag noch überwiesen hatte.

»Niklas ist ja nicht blöd«, sagte Sophie prompt.

»Vor zwei Wochen hat er es vergessen.«

»Vergessen? Du hast es ihm nicht gesagt«, protestierte Sophie.

»Ein bisschen mitdenken … nur ein kleines bisschen.«

»Oder besser delegieren. Du wolltest nicht, dass irgendjemand diese Maschinen anfasst«, hielt Sophie ihm vor.

»Weil Jürgen zu viel von der süßen Brühe reingetan hat.«

»Niklas ist aber nicht Jürgen! Ich finde, er ist sehr zuverlässig.« So wie sie ihn verteidigte, musste es tatsächlich die große Liebe sein. Niklas hatte allerdings tatsächlich mehr in der Birne als die aktuelle Aushilfe. Das stand schon mal fest.

»Mein Gott. Das fängt ja gut an. Überlasst das Streiten doch meinen Eltern. Die können das viel besser«, sagte Anja augenzwinkernd, woraufhin Sophie schmollte und Markus einsichtig nickte. Dann drückte er den Klingelknopf. Die Tür sprang sofort auf. Sophie ging als Erste hinein. Markus mit weniger Begeisterung und erst, nachdem er einen tiefen Atemzug genommen hatte.

»Oma. Alles Gute zum Hochzeitstag«, hallte durch das Treppenhaus. Sophie war bereits nach oben gestürmt. Sie konnte es anscheinend kaum erwarten. Opa schien wieder einmal in seinem

Sessel festgewachsen zu sein, andernfalls hätte Sophie ihn ebenfalls begrüßt. Nur Ulrike stand an der Tür, als Anja und Markus die letzten Stufen nahmen.

»Ihr habt euch aber fein gemacht«, stellte ihre Mutter fest, bevor sie sich von Anja drücken ließ.

»Ist ja auch ein besonderer Anlass.«

»Fünfundvierzig Jahre. Eine halbe Ewigkeit«, meinte Ulrike nachdenklich.

»Und eine reife Leistung.« Markus reichte ihr lediglich die Hand. In der anderen trug er seinen verpackten Bildband.

Wie Anja durch die offen stehende Wohnzimmertür sehen konnte, war Sophie bereits beim Opa, und der saß tatsächlich in seinem Lesesessel. Anja erinnerte sich daran, dass er Sophie sehr viel vorgelesen hatte, als sie noch ein kleines Mädchen gewesen war. Immer auf Opas Schoß. Die beiden verstanden sich. Zwei Kopfmenschen. Sie tauschten sich mit Leidenschaft über Literatur und Zeitgeschehen aus. Anscheinend auch heute, denn er hielt das Buch immer noch in der Hand und redete auf Sophie ein, die daraufhin einen genaueren Blick darauf warf und sogar hineinlas.

»Hockt den ganzen Tag da und liest. Und ich darf mich in der Küche abrackern«, beschwerte sich ihre Mutter.

»Ich hoffe, du hast dir unseretwegen keine allzu großen Umstände gemacht«, sagte Markus artig. Wie Anja ihn kannte, hoffte er insgeheim aber darauf, denn Mutters Cremetorten mit Schoko waren legendär. Die gab's auch nur zu besonderen Anlässen.

»Jetzt kommt erst mal rein. Der Tisch ist schon gedeckt. Der Kaffee ist auch gleich fertig«, verlangte ihre Mutter, schloss die Haustür und setzte sich in Richtung Küche in Bewegung.

»Soll ich dir helfen?«, bot Anja an.

»Unsinn. Macht es euch im Wohnzimmer bequem.«

Markus sah etwas hilflos aus der Wäsche, als sie den liebevoll mit frischen Blumen dekorierten Tisch erreichten.

»Mama sitzt immer am Ende. Der kürzeste Weg zur Küche.« Dass er sich daran nicht erinnerte.

»Opa liest ein Buch über Nahtoderfahrungen. Ich hab ein ähnliches Werk gelesen. Total interessant.«

Anja schluckte. Machte man das in dem Alter? Sich mental darauf vorzubereiten?

»Und alle sehen dann ein Licht«, schwärmte ihr Vater.

»Ich dachte, das Licht geht aus, wenn man seinen Abgang macht«, merkte Markus an.

»Ich sag dir dann Bescheid, wie es war«, erwiderte Hans grinsend.

Markus lachte und entspannte sich daraufhin sichtlich.

»Wieso liest du auch so was?«, wollte Anja dann von ihrer Tochter wissen.

»Studienrelevant. Mein Seminar über Selbstmörder. Denen darfst du natürlich nicht erzählen, wie geil es auf der anderen Seite ist.«

»Aber du willst doch in die freie Wirtschaft«, hakte Hans nach.

»Frei? Ich wäre angestellt. Ich weiß es noch nicht.«

»Aber du promovierst doch jetzt über Konflikte am Arbeitsplatz.« Ihr Großvater ließ nicht locker.

»Eigentlich hab ich gar keine Lust darauf, Streitigkeiten zu schlichten.«

Anja und Markus tauschten Blicke. Ihre Abneigung gegen all das hatte sie ihnen gegenüber noch nicht zum Ausdruck gebracht.

»Kaffee«, tirilierte Ulrike, als sie ein Tablett, beladen mit einer Kaffeekanne und einer Tortenglocke aus Porzellan, ins Wohnzimmer trug. Sie stellte beides auf dem Tisch ab.

»Freu ich mich auf die Torte«, gab Markus ganz unverhohlen zu.

»Kannst du vergessen«, machte Mutter ihm klar.

»Wie? Keine Cremetorte?«

»Nein. Etwas viel Besseres. Karottenkuchen – Vollkorn und ohne Zucker.« Ulrike präsentierte ihr Werk.

Markus wirkte wie das Leiden Christi, was Anjas Vater auffiel.

»Seit letzter Woche gibt es bei uns im Haus keinen Zucker mehr«, erklärte er.

»Ist ungesund. Schlimmer als Rauchen. Außerdem ist der Karottenkuchen total lecker. Ich hab noch Rosinen reingetan. Das ist gesunde Süße.«

»Ist das Rezept von der Heidenreich?«, fragte Vater.

»Heidenreich?« Anja hörte den Namen heute zum ersten Mal.

»Die neue Lebensberaterin deiner Mutter. Sie will hundert werden. Faltenfrei und vital in die Kiste springen.«

»Ich möchte gesund bleiben. Was ist so verkehrt daran?«

Anja tauschte Blicke mit ihrem Mann.

»Oma hat recht. Zucker ist ungesund und letztlich nichts weiter als ein Antidepressivum. Ein Suchtmittel. Nichts macht so süchtig wie Zucker. Man braucht immer mehr, um die gleiche Endorphinausschüttung zu erzielen. Nach neuesten Studien macht es mindestens so süchtig wie Kokain.«

»Da hört ihr es«, sagte Ulrike in die Runde.

Anja und Markus tauschten erneut Blicke. Sie waren noch keine fünf Minuten hier, und schon zogen die ersten Gewitterwolken auf. Anja wartete bereits auf Blitz und Donner.

»Dann müsste ja die Mehrheit der Deutschen auf Droge sein«, sagte Hans.

»Seit wann interessierst du dich für die Mehrheit der Deutschen? Du schimpfst doch sonst immer nur über sie. Welchen

Mist sie sich in der Glotze reinziehen. Und dein Bauch kommt nicht von ungefähr.«

»Also, ich esse auch gern mal was Süßes und hab keinen Bauch.« Markus sprang wie üblich seinem Schwiegervater zur Seite. Anja hatte das Gefühl, dass hier ein Programm ablief, das sie bereits kannte.

»Du bewegst dich ja auch. Er bewegt sich nicht«, kam von Ulrike.

»Ich hab eine sitzende Tätigkeit. Beim Joggen kannst du nichts lesen und schon gar nicht tippen«, rechtfertigte Hans sich.

»Du könntest doch jeden Tag eine Stunde spazieren gehen. Frische Luft tanken.« Sophie versuchte wieder einmal zu vermitteln.

»Lethargische Menschen tun das nicht«, stichelte ihre Mutter.

»Ich und lethargisch?«

»Was denn sonst?«

Ungutes Schweigen erfüllte den Raum.

»Ob mit oder ohne Zucker. Ich finde, der Kuchen sieht sehr lecker aus«, sagte ausgerechnet Markus, der erfolgreich den sicher in ihm aufsteigenden Widerwillen unterdrückte. Er hasste Karottenkuchen, wie Anja wusste.

»Setz dich. Ich mach das«, sagte Hans an Ulrike gerichtet, nachdem er aufgestanden war und sich zum Tisch begeben hatte. Er griff nach der Kaffeekanne. Ihre Mutter nahm endlich Platz. Vater schenkte allen sicherlich nur deshalb ein, um nachzuweisen, dass er alles andere als lethargisch war. So argwöhnisch, wie Mutter ihn betrachtete, dachte sie sich bestimmt das Gleiche.

»Habt ihr etwas Milch?«, fragte Markus nach.

»Milch belastet die Leber. Gibt's nicht mehr«, erklärte Hans.

»Das stimmt nicht. Ich hab Mandelmilch gekauft«, sagte Ulrike.

»Milch ist also auch ungesund?«, fragte Anja verwundert nach.

»Laut Prof. Dr. Dr. Heidenreich ...«, fing Hans an.

»Sie ist keine Professorin«, erklärte Ulrike.

»Und trotzdem glaubst du ihr jeden Mist«, gab Hans Kontra.

»Also, so unrecht hat diese Frau wahrscheinlich gar nicht. Kein Säugetier in der Natur trinkt die Milch eines anderen Säugetiers. Das hat sich ergeben, weil der Mensch zum Nomaden wurde und das Vieh mitnahm.« Sophie gefiel es zu dozieren. Das musste ihre Tochter von ihrem Großvater geerbt haben.

»Trinkst du auch keine Milch mehr?«, fragte Hans verwundert nach.

»Weniger als früher, aber meine Leber ist ja auch noch in Ordnung«, erklärte Sophie.

»Also, ich würde schon mal gerne einen Schuss Mandelmilch im Kaffee probieren«, sagte Markus kleinlaut. Er hasste schwarzen Kaffee.

»Schmeckt dann wie Kaffee mit einem Schuss Amaretto«, schwärmte Ulrike.

»Warum nicht gleich Amaretto in den Kaffee schütten? Oder Baileys? Wir haben doch noch welchen«, schlug Hans vor.

»Wer will jetzt was?« Ulrike blickte fragend in die Runde.

»Baileys«, sagte Hans.

»Ich auch«, kam von Markus.

»Mandelmilch.« Sophie solidarisierte sich mit der Oma.

Alle Blicke lagen nun auf Anja.

»Baileys.« Am liebsten hätte sie ihn pur getrunken. Wenn die beiden nicht streiten konnten, vor allem vor Dritten, dann waren sie anscheinend nicht glücklich.

Bei diesem Puzzle brauchte man Nerven wie Drahtseile. Ulrike hatte sie trotz zweier Baileys – ohne Kaffee – jedenfalls nicht. Der

Parkettboden vor dem Fernseher war mittlerweile bunt, gespickt mit Hunderten von Puzzleteilen, die sie nie im Leben wieder zusammenbrachten und schon gar nicht bis zum Abendessen, wie Hans großspurig angekündigt hatte. Wie die Geier hatten sich alle auf das Puzzle gestürzt, nachdem die Teile verstreut auf dem Boden gelegen hatten.

Ulrike saß wie angewachsen am Esstisch und sah dem Spektakel vor ihr fassungslos zu. Ein Spielenachmittag im familiären Kreis. Hans, Anja, Markus und Sophie kauerten auf dem Boden und diskutierten, was wo hingehörte – aussichtslos.

»Ich hab einen Teil von Omas Auge«, bellte Sophie begeistert und hielt es Hans gleich hin.

Ulrike schenkte sich daraufhin noch etwas vom süßen Gesöff nach, das neben ihr auf dem Beistelltisch stand.

»Ich hab ihr Ohr«, rief Markus. Kunststück, denn so viele bunte Farbflecken gab es auf diesen Puzzleteilen nicht. Das weiße Brautkleid bot nicht viele Möglichkeiten, um Anschlüsse zu erraten. Hans' schwarzer Anzug ebenso wenig. Wenigstens die Gesichter würden sie wohl noch bis zum Abend hinbekommen. Ihr Ohr war dank der granulierten Ohrringe, die sie am Hochzeitstag getragen hatte, jedenfalls schon mal fast komplett. Der bunte Puzzlehaufen kam Ulrike so vor, als würde ihre Ehe in Trümmern vor ihr liegen und Hans mit Eifer versuchen, sie wieder zu einem heilen Ganzen zusammenzukriegen. Und wie er sich erst über die Suppenschüsseln gefreut hatte.

»Da könnt ihr noch viele Suppen gemeinsam auslöffeln.« Markus' äußerst geistreicher Einwurf hallte nach. Ulrike starrte auf die beiden Porzellangefäße und fragte sich, ob sie überhaupt noch Lust auf »viele Suppen« hatte. Gemeinsam gelöffelt wurde sowieso nicht mehr, weder im übertragenen Sinn noch im Bett. Das war früher mal so schön gewesen. Wie zwei Löffelchen aneinandergeschmiegt einzuschlafen. Um das zu ermöglichen, bräuchte sie allerdings ein Hohlkreuz, denn sein Bauch brauchte Platz. Trotzdem sicherlich lieb gemeint, diese beiden Schüsseln. Im Moment waren sie jedoch keine Appetitanreger. Das dritte Geschenk hingegen schon. Paris! Der Bildband weckte so viele Erinnerungen und war die ideale Entschuldigung, um sich auf die Couch zu verziehen. Bezeichnend war, dass sie die ersten Aufnahmen nicht an ihre Hochzeitsreise erinnerten, sondern an die Klassenfahrt nach Frankreich mit kurzem Stopp am Eiffelturm, bevor die Fahrt weiter in die Bretagne gegangen war. Ulrike war die Stadt seinerzeit vorgekommen wie ein Traum. Die vielen Prachtbauten, die am Fenster des Busses vorbeigezogen waren. Die schnuckeligen Cafés und die geschmackvoll gekleideten Menschen auf den Straßen – ein unverwechselbares Flair, das sie auf die Idee gebracht hatte, dort eines Tages ihre Flitterwochen zu verbringen. Gab es etwas Schöneres für Verliebte, als Händchen haltend an der Seine entlangzuschlendern? Auch an die nächtliche Bootsfahrt während der Hochzeitsreise erinnerte sie sich, als sie die nächste Seite aufschlug. Die Ausflugsboote sahen heute noch genauso aus wie früher. Sacré-Cœur auf dem Hügel des Montparnasse ebenso. Was für ein toller Ausblick bot sich von dieser Kirche aus über die Stadt. In diesem Viertel hatten sie fast jeden Abend gegessen. Sofort hatte Ulrike Mireille Mathieus Evergreen »Die Kinder vom Montparnasse« im Ohr. *Kinder vom Montparnasse leben im Glück. Und sehen doch vom blauen Himmel nur ein kleines Stück.* Sie summte es leise vor sich hin. Ein Straßenmusikant hatte es seinerzeit an einer Straßenecke gespielt. Aus Jux mitzusingen war ausgerechnet Hans' Idee gewesen. Wie war das noch gleich? Wie ging der Refrain weiter? *Die Kinder vom Montparnasse haben kein Geld, doch ihnen gehört die schönste Stadt der ganzen Welt.* Ulrike seufzte, während sie in Erinnerungen schwelgte. Das war Anja anscheinend nicht entgangen.

»Gefällt er dir?«, wollte sie wissen, ließ vom Puzzle ab und gesellte sich zu ihr auf die Couch.

»Ich frag mich, warum ich die letzten Jahre nicht einfach in einen TGV gestiegen bin. Paris ist ja nicht weit von hier«, sagte Ulrike, wohl einen Tick zu laut, weil Hans es mitbekommen hatte.

»Sei froh. Paris in guter Erinnerung zu behalten ist viel wert«, sagte er, ohne seinen Blick vom Puzzle abzuwenden. Immerhin hatten sie und Hans nun halbe Gesichter. Faltenfrei und seinerzeit glücklich.

»Wieso? Ist doch jetzt auch noch eine Reise wert«, erwiderte Anja.

»Was ich so in der Zeitung lese, ist es mancherorts recht heruntergekommen.«

Ulrike verdrehte die Augen. Jetzt machte er ihr auch noch Paris madig. Sie stand kurz davor, ihm unter die Nase zu reiben, dass er zu viel Zeitung lese. Manche Dinge wollte man gar nicht wissen.

»Ich muss mir mal die Zugverbindungen ansehen«, sagte Ulrike trotzig, was Hans aufhorchen ließ. Seine halbe Gesichtshälfte interessierte ihn momentan nicht mehr.

»Du willst also nach Paris? Auf einmal?«

»Warum denn nicht?«

»Gestern die halbe Welt und heute Paris«, brummelte er kopfschüttelnd vor sich hin.

»Die halbe Welt? Wolltest du eine Weltreise machen? Eine Kreuzfahrt?« Anja sah sie verblüfft an.

»Mit dem Wohnmobil«, spottete Hans.

Nun richteten sich alle Augenpaare auf Ulrike.

»Mal raus aus dem Mief. Mir fällt hier sonst noch die Decke auf den Kopf. Tapetenwechsel. Was erleben.«

»Aber kannst du den Laden denn so lange zumachen, Mama?«

»Ich bin doch bald in Rente. Soll ich dann etwa mit dem Häkeln anfangen?«, rechtfertigte Ulrike sich.

»Aber mit einem Wohnmobil kannst du nicht durch Paris fahren«, setzte Hans nach.

»Wohnmobil?« Sophie spitzte nun auch die Ohren.

»Deine Großmutter will sich sogar eines kaufen, um damit durch die Welt zu gondeln.«

»Da wäre ich sofort dabei«, sicherte Sophie ihr zu.

Keine schlechte Idee. Mit ihrer Enkelin wäre das sicher ein Heidenspaß.

»Die Dinger sind sündhaft teuer geworden«, sagte Markus daraufhin.

»Was Gescheites ist unter sechzigtausend nicht zu haben. Und dann wird's sowieso gleich geklaut. Es wäre klüger, das Geld in etwas Sinnvolles zu stecken«, unkte Hans.

»Hast du im Lotto gewonnen, Mama? Ich dachte, der Blumenladen wirft nicht mehr so viel ab«, fragte Anja geradeheraus.

»Sie will ihre Lebensversicherung verbraten.«

Da machten Anja und Markus große Augen.

»Na und? Und was ist deiner Meinung nach sinnvoll? Betreutes Wohnen? Den ganzen Tag als Rentner in der Bude hocken?« Wahrscheinlich träumte Hans davon. Rumhocken war ja seine Lieblingsbeschäftigung.

»Also, das machen viele«, kam dann prompt.

»Mir egal, was viele machen. Morgen sind wir vielleicht schon tot. Ich will noch was erleben.«

Das Puzzle war mittlerweile bei allen zur Nebensache geworden. Sophie wirkte überrascht. Markus so, als würde er glauben, sie hätte zu viel Baileys getrunken. Hans' Blick war vorwurfsvoll, und Anja sah sie einfach nur etwas irritiert an. Ulrike fixierte ihren

Mann. Warum nur musste Hans sich immer so aufspielen, wenn Besuch da war? Da zeigte er Kante. Machte er das für sein Ego? Weil er als Lektor immer zu kuschen hatte? Spielte er sich deshalb so auf? Wenn sie allein waren, gab er sich geschmeidiger, versöhnlich, manchmal sogar jämmerlich servil, oder missinterpretierte sie sein Verhalten mit Gleichgültigkeit? Das wäre noch schlimmer.

»Aber Mama. Du bist doch noch fit. Und wenn du in Rente bist, dann kannst du noch so viel erleben.«

»Ja, es hält dich niemand davon ab«, sagte ausgerechnet Hans.

»So?«, gab Ulrike spitz zurück.

»Ich etwa?«, entrüstete Hans sich, weil Ulrike ihn immer noch im Visier hatte.

»Du hast mich lange genug davon abgehalten«, sprudelte es aus Ulrike hervor.

Anja und Markus tauschten besorgte Blicke. Sophie wirkte richtig geschockt.

»Man muss ja nicht ein Leben lang aneinanderkleben. Was wäre denn so schlimm daran, wenn wir unserer eigenen Wege gingen?«

Hans wurde leichenblass.

»Er will keine Veränderung. Ich will eine.« Das war auch als Aufforderung an die Runde zu einer Stellungnahme gedacht.

Die blieb aber aus. Es wurde unerträglich still.

Anja fing sich als Erste. »Aber ihr habt doch so viel, was euch verbindet«, wandte sie sichtlich verstört ein.

»Du meinst diese Suppen, die wir ausgelöffelt haben?« Ulrike deutete auf die beiden Schüsseln vor ihr auf dem Tisch.

»Mama?«

Anja musterte sie so, als ob sie krank sei. Sie musste Hans' Stimmungsschwankungen ja nicht tagtäglich ertragen und konnte nicht ahnen, welche Gewitterfront sich in ihr zusammengebraut hatte. Selbst schuld. Redest ja nicht über diese Dinge mit der Familie. Schluckst immer alles runter und flüchtest in dein Blumenparadies, geißelte Ulrike sich.

»Also, die beiden Schüsseln stehen für gemeinsame Probleme, die ihr gemeistert habt. So viel steht fest. Und gerade an einem Tag wie heute ist es doch völlig normal, solche Gedanken zu haben. Unterbewusst triggert ein Hochzeitstag Ängste, dass noch viele Probleme anstehen, und die Angst vor dem Altwerden höre ich auch heraus«, analysierte Sophie.

»Sophie hat recht.« Anja pflichtete ihrer Tochter bei.

»Ja, gut formuliert«, schloss Markus sich gleich an.

»Ihr habt sie ja nicht mehr alle. Ich geh jetzt in die Küche und mach uns den Braten. Ihr könnt ja weiterpuzzeln.«

Ulrike stand auf, jedoch nicht, ohne den Baileys mitzunehmen.

Anja setzte bereits dazu an, ebenfalls aufzustehen. Ulrikes strenger Blick genügte, um ihr klarzumachen, dass sie nun allein sein wollte.

»Und bis der Braten auf dem Tisch steht, möchte ich ein vollständiges Gesicht haben.« Der Fingerzeig auf das Puzzle setzte die drei auf dem Boden Kauernden sogleich in Bewegung. Selbst Anja gesellte sich wieder dazu. Eines war gewiss. Mit dem Zubereiten des Abendessens konnte Ulrike sich Zeit lassen.

Anjas Meinung nach war das Puzzle im Nachhinein betrachtet auch in anderer Hinsicht als der symbolischen keine schlechte Idee gewesen. Es strengte nämlich tierisch an, und man konnte dabei schweigen, um sich seinen Gedanken hinzugeben. Kein Wort mehr über das sich zwischen ihren Eltern anbahnende Ehedrama, noch nicht einmal von Sophie, die generell dazu neigte, alles wortgewaltig zu zerpflücken. Bis Mutter das Essen auf dem Tisch hatte, waren sie mit der Wiederherstellung der Gesichter ihrer Eltern beschäftigt gewesen – mit Eifer und Hingabe, letztlich den Anweisungen ihrer Mutter folgend. Es hatte sich vorhin so angefühlt, als würde sie sich von Vater trennen, sollten sie die Gesichter nicht zustande kriegen. Zur Belohnung gab es dann leckeren Rindsbraten mit Kartoffeln und Rotkraut. Deftig. Das machte müde und nicht nur wort-, sondern hoffentlich auch streitfaul. Die Trennungsgedanken ihrer Mutter waren anscheinend nur so dahingeplappert gewesen und somit vom Tisch. Vater hatte sich während des Essens über die Drehbücher ausgelassen, die ihm in den letzten Wochen untergekommen waren – auf Sophies Nachfrage hin. Ein kluger Schachzug ihrer Tochter, den Anja sofort durchschaut hatte. Sie wusste, dass ihr Opa dann nicht mehr aufhörte zu erzählen. Und einmal in seinem Element, waren keine weiteren Sticheleien mehr zu erwarten. Besser Mutter langweilen, als sie auf die Palme zu treiben. Markus interessierte sich nicht die Bohne für Vaters Vortrag, aber er hatte so getan. Gottlob war er auf den Gedanken gekommen, Mutter auf Paris anzusprechen und sich von ihr ein paar Fotos aus dem Bildband zeigen zu lassen, obwohl er die Sehenswürdigkeiten der Stadt kannte. Hauptsache, Mutter kam auf schöne Gedanken. Diesmal unkommentiert von Vater, der anscheinend Wurzeln geschlagen hatte und sich in dieses Puzzle verbiss.

Anja wäre gerne noch etwas länger geblieben, offiziell, um in der Küche beim Abwasch und Aufräumen zu helfen. Keine Chance. Mutter hatte das vehement abgelehnt. Anscheinend war ihr nicht nach Reden zumute. Wie schade, denn das wäre die ideale Gelegenheit gewesen, um ihr auf den Zahn zu fühlen, wozu sich zu Tisch keine Gelegenheit mehr ergeben hatte. Der restliche Nachmittag nach dem Essen hatte sich angefühlt wie eine Inszenierung. Nur kein falsches Wort von sich geben, um ihre Mutter nicht aufzuregen oder Vater zu einer Bemerkung zu verleiten, die sie dann in den falschen Hals bekam. Was für ein anstrengender Tag. Anjas Beine waren auf dem Weg zurück zum Wagen immer noch schwer. Die ihres Mannes nicht. Der hatte sich nicht schnell genug für das tolle Essen bedanken und sich verabschieden können.

»Hat sie dir noch was gesagt? Ihr habt ein paar Worte an der Tür gewechselt«, wollte Markus wissen, nachdem sie unten vor dem Haus zu ihm und Sophie gestoßen war.

»Dass es trotzdem schön war und wir bald wiederkommen sollen.«

»Aua. Trotzdem schön.« Sophie ging es anscheinend wie Anja. Das tat weh.

»Jetzt macht euch nicht verrückt. Es ist nicht das erste Mal, dass sich die beiden in den Haaren liegen«, sagte Markus.

»Aber Oma hat noch nie damit gedroht, dass sie eigener Wege gehen will. Also, für mich klang das ernst. Beängstigend ernst«, diagnostizierte Sophie.

»Für mich hat sich das auch nach Trennung angehört«, bestätigte Anja.

»Wenn man schon so lange zusammen ist, dann lässt man sich nicht mehr scheiden. Das kann man doch nicht ernst nehmen«, befand Markus.

»Und warum will Oma auf einmal ein Wohnmobil? Mir hat sie kein Wort davon gesagt«, wunderte Sophie sich. Zu Recht, so oft wie die beiden miteinander telefonierten.

»Tapetenwechsel? Das hat sie doch gesagt«, spekulierte Anja.

»So wie ich deinen Vater einschätze, spielt er da nicht mit. Mit so einem Teil an die Ostsee oder meinetwegen noch nach Österreich fahren, schön und gut, aber gleich durch die Welt? Das machen Camping-Freaks, die schon das halbe Leben auf Achse sind. Das packt sie doch gar nicht mehr in ihrem Alter.« Anja teilte die Meinung ihres Mannes.

»Also rein statistisch gesehen, kommen Scheidungen in ihrem Alter sehr selten vor. Ich schätze, das war eine Überreaktion, ausgelöst von Erinnerungen an Paris, wie es früher mal war.« Sophies Feststellung war plausibel, doch Anja glaubte nicht so recht an Lehrbuchpsychologie. Sie kannte ihre Mutter besser.

»Ich hab sie noch nie so fertig gesehen. Und dein Opa … wahrscheinlich kann er sich selbst nicht mehr leiden.«

»Die brauchen halt mal Abwechslung. Sie steht den ganzen Tag im Laden, hat noch den Haushalt an der Backe, und er hockt vor seinem Computer. Wir sollten ihnen eine Reise schenken«, schlug Markus vor.

»Und wohin?«

»Wohin wohl? Nach Paris natürlich.«

»Das alte Glück heraufbeschwören?« Anja fand allmählich Gefallen an dieser Idee.

»Cool. Dort waren sie doch mal so richtig glücklich.« Sophie wusste das auch.

»Aber so wie die jetzt drauf sind …«, überlegte Anja laut.

»Und wenn wir alle dort hinfahren? Ein Familienausflug. Deine Mutter beschwert sich doch sowieso darüber, dass wir uns so selten blicken lassen.«

»Und dieses Opfer würdest ausgerechnet du bringen?«, fragte Anja.

Markus nickte eifrig. Anscheinend ging ihm die Gefahr einer Trennung seiner Schwiegereltern näher als gedacht.

»Ich könnte ihnen das Hotel von damals buchen. Du hast doch noch alte Fotos. Das kriegen wir raus«, sagte Markus.

»Darf Niklas mit? Oma wollte ihn sowieso mal kennenlernen.«

»Niklas? Der gehört nicht zur Familie!«, wandte Markus ein.

»Papa! Ein Einzelzimmer kostet genauso viel. Ihr seid zu zweit, und ich wäre allein, oder wollt ihr, dass ich auf einem Beistellbett bei euch im Zimmer schlafe?«

Keine gute Idee.

»Also gut. Niklas kann mitkommen. Hauptsache, wir kriegen die beiden in die Stadt der Liebe«, sagte Markus, als sie ihren Wagen erreichten.

»Du hast ja manchmal doch ganz brauchbare Ideen«, stellte Sophie augenzwinkernd fest.

Markus nickte erhobenen Hauptes.

Anja musterte ihn argwöhnisch. Bisher war er wahrlich kein großer Freund ihrer Eltern gewesen, und nun avancierte er zum Helden, der die Ehe der beiden zu retten gedachte. Anerkennenswert und liebenswert. So eine Reise war sicher besser als dieses bescheuerte Puzzle.

Ulrike war ausnahmsweise froh darüber, dass der Besuch wieder weg war, obwohl sie sich darauf gefreut hatte, die drei zu sehen. Das war ohnehin eine Seltenheit. Hans hatte ihr den Hochzeitstag vermiest. Wenn jeder darauf achtete, nur kein falsches Wort zu sagen, wurde eine Familienfeier anstrengend. Der Abwasch eignete sich ideal, um sich nicht nur mit dem Geschirr, sondern auch mit sich selbst zu beschäftigen. Und das war dringend nötig. Während sie das verkrustete Fett aus der Ofenform schabte, kam ihr der Gedanke, dass ihr eigenes Leben ebenfalls »verkrustet« zu sein schien. Manches hatte sich eingebrannt, genau wie auf einem Backblech, das sie sich als Nächstes vornahm. Was man nicht gleich wegwischte, machte bei der Reinigung später Mühe. Eigene Wege gehen? Hatte sie das wirklich so gemeint? Und wie! Der Streit war vorüber, weil der Besuch weg war. Hans hatte keine

Bühne mehr, um dort nach Bestätigung zu heischen. »Ich kümmere mich um den Abwasch«, war das Vorletzte, was sie, seitdem die Familie weg war, miteinander gesprochen hatten. Sein »Ich helf dir« hätte er sich sparen können. »Ich mach das allein.« Sie hatte es so klingen lassen, als würde sie künftig gleich alles allein machen wollen. Damit einher ging die Frage, warum sie es bisher so lange mit ihm ausgehalten hatte. Wann hatte sich eigentlich der erste Dreck auf dem Backblech ihrer Ehe angesammelt? Das lag wohl schon Jahre zurück. Ein schleichender Prozess. Als Anja noch bei ihnen gewohnt hatte – Friede, Freude, Eierkuchen. Der neue Blumenladen. Der Sprung in die Selbstständigkeit. Rund um die Uhr beschäftigt. Eine neue Aufgabe hielt einen auf Trab, noch dazu eine schöne. Das Backblech war in dieser Zeit noch sauber gewesen. Dann die Enkelkindphase. Nichts war belebender, als plötzlich Oma zu sein. Die war nun auch vorbei. Eingeschlafen waren sie, müde geworden – beide. Jeden Tag das Gleiche. Die Heidenreich war allein, da musste man seinen Arsch bewegen, raus ins Leben. Vielleicht war es das?

»Ulli? Wie lange bist du denn noch in der Küche?«, kam es dann unverhofft aus dem Wohnzimmer. Ulli? Hatte Ulrike da richtig gehört? Das war nicht der richtige Zeitpunkt, um sie mit ihrem Kosenamen anzusprechen. Fehlte nur noch, dass er sie »Schatz« nannte. Auch das kam immer wieder mal vor.

»Bis ich fertig bin«, rief sie ins Wohnzimmer. Von dort vernahm sie dann ein lautes, besonders qualvolles Stöhnen. Das gab er immer von sich, wenn er etwas hob oder aufstand. Wahrscheinlich erhob er sich gerade vom Boden, ohne das Puzzle zusammengesetzt zu haben. Ulrike hoffte inständig, dass er sich in sein Arbeitszimmer zurückzog oder sich eines seiner Bücher aus dem Regal nahm und las. Ihr war gerade nicht danach zu reden.

Seine schlurfenden Schritte näherten sich der Küche. Ihm war anscheinend danach, doch er bekam den Mund nicht auf. Ulrike nahm aus dem Augenwinkel wahr, dass er wie angewurzelt in der Küchentür stand. Sie ignorierte ihn geflissentlich.

»Tut mir leid. Ich weiß auch nicht ...«

Es tat ihm leid. Glaubhaft. Der zweite Satz war das Problem.

»Und woher soll ich es dann wissen, warum du dich nicht zusammenreißen kannst, wenn die Familie da ist?«

»Du willst wirklich, dass wir uns trennen?« Es klang wie Wehklagen.

Ulrike ließ von dem Backblech ab. Die Gummihandschuhe behielt sie an.

»Willst du das etwa nicht? Sag mir einen Grund, warum wir uns nicht trennen sollten.«

»Bist du so unglücklich?«

»Ich hab dich was gefragt.« Er wich ihr aus, was Ulrike nur noch mehr aufregte.

»Wir sind doch schon so lange zusammen. Alte Bäume ...«

»Ich weiß, dass man die nicht verpflanzt, aber ich will kein alter Baum sein, verstehst du?«

Er sah sie so an, als ob er sie nicht verstehen würde.

»Hat dich die Heidenreich aufgestachelt?«

Es hatte einfach keinen Sinn. Er war anscheinend mit ihrer Ehe zufrieden. Wie wollte man so jemandem klarmachen, dass man selbst damit unzufrieden war?

»Du möchtest also weitermachen wie bisher?«

Er schwieg, was Ulrike als Zustimmung wertete.

»Wenn doch alles so schön ist in deinem Leben, warum ziehst du dann immer wieder so eine Show ab? Das machen keine zufriedenen Menschen«, hielt sie ihm vor.

»Bin ich ja auch nicht. Irgendwo ...«

Ulrike horchte auf. »Irgendwo? Na, dann such das mal, das Irgendwo.«

Er nickte, überlegte für einen Moment und verließ mit hängenden Schultern ohne ein weiteres Wort die Küche.

Ulrike starrte auf das Backblech und kam zu dem Schluss, dass es nun sauber genug war. Es musste nicht aussehen wie neu. Sie selbst war es schließlich auch nicht mehr.

Eigentlich hatte Anja damit gerechnet, dass Markus gleich nach dem Katastrophenbesuch bei ihren Eltern noch einmal ins Fitnessstudio fahren würde, um nach dem Rechten zu sehen. Nichts auf der Welt hielt ihn normalerweise davon ab. Stattdessen saß er auf der Couch, den Laptop auf den Beinen, und durchsuchte den eingescannten Bildbestand ihrer Eltern.

»Ich weiß genau, dass es da ein Foto gibt, auf dem man das Hotel sieht«, sagte er.

»Muss es denn dasselbe sein?«

»Wenn schon, denn schon. Ist doch eine schöne Sache. Eintauchen in Erinnerungen. Da kommt die alte Lebensfreude wieder auf. Ich meine, wir müssen sie irgendwie daran erinnern, wie glücklich sie mal miteinander waren.«

»Hoffentlich geht der Schuss nicht nach hinten los. Dann wird Mama vielleicht noch klarer, wie unglücklich sie jetzt ist«, spekulierte Anja besorgt.

Markus hörte abrupt auf, durch den Bildbestand zu scrollen, und sah Anja an.

»Sind wir doch mal ehrlich. Hat sie denn wirklich einen Grund dazu? Wenn man so lange zusammen ist … die haben doch ein Leben miteinander. Das wirft man nicht einfach so in die Tonne, weil man plötzlich Lust darauf hat, mit einem Wohnmobil durch die Gegend zu fahren.«

»Sie hatte vorher kaum Zeit und auch kein Geld. Das floss alles in den Laden und in die Eigentumswohnung.«

»In dem Alter steckt man eine Lebensversicherung trotzdem nicht in ein Wohnmobil. Dein Vater sieht das genauso.«

»Und wohin würdest du das Geld sonst stecken? Die haben ihre Rente und können mietfrei davon leben. Mama ab nächstes Jahr. Und es kann nie schaden, Rücklagen im Alter zu halten. Man weiß nie, was auf einen zukommt. Pflegeheime kosten ein Vermögen.«

»Investieren. Sonst sind die Rücklagen schnell weg. Inflationsbedingt. So schnell kannst du gar nicht schauen.«

Dass sich Markus so viele Gedanken über die Zukunft ihrer Eltern machte, verblüffte sie. Dass er ihre Mutter nicht so recht verstand, aber nicht minder. Männer bekamen anscheinend gar nicht mit, was die Frau im Haushalt und für die Kinder alles hatte aufgeben müssen. Da konnte Anja ein Wörtchen mitreden. Am Ende hatte sie in ein paar Jahren auch genug davon. Denkbar!

Markus scrollte weiter durch die Jahre.

»Ich hab's! Das *Au Beau Quartier*. Ich wusste doch, dass es irgendetwas mit *beau* war.«

Anja schaute sich die Aufnahme an. Ihre Eltern posierten Arm in Arm davor und schienen von innen heraus zu strahlen. Vom Leuchten dieser Augen war nicht mehr viel übrig geblieben. Ob ein Aufenthalt in diesem Hotel die inneren Scheinwerfer der Seele wieder anknipste?

Markus hatte gleich ein zweites Fenster im Browser geöffnet. Ein Buchungsportal, auf dem sie schon selbst Urlaubsunterkünfte gefunden hatten.

»Drück uns die Daumen, dass die noch Zimmer frei haben.«

»Das schaut ja noch genauso aus wie früher«, merkte Anja an, als sie sich die Fotos von der Außenfassade auf dem Buchungsportal besah. Renoviert hatten die bestimmt nicht. Das Mauerwerk sah etwas mitgenommen aus, doch das hatte in Paris nichts zu sagen.

»Bingo! Wir können drei Zimmer buchen.«

»Du weißt ja noch gar nicht, ob meine Eltern mitfahren.«

»Wir können vierundzwanzig Stunden vorher kostenfrei stornieren. Hauptsache, wir haben diese Zimmer.« Markus gab gleich den Reisezeitraum ein.

»Von Freitag bis Dienstag? Und das Studio? Niklas soll auch mitfahren.«

»Dann muss Jürgen halt Überstunden schieben, und ich werd noch Bernd anrufen. Der springt sicher ein.« Markus brachte das so rüber, als sei es das Selbstverständlichste der Welt.

»Ich muss erst mit meinem Chef sprechen«, sagte Anja.

»Sag ihm, es geht um die Rettung der Ehe deiner Eltern.«

»Das kauft der mir doch nicht ab.« Anja konnte es selbst kaum glauben.

»Dann sag ihm, es sei wichtig. Für uns.«

Anja nickte, denn wahrscheinlich würde ihnen die Reise nach Paris auch guttun. Wie sie ihre Eltern dazu bringen würde mitzufahren, war ihr allerdings noch ein Rätsel.

Eigentlich wollte Niklas schon um kurz nach zehn hier sein. Warum sollte es ihr anders ergehen als ihrer Mutter? Er war sicher noch damit beschäftigt, mit Gästen zu plauschen, und bis überall der Strom aus und im Saunabereich alles in Ordnung war, verging die Zeit. Den frühen Abend hatte Sophie damit verbracht, ihre kleine Einzimmerbude auf Vordermann zu bringen. Vierzig Quadratmeter mit Küchenzeile im Wohnraum, Ikea-technisch als Miniwohnung bis in den letzten Winkel mit Regalen und kleinen Schränkchen genutzt. Wenn Niklas da war, und das war er die meiste Zeit, musste alles an seinem Platz sein, weil sie sich sonst auf die Füße traten. Wenn sie sich doch nur eine größere Wohnung leisten könnte, doch das hieße, mit ihm zusammenzuziehen, aus zwei Einzimmerstudios eine Dreizimmerwohnung zu machen, wogegen er sich bisher immer gesträubt hatte. Angeblich wegen der Finanzen und erst, wenn er etwas Eigenes auf die Beine gestellt hatte. Was das war, wusste er wohl selbst nicht so genau. Mittlerweile hockte Sophie vor ihrem Laptop und schaute sich Paris-Fotos auf Reiseportalen im Internet an – mit gemischten Gefühlen. Einerseits freute sie sich auf den Trip. Was diese Stadt alles an Sehenswürdigkeiten zu bieten hatte, schaffte man sowieso nicht in so kurzer Zeit. Andererseits lag ihr der Zweck dieses Unterfangens im Magen. Thema »Eherettung«. Was, wenn ihre Großeltern sich nicht zusammenrauften und sich auch während der Reise unentwegt in den Haaren lagen? Bei dieser Vorstellung verlor sogar der Eiffelturm seinen Glanz. Gut, sie konnte sich abseilen, zumindest rein theoretisch, aber so einfach war das nicht, denn sie machten die Reise ja nicht zum Vergnügen. Gerade als Sophie auf das nächste Foto klickte, eine wunderschöne Nachtaufnahme der beleuchteten Brücken über der Seine, raschelte es an der Tür. Wurde aber auch Zeit.

»Sorry, kam nicht weg. Neuzugang. Heut den Vertrag abgeschlossen. Hat mich zugetextet und wollte wissen, was sie machen muss, um möglichst schnell zehn Kilo abzuspecken. Cola in der Hand. Was will man da noch sagen?«, erklärte Niklas, nachdem er hereingekommen war.

Die Sprüche kannte Sophie auch von ihrem Vater. Jetzt wollte sie erst einmal einen Kuss, und zwar, noch bevor er sich die gefütterte Jeansjacke ausgezogen hatte. Sophie packte ihn am Kragen, was er sich selbstredend gefallen ließ. Ein ausgiebiger Kuss folgte. Er führte dazu, dass er Sophie mit seinen Armen umschloss, anhob und zur Couch trug. Knutschen mit Jacke? Das ging gar nicht. Sophie versuchte, ihn da rauszuschälen, und stutzte, als sie blondes Haar am Kragen bemerkte. Ein langes hielt sie ihm gleich vor die Nase.

»Na?«

»Was?«

Sophie zog noch zwei weitere Haare von der Jacke. Er musste zweimal hinsehen.

»Jetzt hör aber auf.«

»Irgendwie müssen die ja da draufgekommen sein.«

»Was weiß ich. Die hängt am Kleiderhaken.«

»Im Büro?«

»Hab sie am Tresen liegen lassen, bevor ich ging. Wieso muss ich mich eigentlich rechtfertigen?«

»Hab ich das verlangt? Ich hab dich nur damit konfrontiert. Schuldgefühle?«

»Sophie! Keine Ahnung, okay? Erzähl lieber, wie es bei deinen Großeltern war.«

»Die haben wieder gestritten. Papa hatte die Idee, ihnen eine Reise nach Paris zu spendieren, damit sie auf die Spur kommen.«

»Spendabel.«

»Ich fahr mit – und rate mal, wer noch mitfährt.«

»Vermutlich deine Mutter.«

»Nein. Der Mann mit fremden blonden Haaren auf der Jacke.«

»Ich?« Es klang wie ein entsetzter Ausruf.

»Jetzt sag mir nicht, dass du keinen Bock auf Paris hast. Alles bezahlt.«

»Aber das ist doch so 'ne Psychoreise für deine Großeltern, oder?«

Er brachte es auf den Punkt, daher nickte Sophie notgedrungen. Wieso zierte er sich so? Eine Reise nach Paris. Andere würden dafür töten.

Niklas stand etwas unentschlossen vor ihr. Irgendetwas ratterte in seinem Hirn.

»Hab 'nen Kumpel in Paris. Den könnt ich besuchen«, kam dann. Es klang so, als würde er es zu sich selbst sagen und darin einen Grund sehen, eventuell mitzufahren.

»Kumpel oder Kumpeline?«

»Sophie!« Das genügte, um ihr wieder einmal latente Eifersucht vorzuhalten, die bei so einem Kerl aber sicher nicht unangebracht war.

»Gut, ich fahr mit. Dein Vater gibt mir frei?«

»Er hat zugestimmt.«

»So langsam bekomm ich Lust ...« Anscheinend aber nicht auf Paris, sondern auf Sophie, denn schon war er aus der Jacke draußen, und seine Hände wanderten an ihren Oberschenkeln entlang.

Sophie hingegen hatte seinen Ausspruch im Ohr: Psychoreise, was sie an den furchtbaren Nachmittag bei ihren Großeltern erinnerte.

»Oma will sich von Opa trennen. Stell dir das mal vor.«

»Was?« Niklas saß wieder kerzengerade, seine Hände bei sich.

»Ich hab mich heut gefragt, dass es vielleicht nur eine Frage der Zeit ist, bis man sich trennt.«

»Meinst du wirklich?«

»Es gibt doch tausend Gründe dafür.«

»Also wir trennen uns jedenfalls nicht.« Niklas' Worte klangen wie eine feststehende Tatsache. Sophie schaute ihn daraufhin ungläubig an.

»Warum sollten wir uns trennen?«, fragte er.

»Du lernst eine andere kennen oder machst irgendwann dein

Ding. Na gut, du müsstest ja erst einmal wissen, was du später einmal machen willst. Und wenn du es dann weißt, dann pass ich vielleicht nicht mehr rein. Rein statistisch gesehen ...« Weiter kam sie nicht, denn Niklas versiegelte ihre Lippen mit einem Kuss. Das machte er immer, um ihre Vorträge abzuwürgen. Einer der Gründe, warum sie ihn liebte.

Anja war heute Morgen bereits um sechs Uhr früh aufgewacht, weil sie am Vorabend die quälende Frage, wie sie ihre Eltern dazu bringen könnte, gemeinsam mit ihnen nach Paris zu fahren, mit in den Schlaf genommen hatte. Da waren Albträume vorprogrammiert. Dabei war es anfangs ein so idyllischer Traum gewesen. Eine Fahrt mit ihren Eltern auf einer pappelgesäumten Landstraße, die mitten durch blühende Rapsfelder führte – allerdings in einem Wohnmobil mit ihrer Mutter am Steuer. Das war auch der Moment gewesen, in dem sich der Alb im Traum hatte blicken lassen. Die beiden hatten wieder einmal gestritten. Thema »Frau am Steuer«. Vermutlich, weil Markus auch ab und an solche Bemerkungen vom Stapel ließ, wenn Anja zugegebenermaßen Schwierigkeiten beim Rückwärtseinparken hatte. Mutter fuhr im Traum Vaters Ansicht nach zu langsam. Ihrer Meinung nach nicht. Ein Wort hatte das andere gegeben. Das Ende vom Lied war ein Rausschmiss gewesen. Vollbremsung. »Raus! Ab heute sind wir geschiedene Leute.« Vater packte seine Altherrenhandtasche und stieg aus. Mutter war davongerauscht, mit Anja im hinteren Teil des Wohnmobils. Nach so einem Traum war das Gehirn im Auffinden kreativer Lösungen wie blockiert.

»Rufst du sie nachher gleich an?« Die Frage ihres Mannes zwischen Tür und Angel nach dem gemeinsamen Morgenkaffee hallte wie eine schier unlösbare Aufgabe nach. Markus ließ die Drecksarbeit an ihr hängen, was sie ihm ausnahmsweise mal durchgehen ließ, weil sie sein Engagement bei der Eherettung ihrer Eltern durchaus zu würdigen wusste. Nun war er im Fitnessstudio, und Anja lief immer noch im Morgenrock durch die Wohnung, was sie selbst sonntags so gut wie nie tat, außer, sie war krank. Mittlerweile hatte sie den zweiten Kaffee vor sich auf der Küchentheke stehen. Daneben lag das Telefon. Dort hatte es bereits vor einer halben Stunde gelegen. Unberührt. Oder doch persönlich hinfahren? Und was, wenn Papa nicht da wäre? Sonntags war er aber meist daheim und Mama nicht im Laden. Anja konnte sich dennoch nicht dazu aufraffen, sich in sonntägliche Schale zu werfen und gerade nach dem gestrigen Desaster persönlich vorzusprechen. Noch ein Schluck Kaffee, um sich Mut anzutrinken. Ging das mit Kaffee überhaupt? Nun, Baileys hatte sie keinen. Was sag ich denen nur? »Hallo, Mama. Wir möchten eure Ehe retten. Kommt ihr mit uns nach Paris?« Anja wusste, dass ihre Mutter eine direkte Art schätzte, aber so konnte sie das beim besten Willen nicht rüberbringen. Anja nahm noch einen Schluck von dem frisch Gebrühten. Ihr Blick fiel dabei auf einen Zeitschriftenstapel, den Markus aus dem Fitnessstudio mitgebracht hatte. Normalerweise fasste Anja die bereits gelesenen Zeitschriften nicht an, weil sie im Ruhebereich der Sauna auslagen und dementsprechend von der Feuchtigkeit deformiert und bestimmt bakteriell verseucht waren – auch von patschnassen Händen durchweicht. So verlockend hatte die Frauenzeitschrift ganz oben auf dem kleinen Stapel neben der Obstschale noch nie ausgesehen. Nicht, dass sie sich für die englischen Royals, die das Titelblatt schmückten, ernsthaft interessierte. Es lenkte erfahrungsgemäß ab, darin zu schmökern. Ein Trick, um kreative Energie aus sich herauszukitzeln. Anja blätterte im Bilderbuch für Erwachsene und blieb an einer Rätselseite hängen. »Fünftägige Reise nach Lissabon zu gewinnen.« Oh! Ein Gewinnspiel. Wie lohnend war es doch, gelegentlich in eine dieser Frauenzeitschriften hineinzuschauen. Schon hatte Anja den Hörer in der Hand und wählte die Nummer ihrer Eltern. Mama ging wie üblich nach drei Klingeltönen ran.

»Mama. Ich bin's.«

»Das seh ich an deiner Nummer. Guten Morgen. Gut geschlafen?«

»Geht so. Und du?«

»Geht so.« Etwas anderes hatte Anja nach dem gestrigen Besuch auch nicht erwartet.

»Ist Papa auch da?«

»Warum? Willst du ihn sprechen?«

»Nein. Eigentlich euch beide.«

»Wegen gestern?«

»Nein, also … nicht direkt, aber, ja …«, stammelte Anja.

»Was ist los? Spuck's aus. Sauer wegen gestern?«

»Nein. Ich hab nur eine Überraschung. Wir können es selbst kaum glauben.«

»Ist Sophie schwanger?«

Anja schluckte. Waren das die heimlichen Wünsche ihrer Mutter? Uroma zu werden?

»Das wäre ja noch schöner.«

»Warum? Ich hab dich doch auch jung gekriegt und du Sophie auch.«

Anja musste erst einmal tief Luft holen, nicht, dass die Stimme kippte, wenn sie ihrer Mutter gleich eine glatte Lüge servieren würde.

»Mama. Markus hat bei so einem Preisausschreiben mitgemacht, vor Wochen, und heut schau ich in den Briefkasten. Rate mal, was uns da gestern reingeflattert ist.«

»Habt ihr ein Auto gewonnen? Kohle?«

»Nein. Stell dir vor, Mama. Wir haben eine Reise nach Paris gewonnen.«

Nun herrschte für einen Moment Funkstille am anderen Ende der Leitung.

Anja nutzte die Pause, um gleich nachzusetzen.

»Die möchten wir euch gerne schenken. Nachträglich zum Hochzeitstag«, sagte sie.

»Paris ...« Ihre Mutter seufzte verzückt.

»Wir haben auch schon im Hotel angerufen und gefragt, ob das auch wirklich klargeht. Kein Fake. Da sind auch noch Zimmer frei, und wir haben uns gedacht, dass wir doch mitfahren könnten. Mal nur Familie, verstehst du?«

»Du und Markus mit uns in Paris?«

Das klang jetzt aber nicht nach einem Freudenschrei. Vermutlich überlegte sich ihre Mutter gerade, dass Papa sich dann wieder von seiner besten Seite zeigen würde.

»Also, ob das so eine gute Idee ist«, kam prompt.

»Sophie würde auch gerne mitfahren. Mit Niklas. Den wolltest du doch mal kennenlernen.« Anja warf ihren letzten Köder aus.

»Sophie würde mitfahren? Niklas auch?«

»Wenn ich es dir sage. Frag doch mal Papa, was er davon hält.«

»Der steht schon neben mir.«

»Hast du auf Lautsprecher gestellt?«

»Noch nicht, aber jetzt. Anja hat eine Reise nach Paris gewonnen.«

»Nach Paris? Ja, so was.«

Anja atmete auf, weil die beiden normal miteinander sprachen. Ein gutes Zeichen.

»Sie wollen uns die Reise schenken und mitkommen.«

»Ach was. Sag bloß, Anja. Und ihr wollt mitfahren?«

»Ist das nicht großartig? Ein Tapetenwechsel würde euch guttun. Uns allen. Ist es nicht so?« Anja legte alles an Überzeugungskraft in ihre Stimme.

»Na ja. Wann wäre das denn?«, hakte ihre Mutter nach.

»Kommende Woche, Freitag bis Dienstag.«

»Ich hab keine Termine«, stellte Anjas Vater fest.

»Aber ich hab den Laden.«

»Ulli. Den kannst du doch auch mal für ein paar Tage zusperren.«

Wärme und Zuversicht fluteten Anjas Herz. Papa nannte Mama »Ulli«. Paris – und alles wäre wieder gut.

»Die Ulrike muss sich das noch überlegen«, sagte ihre Mutter offenbar an Anjas Vater gerichtet.

Anja hatte ihren vorwurfsvollen Blick förmlich vor Augen. Friede und Freude, aber noch kein Eierkuchen, weil er sie anscheinend immer noch nicht »Ulli« nennen durfte.

»Ich finde, wir sollten fahren«, sagte Vater. Seine Stimme klang bittstellerisch, was den Sinn der Reise bedeutungsvoll untermalte. Bei denen war immer noch leicht verdickte Luft.

»Paris ...« So wie Mutter es sagte, geriet sie dennoch gerade ins Träumen.

»Ulrike. Jetzt sag schon Ja.«

Ihre Mutter schwieg.

»Mama. So eine Gelegenheit kommt so schnell nicht wieder. Du beschwerst dich doch immer, dass wir so wenig Zeit füreinander haben.«

»Meinetwegen.« Der Versuch ihrer Mutter, es gleichgültig klingen zu lassen, war kläglich gescheitert. Anja hatte den Wohlklang von Vorfreude in ihrer Stimme vernommen.

»Ich schick euch die Unterlagen per Mail. Ach, ich freu mich.«

»Ich mich auch«, sagte ihre Mutter dann doch.

»Melde dich bitte, wenn du die Mail hast, okay? Bis dann. Tschüss.«

Anja beendete das Gespräch und juchzte laut. Die Ehe ihrer Eltern war schon so gut wie gerettet. Dessen war sie sich nun sicher.

Kapitel 4

Ulrike konnte es immer noch kaum glauben. Paris! Mit Hans! Der hatte sich die letzten Tage sogar handzahm gezeigt. War das seine Vorfreude auf gemeinsame Tage in Paris? Wohl kaum, denn vom heutigen Paris hielt er, wie er ja allen zu verstehen gegeben hatte, nicht viel. Reisen war auch nicht mehr sein Ding. Hoffte er vielleicht darauf, dass die Reise ihre Verstimmung lösen würde? Ihre Ehe wiederbeleben? Wie albern war das denn? Ulrike sah der Reise daher mit gemischten Gefühlen entgegen. Das Reisefieber hatte schon am Vortag eingesetzt. Koffer packen. Noch alles bügeln, was da reinmusste. Das gleiche Prickeln wie früher kurz vor der Abfahrt in den Urlaub. So schlimm konnte Paris gar nicht abgewrackt sein, als dass man sich nicht darauf freuen durfte, aber mit dem ganzen Anhang? Ulrike verstand auch nicht so recht, warum es Anja auf einmal so wichtig war, einen auf Großfamilie zu machen. Und in Sachen Hotel war Ulrike eher skeptisch. Anja hatte ihr keine Informationen zukommen lassen. Angeblich hätten sie nur einen Voucher bekommen, für eine Überraschungsunterkunft. Vermutlich landeten sie in irgendeinem Billighotel. Etwas anderes gab es doch bei einem Preisausschreiben nicht zu gewinnen. Ulrike schob all diese Gedanken beiseite, packte noch ihr Necessaire in den Koffer und zog den Reißverschluss zu. Hans' Koffer stand bereits im Flur vor der Tür.

»Wo bleibst du denn? Anja und Markus sind schon da«, rief er ihr zu. Auf einmal hatte er es eilig. Am Vorabend hatte sie ihn noch antreiben müssen und natürlich seine Hemden bügeln.

»Sophie trudelt auch gerade ein. Mit so einem Schönling.« Vermutlich stand Hans am Wohnzimmerfenster und sah hinunter zur Straße.

»Niklas.« Hans wusste doch, wie Sophies Freund hieß.

»Wenn du mich fragst, hält das nicht lange«, sagte er.

Ulrike trug ihren Koffer in den Flur und gesellte sich dann zu ihm ans Fenster. Sophie und Niklas waren offenbar in Turtelstimmung. Er knuddelte sie durch, dann küssten sie sich wie frisch Verliebte. Sie konnten gar nicht mehr voneinander ablassen.

»Sieht für mich aber anders aus«, kommentierte Ulrike.

»Das machste die ersten Wochen, aber bald ist die Luft raus. Der sucht sich dann 'ne andere.«

»Wie kommst du denn darauf? Sophie ist fest davon überzeugt, dass er sie über alles liebt.«

»Verliebt ist er und sie auch. Lieben? Das sind zwei Paar Stiefel.«

»Daraus kann doch auch Liebe werden.«

»Der sieht viel zu gut aus. Wenn Sophie mal einen festen Job hat ... Wirst sehen.«

»Haben wir früher nicht auch so miteinander geturtelt?«, fragte Ulrike ketzerisch.

»Sag ich ja. Wenn man jung ist ... Ist doch alles hormonell gesteuert.«

»Na, wenigstens ist deren Hormonhaushalt noch in Ordnung.« Ulrike sagte es mehr zu sich.

»Na, dann wollen wir mal.« Hans ging nicht auf das Hormonthema ein. Und sicherlich nicht nur, weil keine Zeit blieb, um über Hormonspiegel im Alter zu referieren. Wahrscheinlich tat er es nicht, weil er wusste, dass er in diesem Fall nicht das letzte Wort haben würde. Dennoch ein vielversprechender Beginn ihrer Reise. Er trug ihr sogar den Koffer nach unten, ohne zu jammern oder zu stöhnen. Letzteres kam doch sonst immer automatisch bei jeder Bewegung. Stellte er es bewusst ab oder unterbewusst, weil er sich auf die Fahrt freute? Ulrike tippte fast auf Letzteres, denn als ihn Anja vor dem Haus begrüßte, umspielte ein entspanntes Lächeln seine Lippen. Niklas beäugte er misstrauisch, reichte ihm aber dennoch artig die Hand.

»Freut mich sehr«, kam dann aber nur von Niklas.

»Da hast du dir aber einen feschen Kerl geangelt«, konnte Ulrike sich nicht verkneifen. Erstaunlicherweise nahm es Sophie nicht als Kompliment auf. Sie lächelte betreten. Anja ebenfalls. Niklas hingegen strahlte unbefangen und schien gleich noch einen Zentimeter zu wachsen.

»Wer fährt bei wem mit?«, wollte Hans dann wissen. Ihren alten Audi hatte er heute Morgen bereits geflissentlich aus der Garage gefahren und vor dem Haus geparkt.

»Ihr beide bei uns?« Anja blickte auf das Händchen haltende Junggemüse.

»Bei uns ist doch viel mehr Platz im Wagen«, sagte Hans.

Ulrike schluckte. Suchte er sich etwa wieder eine Bühne?

Täuschte sich Ulrike, oder wirkte Anja fast eine Spur erleichtert?

»Klar, bei euch«, sagte Sophie prompt, was Ulrike nicht einleuchtete, denn im BMW ihrer Eltern war mindestens genauso viel Platz, und die Rückbank war bestimmt bequemer.

»Dann mal alle einsteigen«, sagte Markus.

»Und was geb ich beim Navi ein?«, wollte Hans wissen.

»Paris«, gab Anja zum Besten.

»Und wo genau in Paris?«

»Ihr fahrt uns einfach hinterher«, erwiderte Markus.

»Habt ihr denn keine Adresse? Das Hotel muss doch eine Anschrift haben«, wandte Ulrike ein. Ohne Navi in Paris. Davor graute es ihr.

»Die kriegen wir erst in einer Stunde per Mail. Ist doch ein Überraschungshotel«, erklärte Markus.

»Also so ein neumodisches Zeug. Früher hat man ein Hotel gebucht und fertig«, meckerte Hans.

»Bis Paris kommen wir. Ist doch alles ausgeschildert«, machte Ulrike ihm klar. Er nickte und öffnete den Kofferraum. Sophie und Niklas hatten nur kleine Koffer dabei. Die passten gerade neben ihren und den von Hans.

»Und fahr nicht zu schnell. Die blitzen auf der Autobahn«, rief Hans Markus noch zu, bevor er in ihren Wagen stieg. Nicht aus Sorge, dass sie einen Strafzettel bekamen, wohl eher, weil er befürchtete, ihn aus den Augen zu verlieren.

»Geht klar.«

Hans ließ den Wagen an und fuhr dem BMW dann hinterher. Ulrikes Blick haftete am Rückspiegel. Dort hatte sie Sophie und Niklas im Auge. Wie verliebt er sie ansah. Sie kannte das von früher. So lange her. Und es war der Mann neben ihr gewesen, der sie genauso angesehen hatte. Unglaublich!

Die Rücksitze von Opas Audi waren nicht die bequemsten, etwas abgewetzt und von allen möglichen Transportfahrten leicht verfleckt, doch Sophie hatte die Anweisung ihrer Mutter strikt befolgt, bei den Großeltern mitzufahren. Es ging darum, um jeden Preis Streit zwischen Oma und Opa zu vermeiden, und Sophie eignete sich nicht nur nach Ansicht ihrer Mutter als natürlicher Puffer. Hätte sie ihrer Mutter doch nur nicht gesagt, dass Opa nicht so mies drauf war, wenn sie bei den Großeltern vorbeischaute. Im

BMW wäre es bequemer gewesen. Das mit dem Puffer funktionierte allerdings recht gut, zumindest bis Papas Gefährt auf die Autobahn gebogen war. Natürlich drückte er da auf die Tube.

»Was muss der so rasen?« Opas Beschwerde, die er an Papa gerichtet mit der Lichthupe zum Ausdruck gebracht hatte, war wirkungslos geblieben. Oma hatte ihm zudem versichert, dass Tempo 130 eine völlig normale Reisegeschwindigkeit sei. Also rauf aufs Gas. Der Motor des Audis klang bei mittlerweile sogar Tempo 140 aber nicht so, als ob er es bis nach Paris schaffen würde.

Niklas' Redseligkeit war es zu verdanken, dass die Zeit fortan nur so verflog. Witzige Begebenheiten aus dem Fitnessstudio brachten nicht nur Oma zum Lachen. Vor allem die Story vom geprellten Steißbein aus der letztwöchigen Aerobic-Stunde, bei der er als Vertretung für die erkrankte Trainerin eingesprungen war. Hüpfen und dabei das linke Bein von sich wegzukicken war eine klare Anweisung, ebenso für das rechte Bein. Anstatt »Und nun abwechselnd das linke und rechte« zu verlangen, hatte Niklas einen für zwei Teilnehmerinnen verhängnisvollen Satz gesagt: »Und nun mit beiden Beinen.« Schon hatten zwei Damen ihn missverstanden und gleichzeitig das linke und rechte Bein nach oben gekickt. Thema »Schwerkraft«. Bei so einer Aktion knallte der Allerwerteste natürlich auf die Matte.

»Wie kann man nur so blöd sein?« Opas Frage war berechtigt. Seine kurz darauf folgende Frage auch. Sie war aber nicht gerade stimmungserhellend. Was Niklas denn mal beruflich machen wollte, war ein heikles Thema. Niklas' wahrheitsgemäße Antwort darauf, dass er es noch nicht wisse, ebenso. Sophie ahnte, dass nun ein Fass auf war, das nicht mehr so schnell zu schließen sein würde.

»In deinem Alter wusste ich, was aus mir mal werden soll«, kam von Opa.

»Red keinen Unsinn. Du wolltest Schriftsteller werden, und jetzt bist du Lektor und Dramaturg«, stellte Oma klar.

»Das ist aber artverwandt.«

»Ist es nicht. Die einen schreiben. Die anderen lesen.«

»Und ich schreibe wohl nicht?«

»Beurteilungen und Inhaltsangaben. Und deinen Roman haste immer noch nicht fertig.«

»Du hast einen Roman angefangen, Opa?« Sophie erstaunte, dass er ihr das noch nicht erzählt hatte.

»Historisch. Da muss man viel recherchieren.«

»Also, ich lass das mal auf mich zukommen. Im Moment finde ich die Arbeit in Markus' Studio ganz gut. Flexible Arbeitszeiten und Kontakt mit Menschen.«

»Hast du nach der Schule eine Ausbildung gemacht?«, hakte Opa nach.

»Eine kaufmännische Lehre als Einzelhandelskaufmann. War aber stinklangweilig«, sagte Niklas.

»Das glaub ich dir aufs Wort.« Oma sprang ihm zur Seite.

»Aber man muss doch als junger Mann Visionen im Kopf haben.«

Niklas schaute etwas betreten drein.

»Opa meint, was ich dir auch schon gesagt habe. Ein Ziel vor Augen, damit man seine Energien kanalisieren kann.«

»Wenn das so einfach wäre«, sagte Niklas.

»Das ist es. Du musst erst einmal Vor- und Nachteile noch nicht realisierter Wünsche abwägen, dann die Folgen möglicher Zielsetzungen evaluieren und die Wahrscheinlichkeit der Realisierbarkeit durchdenken.«

»Also, so wie du das sagst, hätte ich wohl nie einen Blumenladen aufgemacht. Das klingt recht kompliziert«, sagte Oma.

»Deine Großmutter hat recht. Meistens kommt alles ganz anders. Das ist wie in der Dramaturgie. Da haben wir einen Helden, der irgendetwas will, und dem schmeißen gute Autoren jede Menge Knüppel zwischen die Beine, bis er nach einem großen Finale erkennt, dass das, was er will, nicht das ist, was er braucht.«

Niklas' Augen waren mittlerweile schreckensgeweitet. Das sah nach momentaner gedanklicher Totalüberforderung aus.

»Verstehst du, was ich meine?«, wollte Opa sich daher vergewissern.

Niklas nickte stumm.

»Es geht darum zu planen, mit welchen Mitteln ein Ziel erreicht werden kann, und um kognitive Anpassungsprozesse, also die Knüppel. Das ist dann die postdezisionale Phase, die natürlich Änderungen der Pläne mit sich ziehen kann. Ein gewisser Selbstfindungsprozess geht damit einher«, referierte Sophie.

»Ich könnte es nicht besser sagen«, lobte Opa sie.

»Möchte mich mal selbstständig machen. Mit was genau, wird sich hoffentlich bald zeigen.«

»Also selbst und ständig. Und dann noch den Kunden in den Arsch kriechen, damit das ›Ständig‹ nicht zum Gelegenheitsjob mutiert. Man könnte auch Prostitution dazu sagen«, sagte Opa wohl aus jahrelanger Berufserfahrung.

»Fahr da raus. Ich muss aufs Klo«, verlangte Oma und deutete auf ein Raststättenschild. Sophie kannte Opas Ouvertüren, wenn er anfing, über seinen Job zu jammern. Oma sicher auch. Das Klo wurde somit auch zum Rettungsanker.

»Ich auch«, kam von Niklas, der so aussah, als würde er frische Luft gerade gut vertragen können.

»Sophie. Gib bitte deiner Mutter Bescheid, sonst rauscht er an der nächsten Raststätte vorbei«, wies Oma sie an. Im Nu hatte Sophie das Handy in der Hand.

»Mama? Sag Papa, dass wir an der Raststätte rausfahren ... Alles in Ordnung. Wir müssen nur aufs Klo«, erklärte Sophie.

»Geht klar«, sagte Sophie nach Beendigung des Gesprächs in die Runde.

»Warum hat sie gefragt, ob alles in Ordnung ist?«, wollte Oma wissen.

»Nur so.« Dass ihre Mutter danach gefragt hatte, ob die beiden Streithähne Ruhe gaben, musste sie ihrer Großmutter ja nicht auf die Nase binden.

Opa setzte keine Minute später den Blinker.

Papa ebenfalls. Er bog kurz danach in die Ausfahrt, die zu einem französischen Rastplatz mitten im Wald führte. Und wie eilig Niklas es hatte, aus dem Wagen zu kommen. Kaum ausgestiegen, meldete sich Sophies Blase ebenfalls. Sie folgte ihm und ihrer Großmutter, die bereits im Stechschritt auf die Holzhäuschen vor ihnen zueilte und gleich darin verschwand.

»Ihr habt mich ja ganz schön in die Zange genommen«, beschwerte Niklas sich, als sie ihn erreichte.

»Nur zu deinem Besten.«

Niklas feixte. Was gab es da zu lachen? Nahm er sie etwa nicht ernst?

»Was ist so komisch?«

»Dein Opa und du. Ihr redet irgendwie ähnlich.«

Sophie stutzte.

»Na ja, so verkopft. Manche Dinge kommen aber nicht aus dem Kopf, sondern aus dem Bauch. Das mit dem Wollen und Brauchen, mein ich.«

»Na, dann frag halt mal deinen Bauch«, erwiderte sie leicht angefressen.

»Aber erst wenn die Blase leer ist«, erwiderte er und verschwand im Herrenklo.

Verkopft. Na, dann bin ich halt verkopft, sagte Sophie sich und ging zur noch nicht besetzten zweiten Damentoilette. Mama war auch schon im Anmarsch. Die musste jetzt eben warten.

Anja wunderte es nicht, dass Markus sich auch dafür interessierte, was Sophie ihr während ihres kurzen Gesprächs unter vier Augen auf dem Weg zurück zum Wagen bezüglich des Verhaltens ihrer Großeltern berichtet hatte.

»Ganz normal. Kein Gezanke. Nichts«, sagte sie ihm auf Nachfrage, nachdem sie losgefahren waren.

»Ach nee.« Markus gab sich überrascht.

»Sie haben sich über Niklas unterhalten.«

»Über Niklas?«

»Was er mal machen will.«

»Und? Was will er machen? Hat er was gesagt? Was angedeutet?« Markus erweckte den Eindruck, als würde ihn das brennend interessieren. Vielleicht befürchtete er, einen seiner zuverlässigsten Mitarbeiter zu verlieren. Er mochte ihn, das wusste Anja.

»Er weiß es wohl noch nicht.«

»Ach, das wird schon. Manchmal kommen Gelegenheiten ganz unverhofft«, sagte Markus. Sein Optimismus in Gottes Ohr.

»Und dann hat Sophie mir noch erzählt, dass Niklas ihr vorgehalten hätte, verkopft wie ihr Großvater zu sein.«

Markus lachte. Anja glaubte auch, dass etwas Wahres dran war. Der Junge hatte Menschenkenntnis.

»Deswegen passt Niklas so gut zu ihr. Stell dir vor, sie hätte irgendeinen Typen aus ihrem Studiengang. Den beiden möchte ich nicht zuhören«, sagte Markus.

»Gegensätze ziehen sich an. Das sagt man doch. Eigentlich wie bei meinen Eltern.«

»Hoffentlich geht das mit den beiden gut. Zu wünschen wär's ihr«, erwiderte Markus.

»Warum soll es denn nicht gut gehen?«

»Niklas weiß, dass Sophie ihm intellektuell überlegen ist. Ich glaube, das zieht ihn an, als Selbstbestätigung, als Anerkennung. Er hat Schiss, dass Sophie ihn eines Tages sausen lässt.«

»Niklas?«

»Wir haben erst kürzlich nach Feierabend darüber gesprochen.« Das verblüffte Anja so sehr, dass sie gleich nachhakte.

»Das will man gar nicht glauben. So wie der Junge aussieht, könnte er doch jede haben.«

»Es ist ja nicht nur ihr Intellekt. Du kennst Sophie doch. Die durchschaut alles und jeden bis auf die Knochen. Was hat er noch gleich gesagt?« Markus überlegte angestrengt. »Seelenstrip«, fiel ihm dann ein.

»Was meint er damit? Weil sie Psychologie studiert?«

»Dass er sich ganz weit öffnen muss. Seine Worte. Mit einer einfacher gestrickten Frau hätte er es vermutlich leichter.«

»Hat er das auch gesagt?«

»Nein. Dass er sie liebt. Wahrscheinlich wird er mal unser Schwiegersohn.«

»Ich könnte mir Schlimmeres vorstellen«, überlegte Anja laut.

»Ein bisschen mehr Durchsetzungsvermögen muss er aber noch entwickeln.«

»Bei Sophie?«

»Ich hab ihm auf dem Klo gesagt, er soll deinem Vater Beine machen. Tempotechnisch.«

Markus blickte in den Rückspiegel.

»Gott. Gib doch endlich mal Gas«, zischte er. Anja wusste,

warum, nachdem sie einen Blick in den Rückspiegel des Beifahrersitzes geworfen hatte. Der Audi war kaum noch in Sichtweite.

»Mein Vater hält sich nur an die Geschwindigkeitsbegrenzung.«

»Also laut Navi darf man hier hundertdreißig fahren.«

»Du fährst hundertvierzig, anscheinend hast du das Schild vorhin nicht gesehen.«

»Ein Schild?«

»Hundert.«

»Aber das ist doch eine gerade Strecke. Wieso dann hundert?«

»Vielleicht wegen des Autobahnkreuzes in gut einem Kilometer.«

»Quatsch.«

Schon grellte ein Blitz von einem grauen Kasten, der hinter einem Busch versteckt war.

»Scheiße!«

»Nein. Teuer«, stellte Anja fest.

Markus schwieg. Wenigstens ging er vom Gas runter. Papa hatten sie sicher nicht geblitzt. Er schloss nun dennoch etwas auf.

»Wir haben's ja«, setzte Anja noch nach.

»Noch haben wir's.«

»Und dann? Nach meinen Berechnungen und abzüglich der nächsten Steuervorauszahlung sind wir in einem halben Jahr pleite.«

»Was soll ich machen? Freibier zum Training? Ich hab doch schon die Schwedin eingestellt. Mit dem Preis runter wie in diesen Billigketten ohne Dusche und Sauna?«

»Geht nicht. Dann wären wir schon früher pleite«, versuchte Anja, ihm klarzumachen.

»Das ist wie in allen Bereichen. Entweder billig, billig oder exklusiv und edel. Wir sind mittendrin. Das ist im Handel doch das Gleiche. Entweder du verkaufst teure Markenware oder importierst Ramsch aus China. Nur so kommt man zu was.«

»Gut, dass wir noch mein Gehalt haben.« Und ihre Tricks in der Steuerkanzlei, ohne die sein Gym bereits geschlossen wäre. Bald mussten sie auch noch mehr Steuern bezahlen, weil die Verlustvorträge aufgebraucht waren.

»Wir müssten upgraden, und zwar gewaltig. Oder das Konzept ändern.«

»Ich fürchte, die Bank wird uns aktuell dafür keinen Kredit geben.«

»Das weiß ich. Schade, dass wir keine von diesen alten Lebensversicherungen mit guten Renditen haben.«

»Meine Mutter hat wohl das große Los gezogen.«

»Meinst du, sie würde uns aushelfen?« Anja musste sich in dem Moment eingestehen, dass ihr der Gedanke auch schon gekommen war, doch Mutter würde Geld verbrennen, wenn sie ihnen etwas leihen würde. Da waren ihre Einhunderttausend selbst in ein Wohnmobil noch besser investiert als in ein finanziell bereits aus dem letzten Loch pfeifendes Gym.

»Du hast sie doch gehört. Sie will reisen und ein Wohnmobil. Dann ist das Geld schnell weg. Und ohne konkreten Plan. Man investiert doch nur in etwas, das sich lohnt«, gab sie ihm zu bedenken.

Markus zuckte die Achseln und hüllte sich in Schweigen, wie immer, wenn es um die delikate Finanzlage ging. Anja stellte fest, dass er und Niklas aus einem Holz geschnitzt waren. Lebten mehr in den Tag hinein. Mal was Konkretes angehen, planen? Fehlanzeige. »Upgraden« und »Konzept ändern«. Das klang toll, aber was steckte dahinter? Heiße Luft.

»Ich mach mir schon meine Gedanken. Keine Sorge. Okay?«

Weiter kam nichts mehr. Sein Blick war starr auf die Straße gerichtet, und weil der Audi mittlerweile zu ihnen aufgeschlossen hatte und die Geschwindigkeitsbegrenzung aufgehoben war, drückte er erneut auf die Tube.

Hans hatte wieder einmal den Blinker setzen müssen, um an der nächsten Raststätte rauszufahren, was unweigerlich zu einer weiteren Fahrtverzögerung führen würde. Ulrike verfluchte oft genug ihre altersbedingte Blasenschwäche, doch diesmal war sie ihr dankbar, denn Hans steuerte schicksalhaft auf die einzige noch freie Parkfläche neben einem Wohnmobil zu. Auch noch das gleiche Modell, das sie sich im Katalog angesehen hatte. Hinter dem Gefährt standen ein Klapptisch und zwei Stühle an einem sonnigen Plätzchen auf dem Rasen. So hatte sich Ulrike das Leben »on the road« immer vorgestellt. Ein Herr, etwa in Hans' Alter, machte dort Brotzeit. Leckeres Baguette mit Käse. Ein mit Rotwein befülltes Glas stand auf dem Tisch vor ihm. Hans riskierte auch einen neugierigen Blick, nachdem sie ausgestiegen waren.

»Das ist doch das Teil, das du dir angesehen hast.«

Oh. Interesse für ein Wohnmobil? Er besah es sich ausgiebig von oben bis zu den Reifenachsen. Das unterdrückte momentan sogar den Reiz ihrer Blase. Dranbleiben!

»Ein Traum, oder? Du kannst halten, wo immer du willst, und es dir gemütlich machen.«

»Gemütlich? Also, ich esse lieber in einem guten Restaurant, mit Bedienung.«

»Wer bedient dich denn immer zu Hause, und schmeckt's dir etwa nicht?«

Hans gab einen Brummlaut von sich. Dagegen konnte er schlecht was sagen.

»Cooles Teil«, befand auch Niklas, der sich genau wie Sophie zu ihnen gesellt hatte.

»Also, ich würde auch gerne mal mit so was Urlaub machen.«
Sophies Blick klebte an dem neuen Modell mit allem Schnick-
schnack.

Markus hielt neben ihnen an. Er und Anja stiegen aus und warfen nun auch einen Blick auf das schicke Luxusgefährt.

»Der hat alles drin. Küche, Bad. Man kann die Fahrersitze
nach hinten drehen und mit einem einfachen Handgriff zu zwei
bequemen Sesseln machen«, schwärmte Ulrike.

»Hat was. Ist bestimmt geräumig«, stellte nun auch Markus
fest.

»Und er ist nicht zu breit. Damit kommt man auch durch en-
gere Straßen.« Auch darauf hatte Ulrike bei der Auswahl dieses
Modells geachtet.

Hans' und Markus' Interesse schien geweckt. Sie besahen sich
das Wohnmobil nun näher und versuchten, durch die seitlichen
Fenster einen Blick auf sein Innenleben zu erhaschen.

»Wollen Sie mal reinschauen?«, fragte der Mann am Klapptisch, dem das Interesse der Neuankömmlinge natürlich nicht
entgangen war. »Wir haben ihn seit zwei Monaten und wollen runter bis nach Lissabon«, rief er ihnen zu.

»Lissabon? Das kannst du vergessen.« Ulrike nahm hinter ihrem Rücken die keifende Stimme einer Frau wahr. Sie steuerte
im Stechschritt auf das Wohnmobil zu, ein Handtuch geschultert,
das Necessaire in der Hand. Die Haare waren noch klatschnass.
Offenbar gab es an dieser Raststätte Duschen für den Fernverkehr.

»Das steht da drin vor Dreck«, beschwerte sie sich. Die Schau-
lustigen schien sie erst jetzt wahrzunehmen.

»Die Herrschaften wollten sich unser Wohnmobil ansehen«,
erklärte ihr Mann.

»Wollen Sie es haben? Nehmen Sie es!«

»Elfriede!«

»Ist doch wahr. Das Klo geht nicht. Die Dusche ist ein Rinnsal, und da drin ist es so eng, dass man sich ständig auf die Füße tritt«, schimpfte sie.

Ulrike entging Hans' selbstgefälliges Grinsen nicht. Auch Markus amüsierte sich offenkundig darüber – auf ihre Kosten. Sophie und Niklas tauschten betretene Blicke.

»Er wollte ihn ja unbedingt haben. Die große Freiheit. Unter Freiheit verstehe ich etwas anderes, als mit verschwitzten Lkw-Fahrern in der Schlange vor einer Rasthausdusche zu stehen, weil alle verdammten Campingplätze belegt waren. Und die kosten auch noch mehr als ein Viersternehotel bei Booking«, wetterte sie.

Ihr Mann zuckte nur ratlos die Schultern.

Ulrike rechnete Hans hoch an, dass er nicht feixte. Sie musterte ihn genau. Er sah sie nur fragend an, noch nicht einmal mit diesem rechthaberischen Blick, den sie an ihm kannte. Er wusste genau, dass jetzt jedes Wort seinerseits das falsche sein könnte.

»Ich bin schon zu alt für so was. Sie können sich gerne drin umschauen, aber erst muss ich mich umziehen«, erklärte Elfriede.

»Wir konnten schon einen Blick durch die Fenster hineinwerfen. Machen Sie sich keine Umstände«, sagte Ulrike tapfer.

Die Frau des Campers sah sie für einen Moment irritiert an, stieg dann aber in Ulrikes eben geplatzten Traum. Sie musste sich eingestehen, dass Hans recht hatte. War es denn tatsächlich ihr Traum gewesen, in diesem Ding um die Welt zu fahren? Ulrike seufzte und ging schnurstracks zum kleinen Trampelpfad, der zu den sanitären Anlagen führte. Die sahen wirklich nicht sehr einladend aus, und besetzt waren die Damenklos auch noch.

»Sie werden einen Montagswagen erwischt haben, Mama«, sagte Anja, nachdem sie sich vor dem Klohäuschen für die Damen zu ihr gesellt hatte.

»Kann sein.« Um die technischen Mängel des Gefährts ging es Ulrike aber gar nicht.

»Und das ist der, den du kaufen willst?«, fragte Anja verwundert nach.

»Wollte.«

»Jetzt nicht mehr?« Anja wirkte erleichtert, als ob sie das etwas anginge.

»Ich weiß nicht mehr, was ich will«, sprudelte es aus Ulrike heraus.

Anja gab das anscheinend zu denken, denn sie schwieg, bis eine der Kabinen frei wurde und Ulrike darin verschwand. Ein Wink des Schicksals, dachte Ulrike sich. Paris! Denk einfach an Paris!

Vielleicht wäre es besser gewesen, mit dem TGV zu fahren. Ulrike hatte diese Überlegung bereits angestellt, als sie an der Périphérique, der Ringstraße um Paris, im Stau gestanden hatten. An sich kein Thema, weil sie erst vor einer Stunde auf noch einen Rastplatz gefahren waren und die Blase daher noch nicht zwickte. Dann stand man halt mal für kurze Zeit. Markus sah das offenbar anders. Mal scherte er nach links aus, dann wieder in die Mitte. Anscheinend wusste er nicht, dass gerade diese ungeduldigen Spurwechsler Staus dieser Art verursachten – und auch noch Stress, denn Hans hatte Mühe, ihm zu folgen. War plötzlich ein Lkw vor der Nase, war der BMW nicht mehr zu sehen. Sie sollten ihm ja hinterherfahren. Das Junggemüse war bereits auf der Rückbank eingeschlafen. Ihre halb offenen Münder mit nach hinten auf die Sitzlehne gekippten Häuptern waren ein untrügliches Zeichen für Tiefschlaf. Den konnte Ulrike sich leider nicht leisten, weil sie unentwegt Ausschau nach Markus' Wagen halten musste. Hans durfte zudem am Steuer nicht einschlafen. Also zutexten.

In Erinnerungen an die damalige Hochzeitsreise schwelgen. Das wirkte etwas aufgesetzt, denn an den Sehenswürdigkeiten, die sie aus den Schubladen ihrer Erinnerungen zog, fuhren sie gerade nicht vorbei.

»Was ich dir gesagt habe. Paris ist nicht mehr das, was es einmal war«, kommentierte Hans.

Ulrike machte sich in dem Moment klar, dass ihre nostalgischen Ausuferungen eher kontraproduktiv waren, denn er hatte recht. So viel Graffiti-Geschmiere hatte es seinerzeit noch nicht an den Brücken und Wänden der Häuser gegeben, an denen sie vorbeifuhren. Das Bild des anderen Paris setzte sich fort, nachdem sie Markus' Wagen an der nächsten Ausfahrt gefolgt waren. Gott im Himmel, waren die Häuser heruntergekommen. »Also, diese Architektur verzaubert mich immer wieder«, schwärmte Ulrike trotzdem. Man musste sich schließlich nur den Ruß und die Risse an den Fassaden wegdenken. Im Herzen der Stadt war es bestimmt noch genauso schön wie früher, sagte sie sich. Inzwischen waren die beiden jungen Leute auf der Rückbank auch wieder unter den Lebenden – mit steifem Nacken, versteht sich. Und weiter vorne blitzte es rot auf.

»Ich hab Papa noch gesagt, dass die jetzt Dreißiger-Zonen in Paris haben. Wegen der Umwelt.« Sophie hatte den Blitzer wohl auch bemerkt.

»Das wird teuer«, kommentierte Ulrike. »Erst auf der Autobahn und nun hier ...«

»Die beiden haben's ja«, sagte Hans trocken.

»Also, den Eindruck hab ich nicht. Mama hat mir nach dem Studium den monatlichen Zuschuss um dreihundert gekürzt.«

»Du arbeitest jetzt am Lehrstuhl und verdienst eigenes Geld«, sagte Ulrike, die dafür vollstes Verständnis hatte.

»Läuft's denn nicht gut im Studio, Niklas?«, hakte Hans gleich nach.

»Geht so. Wir hatten letztes Jahr aber viele Kündigungen. Den Leuten bleibt weniger Geld, und sie gehen dann lieber in diese seelenlosen Billigketten.«

»Geht doch um Körpertraining, nicht um Seelentraining«, erwiderte Hans.

»Beides gehört doch zusammen, oder etwa nicht?«, wandte Sophie ein. Hans widersprach dem nicht. Er widersprach Sophie so gut wie nie. Wenn Ulrike das gesagt hätte, wäre das Ganze in einer Debatte über das Leib-Seele-Problem ausgeufert. Eines seiner Lieblingsthemen. Hätte Hans nur nicht neben Literatur auch noch Philosophie studiert.

»Und dann zahlen sie euer Zimmer und ihres? Der Gewinn in diesem Preisausschreiben war doch sicher nur für zwei Personen«, überlegte Ulrike laut.

»Ich glaub, Papa hat Sonderkonditionen bekommen«, sagte Sophie.

Sonderkonditionen?

Das Thema legte Ulrike dennoch ad acta, denn sie fuhren gerade an der Gare de Lyon vorbei, was sie sofort an einen der schönsten Abende der damaligen Hochzeitsreise denken ließ.

»Ob es den *Train Bleu* noch gibt?«, fragte sie an Hans gerichtet.

»Den blauen Zug?«, fragte Sophie.

»Das ist ein edles Restaurant in der Wartehalle des Bahnhofs. Sündhaft teuer. Schon damals. Unser Essen hat umgerechnet hundert Mark gekostet.«

»War es aber wert«, sagte Hans.

»Komischer Name für ein Restaurant«, merkte Niklas an.

»Ganz und gar nicht. Von der Gare de Lyon aus gingen früher alle Züge in den Süden, ans Meer. Welche Farbe hat das Meer?«

Damit gab Niklas sich zufrieden. Es kamen auch keine weiteren Ausführungen über die Geschichte dieses Restaurants, auch nicht, als sie keine zehn Minuten später und drei Umleitungsschildern folgend leider erneut dort herauskamen.

»Weiß dein Vater nicht, wo das Hotel ist?«, fragte Hans nicht zu Unrecht.

»Sein Navi ist alt. Und Baustellen kennt nur Google«, erklärte Sophie.

»Hat er dir nicht gesagt, wo es liegt? In welchem Viertel?«, wollte Hans wissen.

»Ich glaub im achten.«

»Das ist doch nördlich der Champs-Élysées. Da muss dein Vater nur Richtung Arc de Triomphe fahren und kurz davor in eine der Seitenstraßen nach rechts abbiegen.«

»Sie kennen sich aber gut in Paris aus«, wunderte Niklas sich.

»In der Ecke war doch unser Hotel damals, nicht wahr, Schatz?«

Schatz? Hörte Ulrike da richtig? Sie konnte die Frage nur bejahen.

»Er biegt ja schon wieder nach rechts ab. Geradeaus. Fahr doch geradeaus, Mann«, schimpfte Hans. »Also ich fahr jetzt geradeaus ...«

Markus' Wagen war schon außer Sichtweite.

»Schick deinem Vater eine Nachricht oder ruf ihn an. Er soll Richtung Triumphbogen fahren und uns die Adresse von diesem Hotel geben. Die müsste er doch inzwischen schon bekommen haben«, wies Hans seine Enkelin an. Sofort hatte sie ihr Smartphone zur Hand und tippte. Ulrike beruhigte sich mit dem Gedanken, dass Markus mit der Adresse des Hotels in seinem Navi, auch wenn es alt war, früher oder später dort hinfinden würde. Weil Hans gerade das Seine-Ufer erreicht hatte, verschwendete Ulrike keinen weiteren Gedanken daran. Von wegen zum Negativen hin verändert und hässlich. Dort standen noch die gleichen schnuckeligen Holzbuden, die allerlei Waren anboten, von Kunstdrucken bis hin zu Haushaltsartikeln. Das Stadtbild hier im Zentrum schien der Zeit ebenfalls getrotzt zu haben. Zwar hatte sich die Mode verändert, doch die Menschen hier kleideten sich nach wie vor äußerst geschmackvoll – zumindest die Spaziergänger, an denen sie vorbeifuhren. Und wie schön diese alten Häuser mit den großen Fenstern waren, die bis zum Boden reichten. Ein kleines Eisengitter davor. Herrlich verzierte Fassaden.

»Und hat sich dein Vater schon gemeldet?«, wollte Hans wissen.

»Der kurvt bestimmt zum dritten Mal um die Bastille«, sagte Niklas, der sich offenbar darüber amüsierte und genau wie Ulrike am Wagenfenster klebte, um die ungeplante Stadtrundfahrt zu genießen.

»Toll, diese Glaspyramide.« Sophie teilte Ulrikes Begeisterung. Die hatte es seinerzeit am Louvre noch nicht gegeben.

Hans steuerte auf den Place de la Concorde zu. An sich hatte Ulrike damit gerechnet, dass ihm spätestens jetzt Schweißperlen auf der Stirn stehen würden. Mehrspurig ging's dort um den Obelisken in der Mitte. Und prompt geriet er in Hektik, blickte sich unentwegt um. Spurwechsel in Paris – das war ein ganz besonderes Abenteuer. Anstatt geradeaus weiterzufahren, fuhr er aber gleich noch einmal herum.

»Verfahren?«, fragte Sophie von hinten.

»Nö. Macht Spaß. So oft komm ich schließlich nicht hierher.«

Wie bitte? Spaß? Hatte Ulrike sich da eben verhört?

Sie genoss die zweite Umrundung trotzdem und bewunderte den in die Höhe aufragenden und mit ägyptischen Hieroglyphen verzierten Obelisken. Wenn sie sich recht an ihre damalige Stadttour in einem dieser Touristenbusse erinnerte, war er ein Geschenk eines ägyptischen Gouverneurs gewesen und stand dort bereits seit Anfang des 19. Jahrhunderts. Das Pariser Zentrum bot generell viel Ästhetik fürs Auge. Das galt auch für den Tuileriengarten, an dem sie gerade vorbeifuhren. Was für ein schöner Schlosspark. Und die vielen Blumenbeete. Dort waren sie nach ihrem Louvre-Besuch entlangspaziert bis hinauf zu den Champs-Élysées, einer der prächtigsten Straßen der Welt, die erst am Triumphbogen endete. Man sah ihn schon von Weitem.

»Also da vorn geht's glaub ich rechts ab. Dann sind wir im Achten. Avenue Matignon, oder wir fahren ein Stück weiter und biegen in eine der nächsten Straßen rechts ab«, sagte Hans.

»Sag bloß, dein Vater hat sich noch immer nicht gemeldet?«

Sophie schüttelte den Kopf.

Hans bog kurzerhand ab. Aus der prachtvollen Avenue wurde eine kleine Straße, gespickt mit Restaurants und Geschäften. Irgendwie kam Ulrike die Ecke bekannt vor.

»Ruf ihn an. Wir sind jetzt im Achten«, verlangte Hans.

»Parc Monceau«, kam es dann von hinten.

»Ach nee. Hans. Dort war doch unser altes Hotel, erinnerst du dich?« Ulrike war baff. So ein Zufall. Dort fand ihr Mann sicher ohne Navi hin. Sein Ortsgedächtnis war phänomenal.

Keine fünf Minuten später erreichte der Wagen den Ausläufer des kleinen, aber schnuckeligen und mit Statuen gespickten Parks, mitten in einem der besseren Wohnviertel. In diesem Park aus der Zeit der Renaissance hatten sie seinerzeit Stunden verbracht.

»Also da vorn ist unser altes Hotel«, sagte Hans. Das *Au Beau Quartier* lag in Sichtweite.

»Hat er dir keine Hausnummer gegeben?« Ulrike drehte sich zu Sophie um. Die grinste verwegen. Niklas auch.

»Wir sind gleich da.«

»Ungenaue Angabe«, wetterte Hans, der bereits die Lichthupe eines hinter ihm fahrenden Wagens über sich ergehen lassen musste.

»Ach, halt doch mal kurz an dem Hotel. Ich möchte nur mal sehen, ob es noch so schön ist wie früher«, verlangte Ulrike.

»Meinetwegen.« Oh! Kein Widerspruch. Schon ordnete er sich rechts ein und fuhr direkt vor das fünfstöckige Gebäude. In der Mitte des Eingangsportals aus Glas war noch immer diese ausladende schöne Drehtür. Darüber hing die französische Flagge, zu der sich mittlerweile die europäische gesellt hatte. Ulrike kurbelte das Autofenster herunter und sah hinaus. Dort ganz oben war ihr Zimmer gewesen, direkt unter dem Dach. Und vom Balkon aus, der die Dächer der umliegenden Häuser überragte, konnte man die Spitze des Eiffelturms sehen.

»Überraschung«, blökte Sophie nun von hinten.

Ulrike und Hans fuhren herum und starrten ihre breit grinsende Enkeltochter an.

»Wir sind dahaaaaa.«

Ulrike und Hans tauschten Blicke.

»Du wirst mir doch nicht sagen, dass Markus Zimmer ausgerechnet in diesem Hotel gewonnen hat.«

»Opa. Manchmal bist du schwer von Begriff.«

Ulrike fühlte sich gleich mit angesprochen.

Sophie ließ dann für beide den Groschen fallen.

»Geschenk zum Hochzeitstag. Nachträglich«, jubilierte sie.

»Hier?« Hans' Stimme wirkte weichgespült. Auch er blickte nun durch die Windschutzscheibe nach oben.

»Meinst du, die haben noch den hoteleigenen Parkplatz?«, fragte er dann an Ulrike gerichtet.

»Ich steig aus und frag nach.« Und schon stand sie vor dem

Hotel. Was für ein eigenartiges Gefühl. Die Zeit schien hier stehen geblieben zu sein. Für einen Moment fühlte sie sich wie damals, so beschwingt und voller Elan, unbeschwert und überhaupt rundum glücklich. Hoffentlich war ihr Zimmer ganz oben noch frei.

Kapitel 5

Ulrike hatte das erste Mal in ihrem Leben das Gefühl, einen Hochzeitstag mit Wonne zu begehen, auch wenn es nachträglich war. Kein Pflichtessen, das in vorprogrammierten Streitigkeiten ausartete. Keine Arbeit in der Küche. Einfach den Tag im Kreise der Familie genießen. Anja und Markus war die Überraschung gelungen. Und wie sie sich mit ihr freuten, nachdem sie eine Viertelstunde später auch angekommen waren und das Zimmer ganz oben inspiziert hatten. Der riesige Blumenstrauß auf dem Couchtisch und die Champagnerflasche waren kein Gastgeschenk vom Hotel, wie sich von der an die Flasche gebundenen roten Schleife ablesen ließ. Alles von Anja und Markus organisiert. *Zu Eurem Hochzeitstag* stand darauf.

»Hat sich doch gelohnt, bei dem Preisausschreiben mitzumachen, oder?«, scherzte Markus.

Ulrike konnte kaum fassen, in welche Unkosten sich die beiden gestürzt haben mussten. Das Zimmer, wie sie wusste, war auch schon vor Jahren das teuerste gewesen, da etwas größer – mit Balkon und Aussicht.

»Hier kann man es aushalten«, meinte Niklas, der mit Sophie gleich auf den schmiedeeisernen Balkon ging, um den Ausblick über die Dächer von Paris und auf den Park zu genießen.

»Darf ich?« Anja schnappte sich einen Apfel vom Fresskorb,

den das Hotel spendiert hatte – ein Zeichen der Wertschätzung für Gäste, die nach so vielen Jahren wiederkamen. Dass es quasi eine zweite Hochzeitsreise war, musste Markus ihnen gesteckt haben.

»Jetzt belagert nicht ihren Balkon. Die beiden wollen sich bestimmt ausruhen. Ich bin auch groggy«, verlangte Markus.

»In zwei Stunden unten an der Rezeption«, ließ er alle Anwesenden wissen.

»Wir haben noch Programm heute?«, wunderte Ulrike sich.

»Mama. Wir sind in Paris. Außerdem haben wir im *Train Bleu* reserviert.«

Ulrike verschlug es fast die Sprache.

»Woher wisst ihr ...?«

»War nicht einfach. Wir hatten nur die alten eingescannten Fotos. Aber auf einem hab ich den Sackbahnhof gesehen«, gestand Markus.

Hans nickte. Er schien schwer von seinem Schwiegersohn beeindruckt zu sein.

»Bis später.« Sophie nahm Niklas bei der Hand und zog ihn aus dem Zimmer. Anja und Markus folgten den beiden. Endlich allein.

Hans nahm auf dem Bett Platz und streckte alle viere von sich. Kein Wunder, nach der langen Fahrt.

»Sieht hier noch aus wie früher. Nur der Fernseher ist neu«, merkte er an.

Ulrike erinnerte sich auch an den Röhrenfernseher, der dem Bett gegenüber auf dem Spind gestanden hatte. Nun hing ein riesengroßer Flatscreen an der Wand.

»Den Teppich hatten sie schon drin, als wir noch hier waren. So abgewetzt, wie der ist«, stellte Ulrike fest.

»Kannst du nicht einmal mit etwas zufrieden sein?«, kam es von Hans.

Das sagte der Richtige. Er war nie mit etwas zufrieden, weder mit einem Buch noch mit sich selbst. Ulrike bemerkte erst jetzt, dass er verschmitzt lächelte. Mangels Erfahrungen dieser Art war ihr zunächst die erfrischende Selbstironie ihres Mannes entgangen. Pariser Luft? Es gab keine andere Erklärung, denn der Schampus war noch zu.

»Komm. Mach die Flasche auf. Ausruhen können wir uns auch auf dem Balkon«, schlug sie Hans vor.

Er stand flink auf – ohne zu stöhnen – und öffnete mit einem lauten Plopp die im Kühleimer bereitgestellte Champagnerflasche. Ulrike hatte bereits ein Glas zur Hand, um sich einschenken zu lassen. Das zweite war für ihn. Er schritt damit hinaus auf den Balkon und blickte in die Ferne. Ulrike gesellte sich zu ihm.

»Jetzt stoßen wir erst mal an.«

»Auf was? Auf Paris? Dass du es doch so lange mit mir ausgehalten hast?«, schlug er vor.

Ulrike musste unwillkürlich schmunzeln.

»Wir hatten auch gute Jahre«, räumte sie ein.

»Also auf uns?«

»Auf die guten Jahre«, erschien Ulrike passender, was dann die Gläser zum Klingen brachte, während sie sich in die Augen sahen. Ein irritierender Moment. Er schien in ihren auch erkunden zu wollen, was ihr gerade durch den Kopf ging. Sie ließ dann genau wie er ihren Blick in die Ferne schweifen. Die guten Jahre. Die aber vorbei waren.

»Wann sind wir eigentlich zuletzt weggefahren?«, wollte er wissen.

»Zum Chiemsee. Das war vor fünf Jahren, aber auch nur, weil du dort ein Seminar hattest.«

»War doch trotzdem schön«, rechtfertigte er sich.

»Warum haben wir das einschlafen lassen?« Ulrike nahm den Faden gleich auf.

»Man wird im Alter wohl träge«, mutmaßte er.

»Sprichst du jetzt auch von mir? Ich bin eher mürbe geworden; außerdem hat das nichts mit dem Alter zu tun.«

»Die Umstände machen einen zu dem, was man ist«, stellte er fest.

»Nein, zu dem, was man mit sich machen lässt.« Das betraf Ulrikes Meinung nach ihren Mann in besonderem Maße, auch wenn sie sich eingestehen musste, dass seine beruflichen Umstände, der schier aussichtslose Kampf gegen Windmühlen, ihn tatsächlich in den letzten Jahren verändert hatten. Kraftlos war er geworden. Der Rebell in ihm war eingeschlafen. Die Trägheit kam Ulrike wie eine ansteckende Krankheit vor. Und jetzt waren sie wohl beide auf Kur. Paris – das waren besondere Umstände, die ihn jetzt zu einem überraschend anderen machten, doch sobald sie wieder zu Hause wären, würde das Gift des Alltags erneut an ihrer Ehe nagen, und alles ginge so weiter wie bisher. Würde Paris ihre Ehe retten? Hätte ein Wohnmobil sie gerettet? Ulrike wusste es nicht und nahm sich vor, an den Effekt einer Kur zu glauben. »Auskurieren« hieß die Devise.

Sophie war der Meinung, dass sich ihre Großeltern das beste und einzige Zimmer mit Ausblick über die Stadt redlich verdient hatten. Niklas sicherlich auch, doch einen Balkon vermisste er genau wie sie selbst. Aber machte das einen Unterschied? Fenster sperrangelweit auf und auf die belebte Straße mit ihren wunderschönen alten Häuserfassaden blicken. Purer Genuss. Überhaupt war ihr Zimmer so was von romantisch. Völlig aus der Zeit gefallene Tapeten mit Blumenmuster. Die Möbel wirkten antik. Überall

Schnitzereien und Verzierungen, und das Himmelbett lud förmlich zum Träumen ein. Niklas dachte sicher an etwas anderes. Er hockte auf der Matratze und prüfte wohl sicherheitshalber ihre Widerstandskraft, indem er auf dem Bett herumhopste. Sein laszives Lächeln sprach Bände. Er würde es fertigbringen und sie noch vor dem Essen ... Nix da! Sophie war mit der Besichtigung des Zimmers noch nicht fertig. Ob dieses impressionistische Gemälde neben dem Fernseher wohl aus Öl war?

»Total schön hier«, sagte Niklas und ließ sich rücklings auf das Bett fallen.

»Ich würde trotzdem keine Hochzeitsreise nach Paris machen«, kam Sophie in den Sinn. Klischee. Genau wie Venedig.

»Hochzeit?«

Sein überraschter Ausruf ließ das impressionistisch getupfte Mohnfeld zur Nebensache werden. Dem gedachte sie gleich einmal nachzugehen.

»Hast du noch nie darüber nachgedacht?«

Niklas schüttelte erst zaghaft den Kopf, dann etwas überzeugter.

»Wir sind doch noch viel zu jung, um über so etwas nachzudenken. Du?«

»Ich schon. Zumindest theoretisch.«

Niklas stand unvermittelt auf und ging die drei Schritte zur Minibar, von der er sich ein Bier schnappte.

»Du auch?«

Nun saß Sophie auf dem Bett. Er hingegen bevorzugte es, sich auf dem bequemen Polstersessel neben dem Fenster niederzulassen. Normalerweise würde er bereits an ihr kleben.

»Warum geraten Männer immer gleich in Panik, wenn von Hochzeit die Rede ist?«

»In Panik? Ich hab nur Durst.« Das sagte der Macho, der sich nun förmlich Halt suchend an seiner Bierdose festklammerte.

»Also, nur theoretisch. Falls wir zusammenbleiben. Ich würde schon gerne heiraten«, sagte Sophie.

»Können wir ja.« Es klang ängstlich.

»Wir müssen nicht, aber warum nicht? Ich denke auch an Kinder.« Wenn schon, denn schon. Mal sehen, wie er reagieren würde.

Niklas wirkte etwas verschreckt.

»Ich mag Kinder«, sagte er dann, allerdings klang es gerade so, als ob er von den Kindern anderer sprach.

Sophie nickte und musterte ihn nur. Das verunsicherte ihn wie üblich.

»Was schaust du mich jetzt so an?«, sagte er prompt.

»Nur so.«

»Ich kenne dich …« Das stimmte aufs Wort.

Die Bierdose stand nun wieder auf der Minibar.

»Du denkst manchmal zu viel nach«, sagte er, setzte sich zu Sophie aufs Bett und legte einen Arm um sie. »Mein Großvater hat immer gesagt: Alles zu seiner Zeit, und planen kann man sowieso nichts im Leben.« Seinen Argumenten verlieh er mit Streicheleinheiten um ihren Bauchnabel herum Nachdruck. Er wusste, welche Knöpfe er zu drücken hatte, um ihre Denkprozesse abzustellen. Schon stupste er mit seiner Nase gegen ihre. Der Weg für seine Lippen zu ihrem Mund war nicht mehr weit. Sie hatten schließlich noch eine gute halbe Stunde. Das war das Letzte, was Sophie sich bewusst gemacht hatte.

Anja freute sich für ihre Eltern. Beim Blick durch das Fenster nach oben hatte sie beide bis kurz vor dem Aufbruch zur Gare de Lyon mit einem Sektglas in der Hand auf dem Balkon stehen und anstoßen gesehen. Es war beruhigend, nun sicher zu wissen, dass ihnen die Überraschung geglückt war. Beunruhigend hingegen, dass die Aktion »Eherettung« ein deutliches Minus im Konto hinterlassen würde. Die Zimmer kosteten ein halbes Vermögen. Für das Menü in diesem edlen Bahnhofsrestaurant waren hundertdreißig Euro pro Nase fällig. Getränke kamen noch dazu. Von der Steuer absetzen ließ sich höchstens ein Zimmer und vielleicht noch das sündhaft teure Essen im *Train Bleu*. Aber was soll's. Die Wahl dieses Tummelplatzes für Gourmets und Nostalgiker war ein Volltreffer. Alles hier war noch in original Fin-de-siècle-Ausstattung. Schon während der Vorspeise hatte Anjas Vater darüber referiert, dass es anlässlich der Weltausstellung 1900 im Auftrag einer Eisenbahngesellschaft erbaut worden war und seinerzeit *Buffet de la Gare de Lyon* geheißen hatte, was für dieses Luxusrestaurant definitiv unangemessen war. Sie saßen auf bequemen Lederbänken in der Nische eines der riesigen Speisesäle mit auf Hochglanz polierten Fußböden. Anja konnte sich am vergoldeten Stuck und den zahlreichen Skulpturen, die dem Restaurant den Touch eines Museums verliehen, kaum sattsehen. Am besten gefielen ihr die prunkvollen Wand- und Deckengemälde mit Motiven französischer Metropolen. Allerdings noch viel mehr, dass Mutter und Vater in Erinnerungen schwelgten. Genau das war schließlich ihre Absicht gewesen. Sie beide mal wieder lächeln zu sehen und bisher streitfrei – das war das Essen allemal wert. Anscheinend kam nun der Hauptgang, der Hummer. Ihre Eltern hatten sich für dieses Menü entschieden. Nicht Anjas Lieblingsgericht, vor allem deshalb, weil sie einmal in einem Fischrestaurant hatte mitansehen müssen, wie diese Tiere in viel zu engen Aquarien auf ihren Tod in kochendem Wasser warteten. Den Gedanken gedachte sie nun ihren Eltern zuliebe zu verdrängen. Vor ihr lagen schon die

Werkzeuge, die man brauchte, um diesem Meeresbewohner etwas Essbares abzuluchsen.

»Das ist ja 'ne originelle Deko«, merkte Niklas an. Er meinte damit den roten Hummerzangenknacker, der die Form von zwei Hummerscheren hatte und bestimmt auch als Nussknacker zu gebrauchen war.

»Damit knackt man die auf«, erklärte Sophie ihm.

Niklas hielt das Teil etwas unbeholfen in der Hand und versuchte dann, Sophie damit in den Arm zu zwicken. Ein richtiger Kindskopf, aber zugegebenermaßen total süß.

»Und das da?« Niklas fragte nach der Hummergabel.

»Damit popelst du so lange darin herum, bis du das Fleisch aus jeder Spalte herausbekommen hast.«

Es wurde ernst, denn zwei Ober waren im Anmarsch, und auf den Tabletts lagen die Hummer, die nun zur Obduktion freigegeben waren.

Niklas und Markus, der nach Anjas Wissen ebenfalls noch nie einen gegessen hatte, wirkten völlig hilflos. Wo anfangen, stand in ihren Gesichtern geschrieben, was ihrem Vater sicher nicht entgangen war. Denn der räusperte sich, setzte sich gerade auf und legte dann los.

»Also erst einmal dreht man die Zangen ab, damit sie vom Körper des Hummers weg sind. Dann isst man das Fleisch aus den Armen. Mit der Hummergabel bekommt man das prima heraus. Immer am Verbindungsstück brechen. In den kleineren Teilen der Zangen ist etwas Fleisch. Sehr lecker. An den Teil in den großen Zangen kommt ihr nur mit dem Knacker ran.«

Vater tat es mit Hingabe. Und alle am Tisch sahen ihm dabei zu. Vorträge halten. Das konnte er.

»Dann müsst ihr die Beine des Hummers abreißen und das Fleisch mit der Gabel rausholen«, fuhr er fort.

Niklas verzog das Gesicht. Er hatte als Einziger seinen Hummer noch nicht angefasst.

»Dann den Schwanz einschneiden.« Niklas zuckte förmlich zusammen. Anja tauschte Blicke mit Sophie, die bereits feixte, sich dann aber genau wie alle anderen, bis auf Niklas, an den Verzehr machte.

»Ich bleib lieber bei den Beilagen. Wer mag meinen?«, bot Niklas an.

»Sicher?«, fragte Ulrike.

Niklas nickte. Wahrscheinlich sehnte er sich gerade nach einem Burger.

»Wusstet ihr, dass Oscar Wilde mit einem Hummer an der Leine in London spazieren ging?«, fragte Hans in die Runde. Er wusste sicher, dass er allgemeines Kopfschütteln ernten würde.

»Seine Zeit in Paris ist einer der interessantesten Abschnitte des Literaten. Er ...« Weiter kam er nicht. Diesmal genügte nur ein kurzer Seitenblick Ulrikes, um ihn zum Schweigen zu bringen.

»Du hast recht, Mama«, sagte Anja. »Mit vollem Mund ...«

Ulrike schmunzelte. Sie schien sich im Moment genau wie Anja darüber zu wundern, dass er sich im Griff hatte. Nun ja, mit einem Hummer zu kämpfen erforderte schließlich eine gewisse Aufmerksamkeit.

Sophie spießte ein großes, inzwischen freigelegtes Hummerstück auf die Gabel und hielt es Niklas hin. Er probierte und kam anscheinend auf den Geschmack.

»Oma, ich fürchte, den zweiten Hummer kannst du vergessen.«

Ulrike zuckte nur lapidar mit den Schultern.

Dann holte Sophie noch weitere Stücke heraus und drapierte sie liebevoll auf Niklas' inzwischen mit dem Beilagensalat gefüllten Teller. Und wie verliebt er sie ansah. Wann hatte sie das letzte

Mal so einen Blick von Markus zugeworfen bekommen? Anja konnte sich nicht mehr daran erinnern. Es musste wirklich Liebe zwischen den beiden sein.

»Noch ein Glas Champagner?«, wollte der Ober wissen. Anja ließ sich das nicht zweimal sagen. Sie rutschte etwas vom Tisch weg, damit der ausgestreckte Arm des Obers ihr Glas erreichte. Dabei fiel ihr ein Paar etwa in ihrem Alter ins Auge. Ebenfalls für den Abend schick gemacht. Markus sah in seinem Anzug mindestens so schnittig aus wie der Mann, den sie nun im Blick hatte. Im Gegensatz zu ihrem Gatten funkelte er die Frau neben ihm aber an. Er küsste sie sogar spontan. Die gebratene Ente auf ihren Tellern wurde somit zur Nebensache. Bei ihren Eltern schien Paris auch zu wirken, so handzahm, wie sich ihr Vater gab. Mutter in Bestlaune – auch eine Seltenheit. An Markus hingegen schien alles abzuprallen. Kein Wort zu ihrem schönen Zimmer, kein neugieriger Blick aus dem Fenster auf das rege Treiben der Straße oder um den nahe gelegenen Park in Augenschein zu nehmen. Markus hatte sich schwer wie ein Stein aufs Bett fallen lassen und sie nicht einmal angesehen, als sie sich neben ihn gelegt und ihre Hand auf seine gelegt hatte. Das würde der Mann am Tisch gegenüber sicherlich anders machen, überlegte Anja und seufzte. Dass Markus sie spontan in den Arm nahm oder sie auch nur berührte, fehlte Anja mehr, als sie sich das bisher eingestanden hatte. Markus berührte stattdessen den Hummer, saugte und nuckelte hingebungsvoll an ihm ... Hummer müsste man sein.

Sich selbst als beschwipst zu etikettieren, hielt Ulrike für die richtige Bezeichnung. Hans hingegen hatte die Grenze vom bloßen Angeheitertsein anscheinend schon überschritten. Das merkte man bei ihm, wenn er mit dem Gleichgewicht zu kämpfen hatte. Der kurze Weg von Markus' Wagen zurück zum Hotel hatte ihm sichtlich zu schaffen gemacht. Angeblich, weil es so eng in Markus' Wagen gewesen sei und er kaum Luft bekommen habe. Sie hatten sich schon bei der Hinfahrt zu sechst mangels Parkmöglichkeiten an der Gare de Lyon in den BMW gequetscht. Die Rückbank des Gefährts gab das her, allerdings nur, weil Sophie auf Niklas' Schoß saß. Na und? Für die kurze Fahrt war das kein Beinbruch.

Die meisten Menschen wurden gesprächig, wenn sie einen im Krönchen hatten. Bei Hans war das eher umgekehrt, was Ulrike bereits des Öfteren dazu gebracht hatte, extra starken Rotwein zum Abendessen zu servieren. Ein Glas reichte, um das dozierende Labertäschchen abzustellen. Das war am heutigen Abend während des Essens in der geselligen Runde gar nicht nötig gewesen. Der Schampus war in Strömen geflossen. Sah man von Niklas ab, der sich wahrscheinlich nicht so recht der Familie zugehörig fühlte und mit Lektionen im Hummeressen beschäftigt gewesen war, hatte jeder seine Redezeit wie beim Kanzlerduell im Fernsehen recht ausgewogen ausgeschöpft. Sie mit Erinnerungen an das damalige Paris. Hans hatte ihre melancholischen Ausflüge in die Vergangenheit ergänzt, worüber sie sogar in Streit geraten waren. Ein wohltuend lebendiger Streit, gewürzt mit Humor. Ihr augenzwinkernd Demenz vorzuwerfen, als sie sich an Details von damals nicht mehr hatte erinnern können, hätte er zu Hause nicht gewagt. Mal kein Gezeter, keine depressive Grundstimmung. Markus hatte seine Redezeit dazu genutzt, zwischen den Gängen seinen elektronischen Reiseführer auf dem Smartphone zu konsultieren und laut zu überlegen, was sie denn alles in Paris anstellen könnten, Anja, um den einen oder anderen Vorschlag, den Markus unterbreitet hatte, zu kommentieren. Besser hätte der Abend im *Train Bleu* nicht laufen können – Hans' Resümee, während sie mit dem Aufzug in die oberste Etage fuhren, klang ähnlich.

»Ein rundum gelungener Abend, findest du nicht?«

Den elektronischen Schlüssel zu ihrem Zimmer bekam er trotzdem nicht in den Schlitz.

»Wo hab ich nur meine Lesebrille?«

»Hast du dir ins Haar gesteckt«, gab Ulrike amüsiert zurück.

»Ach …« Was sollte er auch sonst darauf sagen? Die Tür ging endlich auf.

»Anja war irgendwie komisch«, merkte er an, bevor er sich auf das Bett setzte und seine Schuhe auszog.

»Findest du?«

»Sie wirkte manchmal etwas abwesend.«

»Jetzt, wo du es sagst.«

»Normalerweise vermittelt sie doch immer, wenn wir streiten.«

»Ach, du meinst unser kleines Geplänkel. Ich bin nach wie vor der Meinung, dass die Ente grün war und nicht orange«, sagte Ulrike mit Nachdruck.

Hans lachte.

»Ich hab dich doch nur aufgezogen. Natürlich war unser 2CV grün«, amüsierte Hans sich. Bezüglich Anjas Schweigen in dieser Angelegenheit hatte er wohl recht. Sie wusste, dass Ulrike einmal eine grüne Ente gefahren hatte. Das Gefährt war auf unzähligen alten Fotos zu sehen, die sie für ihre Eltern eingescannt hatte. Vermutlich hatte Anja durchschaut, dass es nur Spaß gewesen war – im Gegensatz zu ihr.

»Wir sollten öfter mal wieder streiten. Wie früher«, gab sie ihm zu verstehen.

»Du willst Streit? Ich wusste gar nicht, dass ich mit einer streitsüchtigen Frau verheiratet bin.«

»Noch.« Ulrike war nun auch danach, ihn etwas aufzuziehen, zumal das Thema nur vorübergehend ad acta gelegt war. Zumindest nahm sie sich das vor.

»Jetzt fängst du schon wieder damit an.« Hans' gute Laune war dementsprechend wie weggeblasen.

Ulrike setzte sich zu ihm, nachdem auch sie sich aus den Schuhen geschält hatte.

»Oder ziehst du mich jetzt auch auf?« Es war keine Frage, sondern fast schon eine Bitte.

Ulrike wäre es lieber gewesen, wenn er ihr auf witzige Art und Weise wie im Restaurant Kontra gegeben hätte.

»Was ist nur aus uns geworden?«, sagte sie mehr zu sich. Eigentlich meinte sie momentan eher sich damit.

»Nicht heut Abend. Der Abend war zu schön«, wandte er ein.

»Warum nicht? Grad heut Abend.«

»Wenn ich könnte, würde ich am liebsten die Zeit zurückdrehen.« Ulrike hatte das Gefühl, dass dieser Wunsch aus den Tiefen seines Herzens kam.

»Wie weit?«

»Auf alle Fälle bis zu unserer ersten Nacht in diesem Hotel.«

»Oh. Du erinnerst dich noch daran?« Ulrike schmunzelte.

»Du hattest Angst, dass die Zimmernachbarn uns hören.«

Ulrike verblüffte, dass ausgerechnet Hans diese Erinnerung aus einer seiner Schubladen zog, die er doch seit Jahren verschlossen hielt.

»Meinst du, wir könnten überhaupt noch?«, fragte er leise.

Ulrike glaubte, nicht recht zu hören, vor allem, weil er auch noch nach ihrer Hand tastete und sie sanft streichelte. Ihr wurde heiß. Allerdings nicht hormonbedingt, sondern aus Angst, er würde versuchen weiterzugehen. Sie ließ es dennoch geschehen.

»Du sagst ja gar nichts. Mache ich denn was falsch?«

Ulrike suchte erst einmal nach Worten, bevor sie ihm antwortete.

»Es fühlt sich gerade irgendwie falsch an und doch vertraut«, gestand sie offen ein, überlegte aber zugleich, ob an ihr etwas falsch war, was sie sichtlich verunsicherte.

»Würde das dein Herz überhaupt noch mitmachen?«, fragte Ulrike. Aktionen dieser Art strengten an. Und jemanden, der herzstärkende Mittelchen zu sich nahm, erst recht.

»Keine Ahnung. Es gibt aber schlimmere Arten zu sterben«, erwiderte er sanft lächelnd.

»Das wäre es dir wert?« Ulrike war erleichtert, dass er seinen Humor wiedergefunden hatte. Das entkrampfte sie augenblicklich. Insgeheim hoffte sie doch darauf, dass er die Gunst des Moments nutzen und sie einfach nur küssen würde. Einen Versuch wäre es schließlich wert.

Hans sah das offenbar anders. Er wirkte nun ernüchtert, was in Anbetracht des angesprochenen Problemkreises wenig überraschend war.

»Wann hat es aufgehört?« Ulrike wusste nicht, was genau er damit meinte, und sah ihn fragend an.

»Dass wir uns attraktiv finden und es genießen.«

Ulrike überlegte angestrengt.

»Wir sind wohl beide in die Wechseljahre gekommen«, dachte sie laut.

»Es stimmt. Du hattest dann kaum noch Lust und hast mich abgewiesen.« Hans ließ es nicht nach einem Vorwurf klingen.

»Abgewiesen?« Hatte er es als so schlimm empfunden?

»Na ja. Das merkt man doch, und ich wollte dich nicht bedrängen.«

Ulrike fielen schlagartig viele dieser Momente ein. Sie hatte die Erinnerung daran in den letzten Jahren verdrängt.

»Und dann hatte ich mich damit abgefunden.«

»Aber wir haben dann doch noch ein paarmal ...«

»Es war anders. Nicht mehr so leidenschaftlich wie früher. Hat mir aber genügt.«

»Wirklich?« Ulrike erinnerte sich daran, das Gefühl gehabt zu haben, dass dem nicht so gewesen war.

»Hast du dich geschämt? Dass ich dich länger berühren musste? Mir kam es so vor.« Hans' Offenheit wühlte Ulrike auf. Es blieb ihr gar nichts anderes übrig, als ihrem Innersten nun auch eine Stimme zu verleihen.

»Vielleicht ... Könnte sein.«

»Aber wir haben uns wenigstens noch geküsst und in den Armen gehalten.«

Ulrike nickte und kramte nun ihrerseits in den vor Jahren verschlossenen Schubladen ihrer Erinnerung. Da kam mehr zutage, als sie erwartet hatte.

»Es kam mir so gewollt vor. So mechanisch, und irgendwann, da hab ich es mir sogar vorgenommen, damit du nicht enttäuscht bist. Weil es dazugehört«, gestand sie offen ein.

»Das hab ich gemerkt, und ... bei mir ging dann auch nichts mehr.«

»Und ich dachte, es liegt daran, dass du dich so wenig bewegst und einfach keine Lust mehr hattest.«

»Auch ... aber so ein guter Porno ...«

»Du schaust Pornos?«

»Ist auch eingeschlafen. Die sind eher kontraproduktiv. Man sieht Leistungssport und macht sich dann klar, dass man da nicht mehr mithalten kann. Aber was wir mal hatten, war doch viel schöner.«

Auch daran erinnerte Ulrike sich und begann nun auch, zärtlich über seine Hand zu fahren.

»Das fühlt sich jetzt gerade an wie früher. Du musst nicht ... nur weil wir hier in diesem Zimmer sind«, sagte er.

Ulrike sah ihm direkt in die Augen. Er wirkte verunsichert, und dennoch schenkte er ihr ein warmes Lächeln.

»Warum haben wir nicht schon früher so offen darüber gesprochen?«

Er zuckte nur mit den Achseln.

»Nimm mich nachher einfach in den Arm – wie früher. Einfach so«, bat sie ihn.

»Eine gute Idee.« Ulrike spürte eine gewisse Leichtigkeit in sich aufsteigen. Nichts mehr erwarten, einfach nur da sein. War es das? Die Unbeschwertheit, die ihnen verloren gegangen war?

»Da oben brennt noch Licht«, stellte Markus fest, nachdem er sich einen kleinen Schlaftrunk aus der Minibar geangelt hatte. Für Anja keinen. Sie war vom Essen so voll, dass sie sich schwanger glaubte und annahm, die Nacht in stabiler Seitenlage verbringen zu müssen.

»Auf dem Balkon sind sie aber nicht.« Er stand immer noch am Fenster und versuchte, einen Blick ins Privatleben ihrer Eltern zu erhaschen.

»Was interessiert dich das, ob sie noch wach sind?«

»Dann reden sie. Daheim gehen sie immer früh zu Bett, und er liest dann noch die halbe Nacht.« Anja überraschte, dass er sich an die Erzählungen über die Klagen ihrer Mutter erinnern konnte. »Wirst sehen. Nach dieser Reise ist der ganze Hokuspokus vom Tisch.«

»Schön wär's«, sagte Anja. Das Kleid spannte so sehr, dass sie den Reißverschluss am Rücken nicht weiter als bis zu den Schulterblättern herunterbekam. »Hilfst du mir mal?«

Markus stellte das Cognacfläschchen und ein Glas auf seinem

Nachttisch ab und war gleich zur Stelle. Er bekam den Zipper zu fassen und zog ihn in einem Rutsch nach unten. Früher war das mal ein Ritual gewesen, das sie erregt hatte, erinnerte sie sich. Gerade eben hatte es sich wie eine Häutung bei lebendigem Leib angefühlt.

Markus schlüpfte aus den Schuhen und ließ sich rücklings aufs Bett fallen.

»Wenn wir uns morgen ins Zeug legen und Paris sich von seiner schönsten Seite zeigt ... Wir müssen vor allem deinen Vater dazu bringen, ein bisschen aktiver zu sein, umgänglicher.«

»Heut Abend war er doch schon überraschend umgänglich«, stellte Anja fest.

»Da hat er auch was getrunken.« Das tat Markus dann auch. Er schenkte sich ein und nippte an seinem Glas.

»Ich frag mich, warum die beiden überhaupt so lange zusammengeblieben sind. Aus Gewohnheit? Die meisten trennen sich, wenn die Kinder aus dem Haus sind, sofern die Frau finanziell abgesichert ist«, sinnierte er.

»Also das trifft bei den beiden sicher nicht zu. Meine Mutter hat, soviel ich weiß, eine Zeit lang sogar mehr verdient.«

»Dann muss es etwas anderes gewesen sein. Bequemlichkeit? Hat der Mut gefehlt, sich auf etwas Neues, auf eine Veränderung im Leben einzulassen?«

Anja beschäftigte vor allem Letzteres. Sie gestand sich in dem Moment ein, sich in den letzten Jahren genau diese Frage selbst gestellt zu haben, was natürlich völlig absurd war, denn Dinge wie Geborgenheit, Vertrauen und diese gewisse Nähe, ein Nest, waren mindestens so wertvoll wie ein verlässlicher Partner. So einen hatte sie. Vielleicht war es das, was ihre Eltern zusammengehalten hatte.

»Was denkst du?«, fragte er nach.

»Mangels Alternativen?« Anja musste sich eingestehen, dass auch diese Möglichkeit bestand.

»Stimmt schon. Irgendwann ist der Zug abgefahren. Ich krieg im Studio mit, wie viele Paare sich scheiden lassen. Mit allem Pipapo. Rosenkriege. Die Anwälte freuen sich. Und dann suchen sie neue Partner. Ab fünfzig sind nur noch Reste auf dem Markt. Die wenigsten sind noch vorzeigbar, also so richtig knackig. Die sind dann auch noch vorgeschädigt von ihren Trennungen. Bindungsängste inklusive. Der Lebenszyklus einer Ehe wird immer kürzer.« Was er sagte, traf zu einhundert Prozent auch auf das zu, was ihr Mandanten erzählten.

»Oder will deine Mutter irgendwie wieder auf jung machen? Diese Heidenreich ...«, überlegte er, während er sich einen weiteren Schluck Cognac einverleibte.

»Nie im Leben. Da kenn ich meine Mutter besser.«

»Na ja. Die Leute leben heut länger als früher. Da war der Tod, der sie scheidet, schneller vor der Tür. Vielleicht glaubt sie, irgendwas verpasst zu haben? Noch mal was aus den alten Knochen rausholen, bevor der letzte Nagel auf die Kiste kommt.«

»Mama doch nicht.«

»Dann war's der Alltag. Pures Gift. Zu wenig Veränderung. Gemeinsam was unternehmen, aktiv sein, neue Ziele setzen, verreisen. Die Beziehung wachhalten«, philosophierte er vor sich hin. Anja verblüffte, dass er all dies wusste, aber in ihrem gemeinsamen Leben nicht einmal ansatzweise umsetzte. Im Glashaus sitzen, aber mit Steinen werfen.

»Dass du dir da so viele Gedanken machst«, sagte Anja, während sie das Kleid gegen ein Nachthemd tauschte.

»Ich finde, das mit deinen Eltern ist eine richtige Herausforderung. Im Studio macht es mir auch Spaß, Leute dazu zu kriegen, sich wieder in Form zu bringen. Gerade bei den Älteren.«

»Willst du jetzt meinen Vater etwa durch halb Paris scheu-
chen?«

»Also, Bewegung würde ihm sicher nicht schaden. Das regt
auch die Libido an.« Daraus schlussfolgerte Anja, dass Markus
sich definitiv zu wenig bewegte. Immerhin setzte er sich nun auf,
um sich seines Anzugs zu entledigen und sich mit den üblichen
Mühen aus den Socken zu plagen.

»Willst du zuerst, oder soll ich?«, fragte Anja, die schon die
Badtür in der Hand hatte.

»Geh nur. Ich glaub, ich komm jetzt sowieso nicht mehr aus
diesem Bett. Putz mir die Zähne morgen früh. Alkohol desinfi-
ziert ja«, sagte er und leerte das Glas in einem Zug.

Anja verschwand im Badezimmer und betrachtete sich im
Spiegel. Weißes grelles Licht wie beim Arzt ließ jede noch so
kleine Falte zum Krater werden. Sofort schaltete sie das grelle
kalte Deckenlicht aus und das der beiden an der Wand angebrachten Kerzenleuchter ein. Gleich fünf Jahre jünger und mal ganz
ehrlich, eigentlich noch recht attraktiv, noch dazu ohne
Schminke. Doch für die Katz. Sie hörte Markus bereits durch die
geschlossene Badezimmertür hindurch schnarchen.

Kapitel 6

Der nächste Morgen hatte sich für Ulrike als große Ernüchterung erwiesen, und das lag nicht nur daran, dass sie sich nach dem Aufwachen in der nun seit Jahren üblichen Stellung im Bett vorgefunden hatte. Sie an der linken Bettkante, er an der rechten. Voneinander abgewandt. Dabei war sie tatsächlich an ihn geschmiegt eingeschlafen. Der Arm, den er um sie gelegt hatte, war so vertraut gewesen. Ein Gefühl wie früher und zugleich etwas ungewohnt, um nicht zu sagen fremd. Anscheinend bahnte sich das Unterbewusste seinen Weg. Sie waren über Nacht wieder zu zwei Magneten geworden, die sich abstießen. Falsch gepolt. Reichte es normalerweise nicht, Magneten einfach umzudrehen? Diese Frage hatte sich Ulrike beim gemeinsamen Frühstück auf dem Zimmer gestellt. Ulrike war das in den Sinn gekommen, weil sie keine Lust auf Small Talk mit der Family gehabt hatte. Im Stillen zu frühstücken war mit Hans möglich, weil er sich morgens generell wortkarg zeigte und dankbar dafür war, wenn ihn niemand ansprach. Daher war auch kein weiteres Wort über ihre gestrige Unterredung gefallen. Ihn mit Sonnenbrille am Tisch auf dem Balkon zu sehen war auch nichts Neues. Sie wusste, dass er morgens lichtempfindlich war und auch in der heimatlichen Küche eine trug, wenn die Sonne im Winter von der Ostseite kommend ihren Esstisch flutete. Alles wie immer. So eine Brille erzeugte aber auch Abstand und verhinderte, in seinen Augen zu lesen. Morgens gleich nach dem Aufwachen hatte darin Verwunderung gestanden. Fast ein wenig desorientiert war er ihr vorgekommen. Ulrike hatte sich schon im Badezimmer gefragt, ob der Vorabend nicht so etwas wie ein letztes Aufbäumen gewesen war. Eine Ehe war kein Computer, den man einfach nur herunterfuhr, damit er nach einem Neustart wieder wie geschmiert lief. Der Virus, der sich in ihre Ehe geschlichen hatte, steckte offenbar noch im System, denn zu mehr als ein paar Wortwechseln über die schöne Aussicht und die Passanten auf der Straße, ein Loblied auf das Essen vom Vorabend und den Champagner war es auch gegen Ende des Frühstücks nicht gekommen. Unter solchen Bedingungen griff man den gestern gesponnenen dünnen Faden nicht wieder auf. Die Dinge einfach laufen zu lassen, das hatte Ulrike sich vorgenommen. Heute stand sowieso Sightseeing auf ihrem Programm. Der Tag wurde an der Seite zweier so aufgedrehter Turteltäubchen, damit meinte Ulrike ihre Enkelin und Niklas, bestimmt trotzdem schön. Markus war schon in der Hotellobby in seiner Rolle als Tour-Guide zur Höchstform aufgelaufen, wie ein aufgedrehter Aerobic-Trainer, der die Kursteilnehmer mit aufmunternden Parolen dazu bringen wollte, sich zu bewegen. »Das machen wir alles zu Fuß«, klang wie ein Halbmarathon, den nur kurze Fahrten mit der Metro unterbrachen. In der standen sie nun eingepfercht zwischen Schülern, Geschäftsleuten und Touristen. So ein Ausflug in die Pariser Unterwelt war eine echte Herausforderung für die Sinne. Ihr einzigartiger Duft – Hans bezeichnete es als Gestank – gehörte zu Paris wie der Eiffelturm. Je nach Station hatte die abgestandene Luft eine andere Blume. Die Basisnote dieses eigenartigen Parfüms war der Geruch von Metall und Öl. So ähnlich roch es in der Abteilung für Eisenwaren im Baumarkt. Dazu gesellten sich Kopf- und Herznoten aus Moder,

Schweiß, heißem Plastik, was ihres Wissens von den Bremsen der Metro herrührte, Urin, Desinfektionsmittel und dem Geruch von altem Fett – vermutlich das Schmieröl für Räder oder Aufzugskabel. Weil sich Französinnen gerne parfümierten, setzten sich gegen diese Geruchskulisse gelegentlich süßliche oder blumige Spitzen durch. Auch herbe und frische von Rasierwasser, wenn Männer an ihnen vorbeihasteten. Die Gesamtkomposition hatte etwas Einlullendes. Und sie war unverkennbar. Sah Anja deshalb so mitgenommen aus? Schlecht geschlafen hatte sie jedenfalls nicht. Das wusste Ulrike sicher, weil sie ihre Tochter kurz vor ihrem Aufbruch aus dem Hotel danach gefragt hatte. Ulrike hingegen schien diese eigenwillige Duftmischung regelrecht zu beflügeln. Sie wusste, dass Düfte Erinnerungen mit dazugehörigen Emotionen versahen. Man erinnerte sich nicht nur leichter an etwas, sondern empfand exakt die Gefühlslage, die mit einem Duft untrennbar verbunden war. Sie kannte das von ihrer alten Parfümsammlung. Jedes Fläschchen erzählte seine Geschichte. Mit welcher Wucht sie das »Eau de Metro« an ihre jungen Jahre erinnerte, überraschte sie dennoch. Verliebt bis über beide Ohren war sie gewesen, an der Seite eines Mannes, mit dem sie jede Nacht im Liebestaumel gelegen hatte. Bei Hans schien das Metro-Parfüm auch einige Schubladen aufgezogen zu haben. Ein Saxofon-Spieler – auch die gehörten zur Pariser Metro – gab an der Station, an der sie ausgestiegen waren, »La vie en rose« zum Besten.

»Die spielen auch immer das Gleiche. Erinnerst du dich?«, fragte er brottrocken, anstatt wie sie bei diesen Klängen zu schmachten.

»Nur für uns«, fügte er dann noch hinzu. Erinnerte er sich etwa daran, dass sie ganz spontan zu diesem Lied im Gang angefangen hatten zu tanzen, die verstörten Blicke von Passanten ignorierend, lachend und guter Dinge, bevor sie sich kurz vor der Rolltreppe innig geküsst hatten? Nun kamen sie an derselben Stelle an. Immerhin griff er jetzt nach ihrer Hand. Aus seiner Mimik wurde Ulrike aber nicht so recht schlau. Er wirkte irritiert. Sie war sich sicher, dass er sich an diesen irren Moment erinnerte, und dieser Umstand schien ihn zu verstören.

»Ein Wink des Schicksals«, sagte Ulrike, um zu sehen, wie er darauf reagieren würde.

»Kann man sich auch einbilden«, erwiderte er. »Aber vielleicht hast du recht«, fügte er dennoch hinzu. Mit diesen versöhnlich klingenden Worten trug sie die Rolltreppe nach oben.

Anja war froh, wieder an der frischen Luft zu sein. Die anderen schien der Mief in der Metro nicht gestört zu haben. Sophie und Niklas waren sowieso schon wie auf Droge, so oft, wie sie sich knuddelten und küssten. Vermutlich, weil das andere junge Touristenpärchen auch machten. Einheimische, wie Anja aufgefallen war, jedoch nicht. Die hatten sicher den Alltag an der Backe, wohingegen sich Touris der Illusion hingaben, in der Stadt der Liebe zu sein, und daher dem Zwang unterlagen, unentwegt den Beweis dafür anzutreten. Das Bild sah oben, als sie den Vorplatz zu Notre-Dame erreicht hatten, nicht die Spur anders aus. Wenigstens war der Anflug von Kopfschmerzen schnell wieder weg, wozu sicher auch der Anblick dieser herrlichen Kathedrale beitrug. Vom damaligen Schulausflug hatte Anja noch die Worte ihres Deutschlehrers, der sie auf der Reise begleitet hatte, im Ohr. »Ihr steht vor einem der frühesten gotischen Kirchengebäude Frankreichs.« Fast siebzig Meter ragten die beiden Türme aus Naturstein in den strahlend blauen Himmel. Auch daran erinnerte sie sich und natürlich an den Film mit dem buckligen Glöckner. So hübsch anzusehen wie damals war sie allerdings nicht mehr. Baugerüste verschandelten ihre Fassade. Tribut an den Großbrand vor einigen

Jahren. Das tat ihrer majestätischen Fassade, vor der sich unzählige Touristen aus aller Welt tummelten, jedoch keinen Abbruch. Alles war dort im goldenen Schnitt gehalten, im ungefähren Verhältnis 1:1,62 angeordnete, ineinander verschränkte Quadrate. Angeblich spiegelte diese harmonische Anordnung der Fassadenelemente und selbst der Figurenportale die harmonische Ordnung des Universums wider. Seither hatte Anja bei sich zu Hause ebenfalls beim Aufhängen von Bildern dieses Prinzip angewandt.

»Wer hat noch Lust auf ein Eis?«, fragte Markus in die Runde. Er hatte die Spendierhosen an. Ulrike zierte sich, und Hans sprach aus, warum.

»Wir mögen kein Softeis. Zu künstlich.« Dass es um die Jahreszeit schon Eis gab, wunderte Anja. Lediglich Sophie und Niklas stellten sich in die Schlange vor dem Eisstand auf Rädern, an dem es auch Zuckerwatte und Heliumluftballons mit dem aufgedruckten Konterfei des Glöckners gab. Die Leute kauften diesen Mist auch noch. Zu Anjas Überraschung hatte es sich ihre Mutter anscheinend doch anders überlegt. Schon eilte sie zu Sophie und Niklas. Vater blieb allerdings standhaft. Warum Markus selbst keines wollte, war ihr klar. Das passte nicht zu jemandem, der sich in Form hielt, aber auf die Cremetorten ihrer Mutter scharf war, amüsierte sie sich. Außerdem war er damit beschäftigt, die Etappen ihres Familienausflugs mit seiner Handykamera festzuhalten.

»Lächeln ... Noch ein bisschen weiter nach links«, wies er sie und ihren Vater an, wahrscheinlich, damit die Kathedrale auch noch mit im Bild war. Anja rang sich ein Lächeln ab. Das von ihrem Vater sah auch eher wie angeklebt aus.

Noch ein mobiler Stand auf Rädern näherte sich ihnen, geschoben von einer jungen Asiatin und bestückt mit riesigen Papierblumen. Vermutlich das Ergebnis irgendeiner asiatischen Falttechnik, überlegte Anja. Doch wer würde schon diese Blumen mit handtellergroßen Blüten kaufen und dann den ganzen Tag mit sich herumschleppen? Gleich vier Japaner lösten sich aus der Reisegruppe vor ihnen und stürzten begeistert und wild gestikulierend auf den Stand zu.

»Mensch, Hans. Das wär doch was für Ulrike. Die liebt Blumen doch über alles«, sagte Markus, der den Stand ebenfalls im Blick hatte.

»Echte Blumen«, gab Anjas Vater trocken zurück.

»Blumen sind Blumen. Damit kann man jede Frau beglücken. Glaub mir. Na los, kauf ihr schon eine. Wirst sehen, sie freut sich. Mal was Verrücktes.«

Ihr Vater besah sich daraufhin den Stand mit schwindender Skepsis. Zugegebenermaßen waren die gefalteten Blüten recht schön gearbeitet. Er wirkte dennoch unentschlossen, blickte erst zu ihrer Mutter, die bereits ein Eis in der Hand hatte, und dann wieder zum Stand. Anja konnte kaum glauben, dass er dann tatsächlich sein Portemonnaie zückte und einen Zehner herauszog. Für hiesige Verhältnisse sogar recht günstig, sagte sie sich.

Vater hielt nun eine dieser Fantasieblumen mit weißen Blüten in der Hand. Damit tänzelte er dann die paar Meter zu ihrer Mutter, die damit beschäftigt war, ihr in der Sonne schnell schmelzendes Eis mit der Zunge einzufangen. Sie bemerkte ihn erst, als er sich vor ihr mit dem Blütenwunder aus Papier aufgebaut hatte.

»Für dich, Ulrike.«

Mutter sah ihn konsterniert an.

»Von der Künstlerin da drüben.«

Sie blickte daraufhin zum Blumenstand, hörte jedoch nicht auf, ihr Eis zu schlecken.

»Was soll ich damit? Hab grad die Hände voll.«

»Gefällt sie dir nicht?«

»Doch.«

»Die ist total cool, Oma«, kam dann von Sophie. Auch sie aß das Softeis genüsslich.

»Ich kauf dir auch eine.« Niklas war nun ebenfalls im Papierblumenfieber und ging hinüber zum Stand. Sein Eis schlang er hinunter, damit er die Hände frei hatte.

Ulrike hatte sich bereits zur Waffel vorgearbeitet. Ihre beiden Hände waren verklebt vom Eis. Daher kramte Anja ein Papiertaschentuch aus ihrer Tasche und ging damit zu ihr.

Hans war anzumerken, dass er sich mit der Blume in der Hand blöd vorkam. Wie bestellt und nicht abgeholt.

Niklas war nun auch einen Zehner los und gesellte sich wieder zu ihnen. Sophie schmolz noch schneller als das Eis. Vermutlich könnte er ihr auch ein Grasbüschel oder Steine schenken, damit sie ihn küsste.

Ihre Mutter reinigte sich die Hände und besah sich den Kitsch nun näher.

»Also rumschleppen werd ich die nicht die ganze Zeit, aber ich hab eine Idee.« Sie nahm ihrem Mann endlich die Blume ab und steckte den Stängel in das Revers ihrer Jacke. Das sah richtig gut aus. Ein Passant aus der Truppe der Japaner fand das offenbar auch. Anja verstand kein Wort, aber das »Thumbs up« konnte nichts anderes bedeuten.

»Nett von dir. Hat was«, gestand Ulrike schließlich ein.

Markus sonnte sich in seinem Triumph. Sophie steckte sich das Teil auch durch das Knopfloch ihrer Jeansjacke. Die Japaner hatten runde orangefarbene Aufkleber auf ihrer Kleidung – Thema »Gruppenzugehörigkeit«. Das Erkennungszeichen für die Gruppe »Becher« war nun wohl eine Papierblume. Anja machte sich schmerzhaft klar, dass sie keine hatte. »Ist ja auch albern«, redete sie sich ein, dennoch wurmte es sie, dass ihr Mann sie nicht auch mit diesem Kitsch bedacht hatte.

Ulrike fragte sich, was plötzlich in Hans gefahren war. Als ob er Hummeln im Hintern hätte. Nach dem Rundgang durch Notre-Dame und einem kleinen Imbiss in einer der Patisserien, deren kleine *Tartines* und *Madeleines* niemand widerstehen konnte, hatte Markus vorgeschlagen, ein paar Stationen mit der Metro zu den Champs-Élysées zu fahren. Es gäbe noch so viel zu sehen, und weil die Sonne vom Himmel lachte, waren alle einstimmig der Meinung gewesen, den Nachmittag nicht im Louvre zu verbringen. Es stimmte schon, die darin ausgestellten Kunstgegenstände liefen ihnen nicht davon. Hans hingegen lehnte zu Ulrikes Erstaunen die Metro rigoros ab. Alles zu Fuß! Das war nicht Hans, der sonst bewegungsfaul, wie er war, selbst für den Weg zur Post, die noch nicht einmal einen Kilometer von ihrer Wohnung entfernt lag, den Wagen nahm. Paris schien eine belebende, um nicht zu sagen verjüngende Wirkung auf ihn zu haben. Oder machte er jetzt mit Gewalt auf vital und fit, um sie zu beeindrucken? Ulrike schloss Letzteres nicht aus, bei dem Tempo, das er an den Tag legte. Es war bereits ein halbes Wunder, dass er der Papierblumentruppe fünf Minuten gegönnt hatte, um sich die Glaspyramide des Louvre wenigstens von oben anzusehen und ein paar Fotos zu machen. Und dann weiter im Stechschritt. Angeblich sei das die beste Methode, um den Alterungsprozess aufzuhalten. Er bezog sich auf einen Artikel, den er wohl jüngst gelesen hatte. Komisch, dass er ihm erst heute in den Sinn kam.

Keine Zeit, um die Tierhandlungen, an denen sie entlanghasteten, näher anzuschauen. Vorbei an den Blumenläden, Geschäften und Galerien. Wenigstens ein paar Schnappschüsse waren ihnen vergönnt, aber auch nur, weil Sophie bereits maulte. Sie hatte recht. Man musste doch die Atmosphäre der Stadt auf sich wirken lassen. Das ging im Turbogang nicht, doch weil noch so viel zu sehen sei, müsse man eben Gas geben. Gerade entlang der Seine standen viele Prachtbauten. Ulrike wartete darauf, dass er schlapp machte, so wie ihm der Schweiß auf der Stirn stand. Ihr taten die Füße schon weh, obwohl sie normalerweise den ganzen Tag in ihrem Laden darauf stand – jedenfalls, bis sie die Tuilerien erreicht hatten. Nun war sie es, die Gas gab und sich auf das erstbeste Tulpenbeet stürzte. Diese Farbenpracht inmitten der Stadt. Eine Parkanlage, umgeben von prächtigen Wohnhauszeilen, gespickt mit Statuen und Blumenbeetreihen inmitten saftig grüner Rasenflächen, die mal von Hecken, mal von einer Allee begrenzt waren. Wie das duftete! Anja und Markus schlossen sich ihr bei der Erkundung des Gartens an. Hans hingegen, siehe da, suchte sich die nächstbeste Parkbank. Zu ihm gesellten sich Sophie und Niklas. Die jungen Leute heutzutage. Machten so schnell schlapp. Sophie sah sogar etwas mitgenommen aus, richtig blass um die Nase. Vermutlich saß sie in letzter Zeit auch zu viel vor dem Computer.

»Ich will noch rüber zur anderen Seite«, gab sie Anja und Markus zu verstehen. Die beiden interessierten sich eher für die vielen Skulpturen, mit denen dieser Park gesegnet war. Ulrike für die Blumenpracht der Anlage. Einhelliges Nicken ermöglichte einen Spaziergang zu weiteren farbenprächtig arrangierten Blumenbeeten. Von dort aus konnte man sogar den Eiffelturm sehen. Für dieses herrliche Motiv, das auch andere Spaziergänger sofort im Visier hatten, nahm Ulrike sich Zeit. Ein Blick über die Rasenfläche hinüber zur anderen Seite genügte, um festzustellen, dass sie sich nicht beeilen musste. Hans saß immer noch auf der Bank. Sophie hatte sich hingelegt und ihren Kopf auf Niklas' Schoß gebettet. Anja und Markus besahen sich weitere Statuen – Louvre unter freiem Himmel –, so ziemlich alle Stilrichtungen waren in diesem Park vertreten, von der Antike bis hin zu moderner Kunst. Ob sie wohl das sich küssende Paar, eine Bronze-Replik von Auguste Rodins Meisterwerk, fanden? Seinerzeit ein Highlight für Ulrike. Sie und Hans hatten sich davorgestellt und sich fotografieren lassen, während sie sich küssten. Ulrike verharrte für einen Moment bei diesem melancholischen Gedanken und machte sich dann auf den Rückweg, die Speicherkarte ihres Handys um mindestens fünfzig Aufnahmen von Blütengemälden hiesiger Landschaftsgärtner reicher. Die vom Eiffelturm wollte sie den anderen gleich zeigen. Täuschte sie sich, oder war es Hans gar nicht recht, dass sie sich auf den Rückweg machte? Er war es doch gewesen, der sie bis hierher gehetzt hatte. Sophie lag noch immer wie tot auf Niklas' Schoß gebettet.

»Was für ein schöner Park«, sagte Hans, als sie die Bank erreichte.

»Davon hast du aber noch nicht viel gesehen.«

»Ich kenne ihn doch schon, von damals.« Das klang nach einer Ausrede.

»Aber dort hinten waren wir nicht«, sagte sie und hielt ihm die Aufnahme hin.

»Man sieht ihn von hier?«, kam von Hans. »Schönes Bild«, fügte er hinzu.

Sophie schien sich nicht dafür zu interessieren. Nur Niklas warf einen neugierigen Blick darauf.

»Ist dir nicht gut?«, fragte Ulrike nach. Das Foto war nun Nebensache.

»Ein bisschen flau im Magen«, sagte Sophie.

»War schon nach dem Aufstehen so«, ergänzte Niklas.

»Vermutlich der Hummer. Ist nicht so meins«, erklärte Sophie und rappelte sich hoch, um sich das Foto nun doch anzusehen.

»Wow.« Es weckte Sophies Lebensgeister.

»Gehen wir weiter?«, fragte Markus, nachdem er mit Anja wieder zu ihnen gestoßen war.

Ulrike stellte fest, dass Hans sich darüber nicht gerade begeistert zeigte. Er lächelte betreten.

»Aber nicht mehr so schnell«, verlangte Ulrike, nicht weil die Strecke bis zu den Champs-Élysées besondere Fotomotive zu bieten hatte, sondern um zu sehen, wie Hans reagierte.

»Ja, wir sind noch gut in der Zeit«, kam dann von ihm.

Ulrike schmunzelte diskret. Er musste nicht wissen, dass sie ihn durchschaute.

Nie wieder Hummer! Mit Fisch war das so eine Sache. Sophie wusste das aus Erfahrung. Der wurde schnell schlecht, und wenn man Pech hatte, erwischte man Gammelfisch. Es war gut möglich, dass ihr Hummer nicht frisch gewesen war. Komischerweise hatte er ihr geschmeckt – sah man von den Eiern, die ihr ihr Opa noch als besondere Delikatesse ans Herz gelegt hatte, einmal ab. Niklas hatte sie verschmäht. Eine kluge Entscheidung, denn schon heute Morgen war ihr flau im Magen gewesen. Nach den Leckereien beim Bäcker hatte sich ihr Zustand nur leicht gebessert, und nun schleppte sie sich bei Niklas eingehängt zur prächtigsten Pariser Straße, die schon an ihrem Ausläufer mit genialen Superstores für Klamotten aufwartete. Die Lust auf Shoppen war ihr aber vergangen. Zeit dazu hätte sie gehabt, denn Opas Schritttempo hatte sich merklich verlangsamt.

»Mir kracht langsam der Magen. Da vorne sind doch jede Menge Restaurants«, schlug Mama vor. An Essen war im Moment nicht zu denken, aber gegen eine Cola hatte Sophie nichts einzuwenden. Die putzte den Magen sauber.

»Noch ein kleines Stück weiter. Dort ist es schöner und preiswerter.« Opa war heute offenbar auf Dope.

»Warum? Die da vorn sind doch schön. Und wir könnten sogar draußen in der Sonne sitzen«, wandte Ulrike ein. Ihre Großmutter hatte recht. Wenn schon mal die Sonne schien, dann saß man doch nicht drinnen.

»Überteuert. Schlechter Service. Erinnerst du dich, Ulrike? Wir haben damals in einem dieser Cafés eine große Cola bestellt. Und was hat uns dieser unverschämte Ober gebracht? Einen Maßkrug voll für sechzehn Mark.«

Oma nickte. Also durchhalten, bis sie den Punkt auf halbem Weg zum Horizont, den momentan noch der Triumphbogen begrenzte, erreicht hatten. Vorbei an Fast-Food-Ketten, Boulangeries und kleinen Lokalen in den Seitenstraßen. So gut und preiswert konnten die Restaurants, die Opa vorschwebten, doch gar nicht sein, als dass es sich lohnte, dort hinzuhasten. Warum das so war, erschloss sich Sophie erst, als ihre Großmutter sich zu ihr gesellt und sie aufgeklärt hatte.

»Er will bestimmt ins *Au Coin*«, meinte sie.

»Warum das denn?«

»Wenn ich mich recht erinnere, sind wir damals da drin versumpft. Erst gegessen, dann Wein getrunken. Die hatten eine Musikbox. Eine mit Schallplatten und tanzbarer Musik. Wir haben getanzt und waren die letzten Gäste.«

»Opa will jetzt auch noch tanzen?«

»Wahrscheinlich will er mir imponieren. Er hat auch einiges gutzumachen. Schöne Idee.«

»Moment. Sagten Sie *Au Coin*?«, hakte Niklas nach.

»Ja. Warum?«

»Es war Markus' Idee. Wobei … nicht direkt. Als wir an der Glaspyramide waren, hat er Hans nach Restaurants gefragt, in denen ihr früher wart, und dann auf dem Handy nachgesehen, ob es die noch gibt.«

»Papa legt sich ja ganz schön ins Zeug«, stellte Sophie erstaunt fest.

»Von allein hätte er ja auch draufkommen können«, sagte Ulrike desillusioniert.

»Ist doch nett, wie er sich bemüht. Was gibt es denn dort zu essen?«, fragte Sophie nach.

»Französische Küche. Damals haben wir deren Spezialität gegessen. Sauerkraut mit Eisbein, Blutwurst und Kassler.«

Sophie wurde schon beim bloßen Gedanken daran schlecht.

»Du hast doch was«, stellte ihre Großmutter fest.

»Die Fischeier. Geht schon ...«, versicherte sie ihr. Sie untermalte es mit einem tapferen Lächeln.

»Wir sind gleich da. Sofern ich mich nicht täusche.«

Sophie hätte sich das Stoßgebet, dass sich ihre Großmutter nicht irrte, ersparen können. Großvater hatte sich zu ihren Gunsten getäuscht. Es lag zwei Seitenstraßen früher als erwartet an der Straßenecke vor ihnen, was den Namen des Restaurants erklärte. Das Restaurant wirkte auf Sophie etwas rustikal und schien gar nicht so recht ans Eck dieser Prachtstraße zu passen. Dunkles Holz an der Außenfassade. Ebenso die Fensterrahmen, ein Teil der Hausmauerverkleidung, und drinnen schien sich auch ein Schreiner ausgetobt zu haben. Draußen gab es nur drei Sitzgelegenheiten, die allerdings belegt waren.

»Erinnerst du dich, Ulrike?«, kam erwartungsgemäß, als sie davorstanden.

Oma nickte und warf Sophie einen wissenden Blick zu. Dass Papa und Opa nun auch Blicke tauschten, ergab vor dem Hintergrund dessen, was Niklas ihnen erzählt hatte, Sinn.

»Französische Küche«, stellte Mama fest, nachdem sie sich den Speisekartenaushang im Holzkasten angesehen hatte.

»Einen Tisch für sechs«, erklärte sie dann der Sophies Meinung nach äußerst aufreizend bekleideten Blondine am Eingang. In dem Zimmermädchen-Outfit, einem schwarzen Minirock mit weißer Bluse, die so weit aufgeknöpft war, dass sie tiefe Einblicke ermöglichte, könnte sie locker im *Moulin Rouge* auftreten. Fehlten nur noch Netzstrümpfe. Sie wurde dem unsäglichen Klischee einer Blondine gerecht, weil sie erst überlegen musste, wie sie die noch freien Tische so zusammenstellte, dass alle daran Platz fanden. Es wurden die beiden am Fenster. Darauf ließ sich ein Tablett mit Getränken abstellen.

»La place près de la fenêtre vous va?« Oh, die Blonde hatte es geschnallt.

Sophies Mutter nickte und folgte der Bedienung zu den freien Plätzen am Fenster.

»Warten Sie, ich helfe Ihnen«, sagte Papa auf Englisch. Er war sofort zur Stelle, als die Bedienung damit begann, die Tische zusammenzurücken. Das machte er doch nur, um ihr in den Ausschnitt zu schauen. Hilfe! War das peinlich. Und Mama bekam es auch mit. Dementsprechend finster sah sie drein. Niklas blickte wie gebannt auf den Boden. Er zwang sich anscheinend regelrecht dazu wegzusehen. Typisch!

»Schau, Ulrike. Die haben immer noch eine Musikbox«, schwärmte Opa. Er tänzelte gleich dorthin. Markus folgte ihm. Vermutlich kannte er die Geschichte von damals schon aus dem Mund seines Schwiegervaters.

»Die haben nur noch CDs da drin«, gab er enttäuscht von sich.

»Die Zeiten ändern sich eben«, rief Oma ihm zu.

»Und man kann gar kein Geld mehr einwerfen. Ist zugeklebt.« Opa war sichtlich enttäuscht. Oma hingegen atmete erleichtert auf. Eine Tanzeinlage würde ihr diesmal wohl erspart bleiben.

Endlich waren die beiden Tische zusammengestellt und mit frischer Tischdecke versehen. An den anderen saßen überwiegend Franzosen, soweit sich das anhand der Kleidung und der

Stimmenkulisse beurteilen ließ. Sophie nahm zwischen ihrem Vater und Niklas Platz. Die anderen verteilten sich um die Tische.

»Ob die noch das gute *Choucroute* von damals haben?«, fragte Opa in die Runde.

»Sauerkraut? In einem französischen Restaurant?«, hakte Mutter nach.

»Elsässisch. Zumindest damals. Es hat sich hier einiges verändert.« Er sah sich um, doch dann verfing sich sein Blick im Dekolleté der Kellnerin, die nun wieder in Sichtweite kam, weil sie die Speisekarte brachte. Die Dame wusste mit ihren Reizen zu spielen. Darauf waren nun Opas, Papas und Niklas' Blicke gerichtet, denn um die Speisekarte jedem zu reichen, musste sie sich nach vorn beugen. Dass selbst Niklas seine Hormone nicht im Griff hatte, stieß Sophie übel auf, zumal sie im Gegensatz zur Bedienung nicht so üppig ausgestattet war und sich nicht nur einmal Bademode in der Kinderabteilung gekauft hatte, damit der Stoff stramm saß. Das unterfütterte ihre latente Furcht vor dem Moment, hormongesteuert betrogen oder gar verlassen zu werden.

»Na also. Sie haben das noch. Die Elsässische Pfanne. Ulrike. Wollen wir uns eine teilen?«

Oma nickte.

»Die haben auch leckere Salate«, stellte Mutter fest. »Die kühlen ab. Meinst du nicht auch, Markus?«

Aha. Mama war der Schleier in Papas Augen wohl auch nicht entgangen. Männer waren doch alle gleich!

Schon den halben Tag unterwegs und den Bauch auf Vaters Rat hin mit Sauerkraut und reichlich Fleischbeilage statt des Salats vollgeschlagen, fühlte sich Anja wie ein Sack Kartoffeln mit Beinen. Den anderen schien es ähnlich zu gehen. Es wurde nicht mehr gerannt, sondern geschlendert, ganz gemütlich, eher schleppend und mit nur einer kleinen Pause am Arc de Triomphe. Dass man von da oben einen wundervollen Ausblick über die Stadt hatte, war Anja egal. Den anderen, bis auf den Aktivisten Markus an ihrer Seite, wohl auch. Dort gab's keinen Aufzug, und dreizehn Euro löhnen, nur um einen Sack Kartoffeln nach oben zu schleppen? No way! Man sah auch von unten auf die leicht abschüssige Champs-Élysées. Foto gemacht. Fertig. Dann wurde sowieso weitergeschlendert. Der Eiffelturm gehörte schließlich zum Pflichtprogramm, auch weil ihre Eltern seinerzeit da oben waren. Denen schien der gemeinsame Tag richtig gutzutun. Nach wie vor keine Streitigkeiten und sogar verklärte Blicke zum Nachtisch, weil die Musikbox tatsächlich funktionierte. Markus' Tête-à-tête mit der Bedienung auf Englisch, wobei er ihr klargemacht hatte, dass seine Schwiegereltern auf zweiter Hochzeitsreise seien und extra hergekommen waren, weil sie hier früher zur Musik aus der alten Jukebox getanzt hatten. Das war an Schlagkraft nicht zu überbieten gewesen. Sie hatte den Stecker der Jukebox schneller in der Dose gehabt, als die Preußen schießen konnten. »La vie en rose« – gleich zweimal. Vermutlich war das Mutters und Vaters Hymne auf Paris. Getanzt hatten die beiden allerdings mangels Platz nicht. Markus machte wirklich alles, um ihre Eltern wieder zusammenzuschweißen. Vermutlich heckte er gerade einen neuen Plan aus. Er lief mit Hans ein paar Meter vor ihnen. Sophie und Niklas klebten noch an der Auslage einer schicken Boutique. Seitdem sie unterwegs waren, somit die erste Gelegenheit, um ihrer Mutter unter vier Ohren auf den Zahn zu fühlen. Anja war neugierig, ob die Paris-Therapie tatsächlich so anschlug, wie es bisher den Anschein erweckt hatte.

»Hans legt sich ja mächtig ins Zeug«, sagte sie unvermittelt, nachdem Ulrike ihr gestanden hatte, dass sie sich nach dem schweren Essen am liebsten auf die nächstbeste Parkbank legen würde. Das Thema »Hans« regte anscheinend Mutters Kreislauf an, denn sie betrachtete sie nun aus wachen Augen.

»Ist dir auch schon aufgefallen?«

»Du hast ihn ja auch ordentlich wachgerüttelt«, sagte Anja.

»Es war keine leere Drohung, um ihn wachzurütteln.«

Anja glaubte ihrer Mutter das aufs Wort.

»Und jetzt? Ihr scheint euch doch wieder so gut zu verstehen.«

»Wir sind in Paris. Vielleicht hält der Schwung zu Hause dann noch ein paar Tage an. Schön wär's.«

»Gib ihm doch eine Chance. Papa ist völlig hilflos ohne dich.«

»Was heißt hier hilflos? Er ist ein erwachsener Mann, sitzt nicht im Rollstuhl, auch wenn er ständig jammert und sich einbildet, alle möglichen Krankheiten zu haben.«

Anja musste unwillkürlich lachen. Das stimmte. Der Ernst dieses Themas trug diesen Moment der Heiterkeit aber sehr schnell fort.

»Mich hast du offen gestanden auch ganz schön geschockt.«

»Warum? Was ist so schlimm daran, wenn ich allein verreist wäre? Mal was für mich tun.«

»Das ist aber etwas anderes, als sich von jemandem trennen zu wollen.«

»Trennen … Im Grunde genommen leben wir doch schon getrennt. Seit Jahren. Ich geh in meinen Blumenladen. Er hockt vor seinem Computer und trifft sich mit Schreiberlingen und Redakteuren. Wir machen doch gar nichts mehr zusammen. Schon seit Jahren. Alles ist so eingefahren. Das Leben kommt mir vor wie zugekleistert. Und der Kleber … der war erst zäh und ist in letzter Zeit hart geworden.«

»So eine Reise, die wäre dann genau das Richtige für dich. Sieht man doch an der kurzen Zeit hier.«

»Das habe ich mir auch gesagt, aber mittlerweile zweifle ich daran. Irgendwann muss man wieder zurück. Und was erwartet einen daheim? Das Alte. Noch ein paar Jahre, und wir können uns gleich im betreuten Wohnen einmieten. Dann ist der Zug abgefahren.«

»Vielleicht kann man aus dem Alten etwas Neues machen. Das würde das Problem eventuell beheben.« Anja wunderte sich über ihren eben ausgesprochenen Ratschlag und sagte sich, dass sie ihn im Grunde genommen selbst beherzigen müsste.

»Dazu gehören aber immer zwei«, wandte ihre Mutter ein.

»Wem sagst du das.«

Ihre Mutter musterte sie daraufhin argwöhnisch.

»Wie läuft's denn bei euch so?« Die Frage hatte im Unterton die Feststellung, dass es nicht gut lief. Mama war schließlich nicht blöd. Sie bekam mit, wie sie sich mit Markus gab, wenn sie beide bei ihren Eltern zu Besuch waren.

»Ganz gut.«

»Aha.«

»Seit seinem Unfall ... Er hat sich verändert«, gestand Anja.

»Das ist normal. War auch keine Kleinigkeit. Habt ihr darüber gesprochen? Über die Veränderungen?«

»Nicht direkt. Markus kam Gott sei Dank wieder auf die Beine. Ich hab ihm das Gefühl gegeben, dass alles so ist wie immer.«

»Ist es das?«

»Nein ...«

»Ihr zieht doch sonst immer an einem Strang. Wieso redet ihr dann nicht über solche Dinge?«

»Ich mach für seinen Laden die Buchhaltung, und das ödet mich genauso an wie mein Job in der Kanzlei.«

»Unternehmt ihr denn was zusammen?«

»Was denn? Er kommt spät heim. Die Jahre verrinnen nur so.«

»Das ist das Problem. Ging mir genauso, und zwar ab dem

Moment, als du aus dem Haus warst. Als ob jemand die Zeiger der Uhr doppelt so schnell drehen würde. Und irgendwann kommt der Moment, wo du regelrecht erschrickst und dich fragst, wo all die Jahre geblieben sind. Dann kommt das große Erwachen. Du erkennst, im Leben etwas verpasst zu haben. Vielleicht redet man sich das aber auch nur ein. Es fühlt sich schrecklich an zu wissen, dass nicht mehr so viel Zeit bleibt. Das ist der Moment, in dem du jemanden wie Hans wie eine Bremse empfindest.«

Wie gut konnte Anja ihre Mutter verstehen. Und genau das empfand sie als beängstigend, denn sie war ja noch nicht so alt.

»Also, wenn du unglücklich bist: Ändere was, oder ändert was gemeinsam. Ansonsten bleibt einem doch nur, das sinkende Schiff zu verlassen, bevor es zu spät ist. Das mit der Ehe kommt mir vor wie auf einer Bootsfahrt auf der Seine. Man kann an jeder Haltestelle aussteigen, auch wenn man die Fahrkarte bis zur End-haltestelle gelöst hat. Irgendwann ist man sowieso allein. Wir leben alle nicht ewig.«

Anja ließ das erst einmal auf sich wirken. Es klang so einfach, hatte aber einen Haken.

»Und was machst du dann, wenn du vorher aussteigst? Noch mal von vorn anfangen? Jemanden kennenlernen? Allein durchs Leben gehen?«

»Wenn ich das wüsste. Aber vielleicht braucht man diese Er-fahrung. Und wenn es nur dem Zweck dient einzusehen, dass man vor sich selbst nicht davonlaufen kann und das Gras auch zwei Haltestellen vorher nicht grüner ist. Wenigstens kann man sich dann damit trösten, dass man vom Leben mal wieder wie früher gekostet hat.«

Vom Leben kosten. Anja machte sich in dem Moment klar, dass sie Appetit auf das Leben hatte, mehr als sie es sich bisher hatte eingestehen wollen – und das lag nicht an Paris.

Kapitel 7

Schon wenn man den Eiffelturm von Weitem sah, vor allem vom Marsfeld kommend, entfaltete das Wahrzeichen von Paris seine architektonische Pracht und verstrahlte pure Gigantomanie. Dreihundertdreißig Meter hoch war der über zehntausend Tonnen schwere Eisenfachwerkturm, und obwohl heutzutage Hochhäuser in Asien viel weiter in den Himmel ragten, beeindruckte er den Betrachter immer noch. Ulrike hatte erst kürzlich in einer Zeitschrift gelesen, dass nach seiner Fertigstellung Ende des vorletzten Jahrhunderts nicht wenige Bürger der Stadt die Konstruktion als hässlich empfunden und gefordert hatten, dass dieser Schandfleck spätestens nach der Weltausstellung im Jahr 1889 wieder demontiert wurde. Doch was wäre Paris heute ohne ihn? Je näher man kam, desto imposanter wirkte der Eisenkoloss, und die vielen Touristen, die aus allen Himmelsrichtungen herbeiströmten, erschienen wie bunte Ameisen zu seinen mächtigen Füßen. Sie hatten heute Glück. Keine Wartezeit von über einer Stunde, wie sie es im Internet noch vor der Abreise gelesen hatte. Eine Viertelstunde würde es heute wohl trotzdem sein, dessen war Ulrike sich sicher. Markus stand vor ihnen in der Schlange und lugte zur Anzeigetafel, auf denen die Preise für den Eintritt angeschlagen waren. Wahrscheinlich gedachte er, ihnen, wie bisher auch, weiterhin alles zu bezahlen. Ulrike war das schon richtig unangenehm.

»Lass mich das doch machen«, schlug sie daher vor.

»Kommt nicht infrage.« Markus bestand darauf, sie weiterhin auszuhalten. »Wir nehmen doch den Aufzug bis ganz oben, oder?«, fragte er in die Runde. Die Preise waren dementsprechend gestaffelt. Fast dreißig Euro für die Faulen, die sich bis zur obersten Aussichtsplattform fahren lassen wollten. Bis zur zweiten Etage waren es knapp zwanzig. Für die Fitten waren es nur knapp über zehn. Das waren aber ganz schön viele Treppen, wie Ulrike sich erinnerte.

»Klar«, tönte Sophie, was Ulrike nicht wunderte. So richtig fit war sie ja heute nicht.

»Also, von mir aus könnten wir auch die Treppe nehmen. Ist ganz schön teuer«, sagte Hans. Der nahm seinen Mund ziemlich voll. Na gut, dann sollte er eben zu Fuß gehen. Oder hatte er es nur gesagt, um sich anstandshalber zu zieren, Markus so viel Geld aus der Tasche zu ziehen? Es wäre aber auch denkbar und würde zum bisherigen Verlauf ihrer Reise passen, dass er sich nur aufplusterte. Gesagt ist gesagt. Ulrike amüsierte sich darüber, denn schon als sie das erste Mal in jungen Jahren hier gewesen waren, hatten sie das Experiment gewagt und sich dabei fast übernommen.

»Du machst doch schon bis zur ersten Plattform schlapp«, provozierte Ulrike ihn. Sie fragte sich, ob sie ihn richtig einschätzte.

»Für mich nur den Eintritt. Ohne Aufzug. Das geht sonst viel zu schnell. Man möchte doch auch die Aussicht genießen und die Struktur dieses Bauwerks hautnah spüren.« Große Worte, die auch Anja und Markus verblüfften. Sie warfen sich dementsprechende Blicke zu.

»Ich kann ja mit ihm hochgehen«, schlug Niklas vor. Dem

traute Ulrike sogar einen Sprint bis ganz nach oben zu. Anscheinend sah er sich bereits in der Rolle des geriatrischen Begleiters.

»Und an wem soll ich mich dann festhalten? Ich hab Höhenangst«, protestierte Sophie. Nun war klar, dass ihr Opa sich da allein hochquälen musste.

»Jetzt sei vernünftig. Wir nehmen alle den Aufzug«, lenkte Ulrike ein. Sie sah ihn vor ihrem geistigen Auge bereits mit Herzinfarkt im Gestänge hängen und bereute, ihn mit ihrer Bemerkung auch noch dazu angestachelt zu haben.

»Ich schaff das schon«, erwiderte er kratzbürstig.

Das tat er doch nur, weil sie ihm daheim vorgehalten hatte, ein eingeschlafener lahmer Sack zu sein. Und so kam es dann auch, nachdem Markus die Tickets für alle gelöst, sie ihnen ausgehändigt hatte und ihm die Truppe der Faulen zum Lift gefolgt war. Von dort aus hatte man die ersten Stufen im Blick, die nach oben führten. Hans nahm sie mit links. Showtime. Es wirkte auf Ulrike wie beim US-Wahlkampf, wenn alte Herren zu Beginn einer Rede einen auf jung und dynamisch machten, dabei auf die Bühne trabten wie Pferde im Zirkus. Er hatte ja bemerkt, dass sie zu ihm hersah. Da war die Fahrt im Lift doch wesentlich bequemer, wenngleich unangenehm, weil sie sich wie Vieh in die Kabine hatten pressen müssen, damit die Tür des Lifts zuging. Ulrike hatte nur Köpfe vor sich. Viel zu sehen gab es momentan nicht. Sie nutzte die Fahrtzeit daher, um in sich hineinzuspüren. Dabei kam Verblüffendes zutage, nämlich, dass sie sich nun nicht nur Sorgen um ihn machte, sondern sich zugleich über sein kindisches Verhalten amüsierte. Man konnte ihn so leicht provozieren und an seiner Seite regelrecht zum Sadisten werden. Weil er sich freiwillig in die Opferrolle begab. Das war auch eines jener Dinge, die sie an ihm nervten. Diese Hörigkeit, vor allem nach Streitigkeiten. Und heute aus Angst, dass sie ihn verlassen würde, wenn er sich nicht so gab, wie sie ihn sich wünschte. Es ihr recht machen zu wollen erzeugte zwangsläufig Stress. Immer war sie es, die Entscheidungen in allen möglichen Lebensbereichen zu treffen hatte, alles durchdenken und gründlich überlegen musste, und wenn es nur die Auswahl eines Films in der Glotze war. Er hörte auf sie. Verantwortung zu übernehmen und ihn zu irgendetwas zu bringen erzeugte manchmal regelrechte Schuldgefühle, falls die eine oder andere Entscheidung sich nicht als die richtige erwies, was er ihr dann auch meist im Nachhinein vorhielt. Immerhin hatte er die Entscheidung, auf den Aufzug zu verzichten, heute entgegen ihrem gut gemeinten Rat, den Lift zu nehmen, selbst getroffen. Dieser Gedanke erleichterte Ulrike, entpuppte sich jedoch als schwacher Trost, denn letztlich machte er ja doch, was sie von ihm verlangt hatte, nämlich wieder aktiver im Leben zu sein. Ulrike seufzte, als sie die zweite Etage erreicht hatten. Der zweite Aufzug, der sie zur Spitze des Eiffelturms bringen würde, wartete bereits auf sie. Ulrike wagte einen Blick nach unten, doch von hier aus waren die Stufen nicht zu sehen. Hans japste bestimmt schon nach Luft. Dieser Mann strengte so was von an, sagte Ulrike sich, als sie oben angekommen waren.

Obwohl Sophie nun ganz Paris zu Füßen lag, der Himmel klar war und eine sensationelle Weitsicht erlaubte, war sie nicht mehr in der Stimmung, von hier oben Panoramafotos mit ihrem Smartphone zu machen. Die beiden Gründe standen neben ihr. Zum einen Niklas und zum anderen die zwei amerikanischen Mädels, die unentwegt zu ihm hersahen und dabei kicherten. Es waren zwei Schönheiten. Und mit denen hatte er im Aufzug ein paar Worte gewechselt. Geflirtet traf es wohl eher. Klar, denn die graue Maus hatte sich zwischen ihre Mutter und ihren Vater gestellt, um möglichst wenig aus dem Fenster in die Tiefe schauen zu müssen. Thema »Höhenangst«. Wenn einem dann ein paar Zentimeter fehlten, um sichtbar hervorzuragen, und der Freund direkt an der Scheibe stand, dann konnte man zugegebenermaßen den beiden überschminkten Schnecken nicht vorwerfen, ein Auge auf die vermeintlich allein reisende Sahneschnitte neben ihnen zu werfen. Eingepfercht und hilflos mit anhören zu müssen, dass er so »cute« sei und ob er denn heut Abend schon etwas vorhätte, tat weh, wenn der Mann an ihrer Seite seinen Mund nicht aufmachte und klarstellte, dass er nicht allein unterwegs war. Ihnen stattdessen die Geschichte vom Pferd erzählte. Okay, sie hatten nachgefragt, woher er die Muckis hatte. Die waren auch nicht zu übersehen. Schon ging's um das Gym und dass sie sich jemanden wie ihn als »Personal Trainer« wünschten – für die Bettkante. Am besten ein flotter Dreier. Der Mann konnte vielleicht flirten. Das hörte man an seiner schnurrenden Stimme, die sicher in dieser Hinsicht gut geölt war. Antrainiert. Und wie denen das Gesicht entgleist war, als er nach dem Aussteigen wahrscheinlich nur notgedrungen nach ihrer Hand gegriffen hatte. Sie hatte sie ausgeschlagen und sich gleich zur Absperrung mit Aussicht verdrückt.

»Ist irgendwas?« Seine Nachfrage hätte schon früher kommen können. »Ist dir noch schlecht? Höhenangst?«

»Geht schon«, sagte sie und überlegte, ob sie ihn überhaupt auf den Flirt im Lift ansprechen sollte.

»Du hast doch was.« Immerhin hatte Niklas momentan nur Blicke für sie. Die beiden Mädels wohl auch. Sie sahen unentwegt her. Anscheinend spekulierten sie gerade darüber, dass das vor ihnen stehende Paar momentan nicht gerade harmonisch wirkte. Das daneben, zwei junge Leute, die ebenfalls mit ihnen nach oben gefahren waren, stand Arm in Arm vor der Absperrung und genoss die Aussicht auf die weitläufigen Boulevards und das Marsfeld.

»Manchmal wird es mir einfach zu viel«, platzte es aus Sophie dann doch heraus.

»Du meinst der ganze Reisestress?« Er checkte es einfach nicht.

»Deine Anbiederei.«

»Was? Wovon redest du?«

»Also, ihr beide braucht sicher kein Power Aerobic, so gut, wie ihr ausseht.« Sophie zitierte ihn.

Es schien Niklas zu dämmern, worauf sie hinauswollte, denn er verdrehte genervt die Augen.

»Vielleicht sieht man sich mal wieder.« Noch ein Zitat.

»Das haben die gesagt. Nicht ich.«

»Aber das ›See You‹ kam von dir, als Bestätigung«, korrigierte sie ihn.

»Das sagt man doch nur so auf Englisch. Das ist eine übliche Floskel.«

Sophie gab einen spitzen Laut von sich.

»Jetzt fang nicht schon wieder damit an.«

»Was mach ich denn? Du schaust doch jeder Frau hinterher. Erst im Restaurant, deine Blicke auf die Bedienung, und eben hättest du sicher nichts dagegen gehabt, wenn die zwei Tussen über dich hergefallen wären. Gib's wenigstens zu«, blaffte sie.

»Das redest du dir ein«, kam nicht minder angefressen zurück.

»Ich hab doch Augen im Kopf.«

»Anscheinend aber nicht genug Hirn, sonst würdest du so einen Blödsinn nicht sagen.«

»Hirn? Das sagt der Richtige. Zum Studium hat's bei mir jedenfalls gereicht.« Sophie bereute augenblicklich, ihm das gesagt zu haben. Die kleinen Brüste waren ihr Problem. Nur eine durchschnittliche Mittlere Reife vorweisen zu können war seins. Wunder Punkt! Mist.

»Endlich sprichst du es mal offen aus.«

»War nicht so gemeint.«

»Dann hättest du es nicht gesagt.«

»Tut mir leid, okay?« Doch aufgebracht, wie er war, schien er ihr dies momentan nicht abzunehmen.

Nun winkten die beiden Tussen ihn auch noch zu sich.

»Can you take a picture of us?«, rief eine ihm zu.

»Geh doch. Das willst du doch eh.« Sophie ärgerte sich maßlos über sich selbst, ihre Eifersucht nicht im Zaum halten zu können.

»Natürlich mache ich das. Die wollen doch nur, dass ich ein Foto von den beiden mache.«

»Geh schon.« Sophie zückte nun demonstrativ ihr Handy und schaltete die Foto-App ein, mit der man Panoramaaufnahmen machen konnte.

Und weg war er.

Sophies Hände waren so zittrig, dass die App sie unentwegt dazu aufforderte, die Kamera ruhig zu halten. Dann eben keine Panoramaaufnahme. Einzelne Shots taten es auch. Die konnte sie zu Hause am Computer noch mit einer anderen App zusammenfügen. Bevor sie ein paar Meter weiterging, um den nächsten Ausschnitt dieses Panoramas zu knipsen, drehte sie sich noch einmal kurz zu Niklas um. Das Foto für die posierenden Schönheiten war bereits im Kasten. Eigentlich hätte er sich wieder auf den Weg zu ihr machen können, doch er dachte offensichtlich nicht daran. Aufs Neue tief in einem Flirt versunken, der Knabe. Charmant lächeln. Posieren, so lässig und cool. Sich mal durchs Haar fahren. Nun lachten sie auch noch. Um ihre offenkundig witzigen englischen Sprüche zu verstehen, reichte die Vier in Englisch auf Mittelstufenniveau offenbar. Am Ende lachten sie über sie. Sophie wandte sich ab und starrte nur noch auf das Display ihres Smartphones. Wie ferngesteuert ging sie zum nächsten Motiv. Da lagen noch einige schöne Aussichten vor ihr. Die Aussichten für ihr weiteres Leben an seiner Seite hingegen verfinsterten sich.

Anja hatte noch keinen Nerv dazu, sich auf die Aussicht über die Stadt einzulassen. Sie stand genau wie ihre Mutter und Markus am Ausgang des Treppenweges und blickte auf die Uhr. Sie warteten bereits seit gut zwanzig Minuten auf ihren Vater.

»Er müsste doch schon längst da sein«, sorgte ihre Mutter sich zu Recht, denn sie erinnerte sich an ein Paar, das auch um die fünfzig sein dürfte und ebenfalls die Treppen genommen hatte, als sie in den Aufzug gestiegen waren. Das genoss bereits seit fünf Minuten die Aussicht von hier oben.

»Soll ich mal runtergehen und ihm entgegengehen?«, schlug Markus vor.

»Ja, mach mal. Sicherheitshalber«, sagte Anja. Ihre Mutter wirkte daraufhin erleichtert. Markus trippelte sofort die Treppen nach unten.

»Es bringt nichts, wenn du dich verrückt machst. Genieß lieber die Aussicht. Markus sieht ja nach ihm.«

Ihre Mutter nickte erst zögerlich, schloss sich Anja dann jedoch in Richtung der Absperrung an. Sie zückte ihr Smartphone, hielt aber mitten in der Bewegung inne, als sie das Gitter erreicht hatten.

»Wenn Sophie so viele Bilder macht, kann ich mir das eigentlich ersparen«, sagte Ulrike.

Anja folgte ihrem Blick und sah ihre Tochter nun auch. Sie knipste wie besessen.

»Die Fotos musst du uns alle schicken«, rief Anja ihr zu.

Sophie reagierte zunächst gar nicht darauf.

»Sophie?«

Sie erschrak und sah zu ihnen her. Anja hatte den Eindruck, dass es ihr nicht gut ging. Hängende Mundwinkel konnte man nicht anders deuten.

»Ist dir immer noch schlecht?«, fragte Anja ihre Tochter, nachdem sie sie erreicht hatte.

»Ich könnte kotzen.« Das klang aber jetzt nicht so, als ob sie sich jeden Moment übergeben müsste. Ihr Kind war zweifelsohne verärgert. Wo war überhaupt Niklas?

»Habt ihr gestritten? Niklas und du?« Das war naheliegend. Sophie nickte.

»Was ist denn passiert?«, wollte Ulrike wissen, die sich nun auch zu ihnen gesellt hatte.

»Der läuft doch jedem Rockzipfel hinterher. Im Restaurant sind ihm bei dem Busenwunder schon fast die Augen rausgefallen, und jetzt quatscht er mit seinen Aufzugbekanntschaften.«

»Aufzugbekanntschaften?«, fragte Ulrike etwas verwirrt nach.

»Du meinst die zwei Amerikanerinnen, mit denen er sich im Lift unterhalten hat?«, mutmaßte Anja.

»Na, gut, dass dir das auch aufgefallen ist. Er glaubt ja, dass ich mir das nur einbilde.«

»Tust du auch«, sagte Ulrike.

»Sophie. Ich glaube auch, dass du dich da in was reinsteigerst«, sagte Anja.

»Das glaube ich nicht. Der steht doch bestimmt immer noch bei denen.«

Anja wollte es jetzt genau wissen und ging den Kreis ein Stück in die Richtung, aus der Sophie gekommen war. Tatsache. Und die beiden strahlten ihn mit ihrem Perlweißlächeln an. Anja hatte genug gesehen, um zu wissen, dass Sophie sich vielleicht doch nicht täuschte.

»Sie hat recht«, gab sie Sophie und ihrer Mutter zu verstehen, nachdem sie sich wieder zu den beiden gesellt hatte.

»Spinnt ihr jetzt beide? Niklas liebt dich. Das sieht man doch. Du solltest ihn aber nicht anleinen. Er sieht gut aus, und du wirst damit leben müssen, dass ihm die Frauen hinterherlaufen.«

»Tolle Aussichten«, jammerte Sophie.

»Also, ich schau jetzt doch mal, wo Hans bleibt.« Zugegebenermaßen hatte Mutter guten Grund, sich mit den Eifersüchteleien ihrer Enkelin nicht länger abzugeben. Sie ging zurück zu den Treppen.

»Deine Oma hat vermutlich recht«, räumte Anja dann ein, aber auch, um Sophie zu beruhigen.

»Wir streiten immer öfter«, eröffnete Sophie ihr.

»Na, wenigstens streitet ihr«, erwiderte Anja. Das war immerhin ein Anzeichen für eine lebendige Beziehung.

»Mama?«

Anja seufzte, was sie augenblicklich bereute. Sie wartete förmlich auf eine Nachfrage. Blöd war Sophie wahrlich nicht, auch wenn sie hinsichtlich ihres eigenen Privatlebens wohl unter einem »Blindspot« litt, um es mit Sophies Worten zu sagen.

»Redest du jetzt von dir und Papa?«

Anja schluckte. Sophie hatte sich wohl vorgenommen, sie in die Mangel zu nehmen. Sie hatte aber keine Lust, mit ihrer Tochter über ihr Liebesleben zu reden.

»Wir sind ja schon so lange zusammen. Ab einem gewissen Alter ... Ist bei Männern auch so«, rechtfertigte sie sich trotzdem.

»Aber Papa ist doch fit, sieht man von den unfallbedingten Einschränkungen einmal ab.«

Anja holte tief Luft. Was für ein unangenehmes Gesprächsthema. Die Psychologin vor ihr musterte sie eindringlich.

»Also, ich finde schon, dass ihr noch Sex haben solltet. Oder hast du keine Lust mehr? Wechseljahre?« Sophie nahm erwartungsgemäß kein Blatt vor den Mund.

»Er hat keine mehr. Hat sich irgendwie totgelaufen.« Das Fass war jetzt ohnehin schon auf, also bemühte Anja sich gar nicht mehr um einen Themenwechsel.

»Aha«, sagte Sophie nachdenklich. Das schien sie ziemlich zu beschäftigen. »Hätte ich nicht gedacht.«

»Was?«

»Dass Papa ... Na ja, geht mich ja auch nichts an«, sagte Sophie dann. Auf einmal schien das Thema abgehakt zu sein. Merkwürdig. Anja hatte sich schon auf einer virtuellen Couch liegen sehen. Vermutlich lag das aber nur an Niklas, der nun angedackelt kam. Er tat Anjas Ansicht nach so, als wenn überhaupt nichts vorgefallen wäre.

»Die beiden Mädels sind echt nett. Aus L.A. Und haltet euch fest. Die studieren Psychologie, genau wie du, Schatz.«

Sophie versteifte sich. Anja konnte sich denken, warum. Gutes Aussehen und Grips. Das ging in ihrer Vorstellungswelt wohl nicht so ganz zusammen. Am Grips hatte sie ihr Selbstwertgefühl in der Beziehung mit ihm dingfest gemacht. Das wusste Anja.

»Interessant. So klein ist die Welt«, sagte Sophie spitz.

»Ach, Sophie ...« Mehr gab Niklas nicht von sich. Er tastete nach ihrer Hand, doch Sophie gab sich unterkühlt.

Anja fackelte nicht lange, packte die Hand ihrer Tochter und legte sie in die von Niklas.

»Hier oben wird nicht gestritten. Wir sind in Paris, meine Lieben. Und jetzt gedenke ich, die Aussicht zu genießen.«

Sophie schmunzelte. Er tat es nicht.

Jetzt fing deren Beziehung auch noch an zu kriseln. Eine Trennungsdrohung in der Familie reichte.

Hans' Lächeln als nur abgerungen zu bezeichnen wäre angesichts seines desolaten Zustands schmeichelhaft. Markus' besorgter Blick, als er nach Hans auf die obere Plattform trat, sprach zudem Bände. Hans war fix und fertig. Klatschnass geschwitzt. Ulrike war schon froh, dass er aufrecht vor ihr stand und sich nicht japsend ans Herz fasste.

»Na, wie war die Aussicht?«, fragte sie ihn. Ulrike hielt es für das Beste, gar nicht weiter auf seinen Zustand einzugehen.

Er dankte es ihr mit einem weiteren Lächeln, das schon etwas natürlicher von seinen Lippen kam.

»Schön. Die Architektur. Einfach beeindruckend.« Dass er sich nicht weiter darüber ausließ und ihr einen Vortrag darüber ersparte, den er sicher in petto hatte, empfand Ulrike als angenehm.

»Also, ich such mal Anja«, sagte Markus und verdrückte sich.

»Ist doch wunderschön hier«, sagte Hans. Er war noch nie ein Meister des Small Talks gewesen.

»Deswegen sind wir hier. Lass uns die Aussicht genießen, wie früher.«

Hans nickte und schleppte sich zum Gitter, an dem er sich wie ein Affe im Zoo mit den Händen festhielt. Gott, war der fertig.

»Du hättest den Aufzug nehmen sollen«, sagte sie dann doch. Unkommentiert konnte sie seine Aktion nicht stehen lassen.

Er nickte nur.

»Wollte ich ja erst auch ...«

»Aber?«

Hans seufzte und starrte in die Ferne. Ulrike hingegen nahm ihn ins Visier.

»Wieso hast du dich umentschieden? Wolltest du uns alle beeindrucken?« Sie sprach bewusst von »uns«. So direkt wollte Ulrike es ihm nun auch nicht unter die Nase reiben.

»Nein.«

»Ja, warum dann? Ich hab mir schon Sorgen gemacht.«

»Um mich?«

»Um wen denn sonst?«

Hans verfiel für einen Moment in nachdenkliches Schweigen.

»Also. Raus mit der Sprache.« Ulrike wollte das jetzt geklärt haben, damit sie endlich genau wie alle anderen auch die Aussicht genießen konnte – und zwar unbeschwert. Bisher war sie noch kaum dazu gekommen.

»Markus hat mich auf die Idee gebracht«, gestand er dann ein.

»Aha …« Ihr Schwiegersohn schien sich ordentlich ins Zeug zu legen.

»Er meint es ja nur gut.«

»Dich in den Infarkt zu treiben?«

»Nein. Weil ich doch immer so viel sitze und mich kaum bewege. Du weißt schon … Das ist albern, aber ich …« Er musste nicht weitersprechen. In seinen Augen stand die Begründung dafür sowieso geschrieben. Ulrike fühlte sich augenblicklich wieder schuldig. Nicht auszudenken, wenn er ihretwegen auf dem Weg nach oben den Löffel abgegeben hätte. Nach so einem Opfer hatte er es verdient, sich bei ihr einzuhängen. An ihrem Arm fand er bestimmt mehr Halt als an diesem Karogitter.

Hans lächelte dankbar und ließ den Blick dann sichtlich entspannter über das vor ihnen liegende Panorama wandern. Ulrike tat es ihm gleich. Einfach herrlich, hier oben zu stehen. Es fühlte sich merkwürdigerweise so an wie damals.

»Schau mal da unten das CNC. Sieht aus wie früher.« Das hatte er ihr schon damals gezeigt, daher wusste sie, wofür die Abkürzung stand: Centre national du cinéma. »Die Franzosen machen wenigstens noch gescheite und kluge Filme«, fuhr er fort.

Bei ihm waren anscheinend Hopfen und Malz verloren. Stand

oben auf dieser Plattform und hatte seine Arbeit im Kopf und den Frust, der damit einherging. Ulrike sah es ihm ausnahmsweise nach, jedoch nicht, ohne darauf einzugehen.

»Das hier ist unser eigener Film. Du könntest darin wieder eine größere Rolle spielen. Lass dir was einfallen. Für einen guten Dramaturgen ist das doch kein Problem. Markus brauchst du dazu sicher nicht«, ermunterte sie ihn.

»Eine hervorragende Idee. Hoffentlich fällt mir etwas ein, was dir gefällt.«

»Was uns gefällt«, präzisierte Ulrike. Auch das verstand er und kommentierte es mit einem warmen Lächeln.

Der Tag schien schicksalhaft zu sein und Sophie in Sachen Eifersucht bis an die Schmerzgrenze zu treiben. Im Aufzug nach unten erneut Blicke einer Französin, die Sophie auf Mitte vierzig schätzte. Bei der älteren Fraktion kam er also auch gut an. Sophie hatte es weggesteckt, doch trotzdem von Niklas einen vorwurfsvollen Blick geerntet. Er hatte ihr angesehen, was ihr durch den Kopf gegangen war. Nannte man so was nicht krankhafte Eifersucht? Waren es Verlustängste, die sie plagten? Das konnte nicht sein, weil Dinge dieser Art ihres Wissens in der Kindheit angelegt wurden. Ausgeschlossen! Allerdings hielt Sophie sich selbst heute für besonders empfindsam. Da kam halt alles zusammen. Bis sie unten waren, herrschte fortan Schweigen. Oma, ihre Mutter und ihr Vater hätten es vermutlich brechen können, doch sie wollten noch ein bisschen oben verweilen, weil Opa sicher einige Zeit brauchte, um wieder zu Fuß runterzugehen. Als sie den Ausgang erreichten und sich aus der Menschentraube lösten, die sich aus dem Lift ins Freie ergossen hatte, setzte Sophie bereits dazu an, sich für ihr Verhalten zu entschuldigen, doch dazu kam es nicht, denn die Überflieger-Mädels aus den USA mussten wohl auch erst vor Kurzem nach unten gefahren sein und lungerten an einem Eisstand herum. Klar, dass eine von beiden ihm zuwinkte, nachdem sie ihn entdeckt hatte. Wie die an dem Eis leckte. Machte die das immer so, oder stellte sie sich gerade etwas anderes vor? Sophie ertappte sich dabei, langsam durchzudrehen. Demnächst war sie auf ein auf Niklas herabfallendes Blatt eifersüchtig. Du musst damit leben, sagte sie sich. Dennoch rechnete sie bereits damit, dass er sie danach fragen würde, ob sie ein Eis möchte. Er tat es nicht. Nannte man so was nicht bereits Paranoia im Anfangsstadium?

»Jetzt hast du mich schon so weit, dass ich nicht einmal mehr zu den beiden rübergehe«, kam unvermittelt. Doch keine Paranoia.

»Ja, wenn du unbedingt willst. Hübsche Dinger, und die haben offenbar auch noch etwas in der Birne.« So leicht ließ sich Eifersucht nicht abstellen.

»Noch ein Wort, und ich mach's.«

Sophie schwieg. Er dann auch, und zwar bis sie an der potenziellen Gefahrenquelle vorbei waren. Er würdigte die beiden, nachdem er ihnen zugewunken und unverbindlich gelächelt hatte, keines weiteren Blickes. Klar. Er war schließlich nicht allein, sondern in Begleitung seiner Freundin, die nur Grips hatte. Schluss jetzt! Sophie ermahnte sich erneut, runterzukommen und sich unter Kontrolle zu haben. Ging nicht.

»Ich hätte nichts dagegen gehabt. Die waren bestimmt sehr nett«, rang sie sich ab, noch bevor sie die nächstbeste Parkbank erreicht hatten. So gefiel Sophie sich schon wesentlich besser.

Niklas schüttelte ungläubig den Kopf, bevor er darauf einging. »Du kapierst aber auch gar nichts. Also in der Hinsicht bist du keine gute Psychologin.«

»Was soll ich denn kapieren?«, fragte Sophie etwas hilflos.

»Was glaubst du, weshalb ich mich da oben so lange mit ihnen unterhalten habe?«

»Na, so wie du von den beiden geschwärmt hast, war das bestimmt ein interessantes Gespräch.«

»Jennifer hat mich über ihr Studium zugeschwallt. Irgendwas mit Verhaltenstherapie bei Asperger. Ich hab die Hälfte nicht verstanden.« Das klang glaubwürdig, denn sein Englisch war nicht das beste.

»Willst du mich verarschen? Ihr habt doch geschäkert und gelacht.«

»Auch, aber normalerweise hätte ich schon viel früher einen Abflug gemacht.«

»Das sah aber nicht danach aus.«

»Sollte es ja auch nicht.«

Sophie stutzte und musterte ihn argwöhnisch.

»Ach nee.« Ihr dämmerte, dass er eine Show abgezogen hatte, um sie auf die Palme zu bringen.

»Was denn sonst?« Niklas ließ sich auf der Parkbank nieder und seufzte.

Sophie setzte sich schweigend zu ihm. Das musste erst mal verdaut werden.

»Hast du wirklich so wenig Vertrauen zu mir? Du kannst dir gar nicht vorstellen, wie mich das stresst ... und nervt.« So ernst hatte Niklas noch nie geklungen. »Ich kann nirgends mehr mit dir hingehen, ohne ein schlechtes Gewissen zu bekommen, wenn mir irgendeine Frau einen Blick zuwirft.«

Sophie nickte stumm.

»Und was ist schon dabei, ein wenig zu flirten? Wie sagt man so schön? Gegessen wird daheim.« Dann waren solche flotten Bienen also kleine Appetitanreger. Am Ende dachte er an sie, wenn er mit ihr schlief. Auch dieser Gedanke war ihr bereits gekommen.

Den behielt sie momentan aber besser für sich. Warum lag sein Arm nicht schon längst auf ihren Schultern oder seine Hand auf der ihren? Sophie zwang sich zur Ruhe und betrachtete ihr Gespräch rein analytisch. Sie stellte dabei fest, dass er es nun war, der herumjammerte. Letztlich dachte er dabei anscheinend nur an sich.

»Und wie soll ich mich fühlen, wenn du mit anderen flirtest?«

»Darüber lachen. Denk dir nichts. Mensch, Sophie ...«

»Du würdest mich besser verstehen, wenn dir das mal passieren würde.«

»Was? Dass jemand ein Auge auf dich wirft?« Dies schien jenseits seines Vorstellungsvermögens zu liegen. »Macht mir nichts aus.« Wie er es sagte, klang es durchaus überzeugend. Es fiel ihm offenbar leicht, weil er den umgekehrten Fall noch nicht erlebt hatte. Dann kann man das natürlich mit dieser schier unerträglichen Leichtigkeit von sich geben. Er wusste, dass sie keine Frau war, der die Männer hinterhersahen. Das gab ihm anscheinend ein Gefühl der Sicherheit und unterband jeglichen Anflug von Eifersucht. Er hatte in dieser Hinsicht wohl die besseren Karten. Und die wusste er im richtigen Moment zu spielen. Endlich legte er einen Arm um sie.

»Sophie. Manchmal bist du total anstrengend, weißt du das?«

»Du aber auch.«

Niklas schmunzelte.

»Ein Kuss? Krieg ich den? Natürlich nur, damit die beiden Tussen das sehen«, alberte er und blickte in Richtung des Eiffelturms. Die beiden Amerikanerinnen waren noch in Sichtweite.

»Nicht deretwegen.«

»Das wollte ich hören. Der Kuss würde sonst nicht so gut schmecken.«

Wenigstens musste Ulrike sich nun keine Sorgen mehr um Hans machen. Treppab strengte es lange nicht so an wie nach oben. Wobei seine Kniegelenke sicher nicht mehr die geschmeidigsten waren und seine Beinmuskulatur in den letzten Jahren mangels Training abgebaut hatte. Wahrscheinlich konnte er sich nach dem Abstieg nur noch wacklig auf den Füßen halten. Unten war er jedenfalls noch nicht, wie Ulrike feststellte, nachdem sie gemeinsam mit Anja und Markus den Aufzug verlassen hatte und den Ausgang erreichte. Sie hielt vergeblich nach ihm Ausschau. Das Junggemüse hingegen erspähte sie. Sophie und Niklas saßen auf einer Bank und schlemmten Eis. Die machten es richtig. Das Leben aus vollen Zügen genießen.

Anja entdeckte das Toilettenschild und zwickte schon ihre Beine zusammen.

»Ich bin gleich wieder da. Treffen wir uns an der Bank?«

Ulrike nickte und sah sie auch schon rennen. Die ideale Gelegenheit, um sich ihren Schwiegersohn vorzuknöpfen. Seinetwegen wäre Hans beinahe nicht mehr lebend oben auf der Aussichtsplattform angekommen. Nun war auch klar, weshalb er nach ihm hatte sehen wollen und ihm sogar entgegengegangen war.

»Das war großartig da oben«, sagte Markus. Es klang nach Small Talk wie üblich, wenn Sophie und Anja nicht zugegen waren. So richtig warm waren beide in all den Jahren, seit er Anja geheiratet hatte, nicht miteinander geworden. Er war ein anständiger Kerl, arbeitete fleißig und war auch ein guter Vater, soweit Ulrike das beurteilen konnte. Seinen Einsatz für die Rettung ihrer Ehe musste man ebenso würdigen. Insofern stimmte sie ihm freundlich nickend zu.

»Und Hans. Ist kaum wiederzuerkennen.« Also das war für Ulrikes Geschmack etwas zu plump, zumindest nach dem, was sie mittlerweile wusste.

»Man könnte meinen, er sei zehn Jahre jünger«, erwiderte sie.

»Ich bin jedenfalls froh, dass euch die Reise guttut – und Anja auch.«

Dagegen war nichts einzuwenden, dennoch konnte sie nicht anders, als ihn auf seinen Übereifer anzusprechen.

»Du hast ihn doch da raufgescheucht und ihm wahrscheinlich schon heute Morgen die Hufe neu beschlagen.«

»Ich ...?«

Also, die Unschuld vom Lande brauchte er ihr wirklich nicht zu mimen. Es genügte, ihn mit zusammengekniffenen Augen anzusehen. Er machte erst wieder den Mund auf, als sie ein paar Schritte gegangen waren.

»War vielleicht eine blöde Idee. Es kam mir halt so in den Sinn, weil wir über euch geredet haben.«

»Geredet?« Das war ja noch schöner.

»Er hat mir gesagt, was dir an ihm nicht passt, dass du ihn für eine lahme Ente hältst, und da dachte ich ...«

»Meinst du, weil er sich jetzt schneller bewegt, ist alles wieder gut?«

Markus sah sie daraufhin etwas belämmert an. Naiv war der Mann, aber so was von. Dachte sich wohl, dass eine Ehe so funktioniert wie Fitnesstraining in seinem Studio. Ein bisschen Training, und die Welt war wieder rosarot.

»War dann doch nicht die beste Idee.«

»Mit Bewegung meinte ich generelle Bewegung. Sich im Leben bewegen, verstehst du?«

Er nickte.

Ulrike nahm zwar an, dass er es nicht vollumfänglich kapierte, aber zumindest die Richtung.

»Immerhin habt ihr noch nicht gestritten wie üblich.«

»Er reißt sich zusammen.«

»Also auf mich wirkte er schon recht beweglich.«

Ulrike stellte fest, dass er es wohl doch kapiert hatte. Dann konnte sie auch nachlegen.

»Unsere Ehe ist eingefahren. Von ihm kam nichts mehr. Kein Impuls. Lähmende Routinen und immer das gleiche Fahrwasser. Da kommt man sich vor wie auf der Warteliste für den Bestatter.«

»Vielleicht bringt das das Alter mit sich«, überlegte Markus laut.

»Wer sagt das?«

Die Frage konnte er ihr nicht beantworten.

»Du und Anja. Wahrscheinlich steht ihr in ein paar Jahren an demselben Punkt. Ihr lebt doch auch nebeneinanderher. Jeder in seinem Hamsterrad.«

»Hat sie dir das etwa gesagt?«

»Das krieg ich doch mit.« Dass Anja sehr wohl mit ihr darüber gesprochen hatte, musste sie ihm ja nicht aufs Brot schmieren.

»Kann sein, dass wir Männer da etwas blind sind. Dinge anders wahrnehmen. Aber das liegt auch an den Frauen.«

»An uns?«

»Das ist doch typisch. Ihr erwartet von uns Männern, dass wir Dinge tun, ohne dass ihr sie von uns verlangt. Das fängt doch schon beim Müll an. Ein Wort von Anja, und ich trag ihn raus. Ihr sagt Ja, meint aber Nein, und dann ist der Mann schuld, weil er nicht erkannt hat, dass das Ja eigentlich ein Nein war.«

Ulrike sah ihn fragend an.

»Na, zum Beispiel, als Sophie zur Welt kam. Drei Tage später hatte ich ein zweitägiges Seminar. Ich hab sie gefragt, ob sie mit Sophie für eine Nacht allein zurechtkommt. Sie sagt mir, dass ich fahren kann. Und dann, als ich zurück war, hält sie mir vor, dass ich sie in ihrem geschwächten Zustand nach der Niederkunft alleingelassen habe. Ich hätte sehen sollen, dass sie mich braucht. Ja, Herrgott noch mal. Mehr als fragen kann man doch nicht.«

Ulrike kannte diese Geschichte nicht. Dass ausgerechnet er ihr das erzählte, verblüffte sie. Er konnte tatsächlich mehr als nur Small Talk.

»Hat sie dir das nie erzählt?«, fragte er.

Ulrike schüttelte nachdenklich den Kopf und musste in dem Moment einräumen, dass da schon etwas Wahres dran war, bezüglich der Kommunikation zwischen Männern und Frauen. Sie hatte jahrelang auch nicht ihren Mund aufgemacht. Es hatte oftmals ein Ja gegeben, das eigentlich ein Nein gewesen war. Vielleicht hatte sie Hans gar keine Chance gegeben, viel früher zu erkennen, in welche Misere sie da rutschten, dass ihre Ehe an Kraft verlor. Dazu musste man sich das aber erst einmal selbst klarmachen, anstatt zu einer Mitläuferin zu werden.

»Tut mir leid. Ich hätte das nicht erzählen dürfen.«

»Nein. Das muss es nicht. Ich werde es auch für mich behalten«, versprach sie ihm.

Endlich zurück auf ihrem Zimmer. Ulrikes Füße schienen zu glühen. Kaum aus den Schuhen, fingen ihre Fußsohlen an zu brennen, obwohl es nach der Aussprache mit Markus keinen Grund mehr gegeben hatte, die Tour à pied fortzusetzen. Auf einmal war die Metro doch wieder interessant gewesen. Vom Eiffelturm hinauf zum Montmartre zu spazieren, um noch die letzten Sonnenstrahlen oben auf dem Hügel auf den Treppen von Sacré-Cœur aus einzufangen und ein wenig durch die romantischen Gässchen mit ihren vielen Läden und Kunstgalerien zu bummeln, wäre selbst für junge Leute eine kaum zu bewältigende Herausforderung gewesen. Hans massierte sich ebenfalls die Füße. Ulrike nahm es ihm diesmal nicht übel, dass er dabei gequält stöhnte. Sie tat es bei jedem Kniff in ihre Fußsohlen auch.

»Wir haben uns wacker gehalten«, meinte er.

»Allerdings. Und du hast ein noch größeres Laufpensum hinter dir«, amüsierte sie sich.

»Hat dem Gammelfleisch nicht geschadet.«

Ulrike hielt mitten in der Bewegung inne. Hatte sie das eben richtig gehört? Das Attribut »Humor«, noch dazu selbstironischer Natur, gesellte sich zu den Charaktereigenschaften ihres Fast-Ex-Mannes. Sie lachte herzhaft. Er zuckte nur mit den Schultern.

»Du hast noch gar nicht erzählt, wie du das gepackt hast. Die ganzen Stufen.«

»Mit drei Pausen. Ich hab den Leuten den Weg auf den Treppen blockiert.«

Ulrike lachte erneut, weil sie das Bild gerade vor ihrem inneren Auge hatte.

»Der Montmartre hat sich gar nicht so sehr verändert. Immer noch das gleiche pulsierende Leben«, sinnierte er dann, was für Ulrike ebenso überraschend war, denn in ihren Augen war das Viertel schon etwas heruntergekommen und hatte an Charme eingebüßt. Es gab weniger freie Künstler und mehr touristischen Kram. Sie hatte damit gerechnet, dass er das auch bemerken und vor allem anprangern würde. Anscheinend war ihm ausnahmsweise mal das Schöne ins Auge gesprungen. Das Glas mal halb voll?

»Wir sollten noch einen Wein trinken. In der Minibar ist einer.«

Ulrike hatte auch Lust auf ein Gläschen. Noch war es nicht zu kalt, um sich auf den Balkon zu setzen – jedenfalls mit Strickjacke.

»Magst du Nüsse? Ich hab Hunger«, sagte Ulrike.

»Wir hätten besser die halbe Stunde warten sollen, bis der Tisch frei wird.«

»Sophie wollte nach Hause. Ihr war nicht gut«, erwiderte Ulrike, während sie eine Dose mit Nüssen und eine kleine Flasche Rotwein aus der Minibar holte.

»Aber die Straßenpizza hat sie gegessen und dann noch eine pappsüße Crêpe hinterher. Ich würd das nicht runterkriegen, wenn mein Magen nicht in Ordnung ist.«

»Satt bin ich davon auch nicht geworden«, gestand Ulrike ein. Sie bereute ebenfalls, dass ihnen die Geduld gefehlt hatte zu warten und die Kraft, den halben Montmartre nach einem nicht komplett besetzten Restaurant abzusuchen. Sah man von Fast Food ab, konnte man da oben ohne Tischreservierung abends glatt verhungern.

Ulrike öffnete die Weinflasche, schlüpfte in ihre warme Strickjacke und setzte sich an den kleinen runden Tisch auf dem Balkon, auf den sie die Dose mit den Nüssen stellte. Die Lichter der Stadt luden förmlich dazu ein. Hans trottete mit zwei Weingläsern in der Hand hinterher und nahm ihr gegenüber Platz.

»Zieh dir auch eine Jacke an.«

»Geht schon. Schenk lieber ein. Ich brauch das jetzt«, sagte er.

»Das finde ich so schön an der Stadt. Sie scheint immer in Bewegung zu sein, und irgendwie liegt so eine beschwingte Stimmung in der Luft.«

»Das sagt man der Pariser Luft ja nach.«

»Dich hat sie ordentlich in Fahrt gebracht.« Ulrike hoffte, dass er es als Kompliment nahm.

»Wohl eher mein eiserner Wille, aber du hast schon recht.«

»Auf was stoßen wir heute an?«

»Auf die Pariser Luft?«

»Gute Idee«, attestierte er ihr.

Die Gläser klangen, doch Hans trank nicht gleich. Er schien durch das Glas auf die Lichter der Stadt zu sehen.

»Was ist los?«

»Die vielen Leute heute, als wir unterwegs waren. Aus aller Welt, und die waren gut drauf, haben mir manchmal sogar ein Lächeln geschenkt. Da dachte ich, dass mir das daheim fehlt.«

»Meine Worte. Mal raus. Andere Menschen um sich haben. Ohne meine Kundschaft wäre ich wahrscheinlich so wie du geworden.«

Hans schmunzelte, nippte dann doch an seinem Glas.

»Das gibt einem mehr Energie, als ich es für möglich hielt. Man sieht das Leben dann anders, leichter«, sinnierte er. »Manchmal hab ich das Gefühl, mein halbes Leben verschwendet zu haben«, fuhr er fort.

Er trank gleich einen ordentlichen Schluck hinterher.

»Das hast du nicht. Früher hat dir sogar dein Beruf noch Spaß gemacht.«

»Ja ... früher ...« Er seufzte.

»Waren die Zeiten wirklich besser?«, fragte Ulrike sich.

»Vermutlich nicht. Wir waren nur so beschäftigt, dass wir keine Zeit hatten, darüber nachzudenken«, sagte er.

»Manchmal würde ich die Uhr auch gerne ein paar Jahre zurückdrehen«, gestand Ulrike.

Ihr Mann nickte.

»Hattest du eigentlich jemals das Gefühl, dass ich Nein sage und Ja meine?«

»Nein. Wie kommst du denn jetzt darauf?«

»Ach, nur so.«

Kapitel 8

Die Sonne schien auch am nächsten Morgen in ihr Hotelzimmer und hatte sie sanft wach gekitzelt. Früher hatte das ihr Mann übernommen, doch Markus war bereits im Bad. Paris stellte anscheinend alle Routinen auf den Kopf, denn daheim war sie es, die zuerst aufstand, was sicherlich auch an den Öffnungszeiten der Steuerkanzlei lag, wohingegen sein Fitnessstudio seit gut einem halben Jahr erst gegen neun die Pforten öffnete. Es kamen schon seit geraumer Zeit zu wenige Leute früh am Morgen. Zuletzt nur noch zwei Yuppie-Manager, die schon um sieben auf dem Laufband gestanden hatten. Er war zu ihrem Leidwesen auch schneller als sonst üblich aus dem Bett gekommen. Am Vorabend hatte Anja sich noch der Illusion hingegeben, dass sie sich nach dem Aufwachen näherkommen könnten. Eine andere Umgebung, noch dazu, wenn sie so romantisch war und sie in einem Himmelbett lagen. Das hätte Wunder bewirken können. Die blieben allerdings aus – zumindest bei ihr und ihrem Mann. Während sie dem Geplätscher aus dem Badezimmer lauschte, dachte sie über ihre Eltern nach. Bei den beiden schien der Paris-Effekt zu greifen.

Anja stutzte, als sich zum Duschsound noch »La vie en rose« gesellte, halb gesummt, halb gesungen, und das aus der Kehle ihres Mannes. Das hatte er noch nie gemacht, wunderte sie sich. Schon saß sie aufrecht im Bett und starrte fassungslos auf die Badezimmertür. Es singen, aber nicht umsetzen, denn so rosig war ihr Liebesleben wahrlich nicht. Der Titel »La vie en gris« wäre angesichts eher trübgrauer Aussichten in diesem Fall angebrachter. Anja tröstete sich mit dem Gedanken, dass sie nicht ihretwegen hier waren, sondern ihren Eltern zuliebe.

»Wir sollten sie heute mal was allein machen lassen. Was denkst du?«, rief er ihr aus dem Badezimmer zu.

»Gute Idee.« Und die war nicht überraschend, denn noch vor dem Einschlafen hatte er ihr gestanden, dass Hans auf sein Anraten hin im wahrsten Sinne des Wortes Gas gegeben hatte, um seiner Frau zu imponieren. Menschen zu motivieren, sich zu bewegen, hatte Markus jobbedingt drauf, aber die Bewegung der Muskulatur war nicht alles. Anscheinend hatte sie dennoch dazu beigetragen, dass der gestrige Tag unterm Strich in Hinblick auf ihre Eltern überraschend gut verlaufen war. Schon überlegte Anja, ob das zwischen den beiden heute, wenn sie allein und ohne Sklaventreiber im Hintergrund waren, gut gehen würde. Vielleicht hatten sie sich nur für einen Tag zusammengerissen. Unsinn! Also doch eine gute Idee, sie allein loszuschicken, zumal sie dann etwas gemeinsam mit Markus unternehmen konnte. Er war gestern leider allzu sehr damit beschäftigt gewesen, ihre Eltern zu betüdeln, und hatte ihr nicht die Aufmerksamkeit geschenkt, die sie sich von der Reise erhofft hatte. Zweisamkeit für einen Tag war sowieso eine Seltenheit geworden und die Voraussetzung für Nähe, die sie sich wünschte. Sophie und Niklas hatten bestimmt auch Besseres zu tun, als mit ihnen durch Paris zu ziehen.

»Was war gestern eigentlich mit Sophie los? Die war nicht so gut drauf«, sagte Markus, als er mit um die Hüfte gewickeltem Handtuch das Badezimmer verließ. »Wir haben doch alle das Gleiche gegessen. Der Hummer kann's nicht gewesen sein«, überlegte er.

»Sie hat aber die Eier gegessen, weil Opa ihr das angeraten hat.«

»Stimmt. Eklig das Zeug. Ich hab davon probiert. Schmeckt nicht gerade wie Kaviar. Aber ist einem davon den ganzen nächsten Tag schlecht?«

»Sie hat sich mit Niklas gestritten, weil er sich von zwei Amerikanerinnen hat anbaggern lassen. Und die Oberweite im Restaurant, du erinnerst dich, ist ihm auch nicht entgangen.«

Markus lachte, während das Handtuch fiel, er sich eine frische Unterhose aus seinem Koffer schnappte und sie anzog.

»Er ist ein Mann.«

»Verstehe.« Anja ließ es lakonisch klingen.

»Dann müssten die beiden jeden Tag streiten. Was glaubst du, was im Fitnessstudio los ist? Wenn er eine Aerobic-Stunde gibt, ist die Bude voll. Die Mädels stehen halt auf Typen wie ihn.«

»Sophie hat Angst, dass er sie eines Tages abserviert.«

»Glaub ich nicht, aber sie sind noch jung. Da kann alles Mögliche passieren.«

»Sie liebt ihn.«

»Im schlimmsten Fall hat er halt mal einen Seitensprung, aber er würde sie nie im Leben für irgendeine Tussi verlassen.«

»Sophie würde daran zerbrechen. Das wäre was anderes, wenn sie selbst ein Pin-up wäre«, versuchte Anja, ihrem Mann klarzumachen.

»Er wird's ihr nicht auf die Nase binden.«

»Hast du da was mitbekommen, im Studio?«, hakte Anja nach.

»Wir haben keine Überwachungskameras in jeder Ecke installiert, wie du weißt. Nein. Du machst dir vielleicht Gedanken. Ich kenne kaum einen Mann, der nicht irgendwann einen Seitensprung hatte, und die sind alle noch verheiratet«, sprudelte es aus ihm heraus, was bei Anja die Alarmglocken schrillen ließ. Er tat gerade so, als ob es das Selbstverständlichste der Welt sei.

»Du auch schon mal?« Sie konnte gar nicht mehr anders, als ihm nun die Gretchenfrage zu stellen.

Markus zuckte förmlich zusammen, obwohl sie sich bemüht hatte, sie beiläufig klingen zu lassen.

»Mal ehrlich. Hattest du mal was mit einer anderen? Irgendwann?«

»Du hast mich das noch nie gefragt. Was ist los mit dir?«

»Nichts.«

»Und du?« Erst eine Antwort schuldig bleiben und dann den Spieß umdrehen. Ihr verschlug es zunächst die Sprache, aber im Gegensatz zu ihm gedachte sie, seine Frage zu beantworten.

»Ich hatte oft genug die Gelegenheit dazu«, sagte sie, was der Wahrheit entsprach. Meist waren es Mandanten der Kanzlei gewesen, die ihr schöne Augen gemacht hatten. Vor ein paar Jahren, als sie noch besser aussah, häufiger, doch sie hätte damals nicht im Traum daran gedacht, ihren Mann zu betrügen.

»Und? Nicht genutzt?«, fragte er so frech, dass Anja sich darüber aufregte.

»Nein.«

»Na, dann ist ja alles in Butter.« Sein Resümee wirkte ernüchternd. Der Tag fing schon mal gut an.

»Was machen wir? Louvre?«

Anja sah ihn fassungslos an. Der Tag wurde immer besser. Sie hatte ihm am Vortag, als sie daran vorbeigelaufen waren, noch gesagt, dass sie keine Lust dazu hatte, stundenlang anzustehen, um sich dann im Pulk von so vielen Menschen durch das Museum schieben zu lassen.

»Also ich würd mir den Louvre schon gern ansehen.«

»Na, dann geh halt«, schlug Anja lapidar vor.

»Und du?« Die Nachfrage kam etwas unbedacht daher. Er unternahm nicht einmal einen Versuch, sie dazu zu überreden.

»Wellness.«

»Hier im Hotel?«

»Warum nicht? Und vielleicht noch ein bisschen shoppen.«

Markus überlegte nicht lange und nickte. Er schien darüber weder enttäuscht noch erfreut zu sein.

»Ich mach mich jetzt erst einmal fertig«, gab sie ihm dann zu verstehen und stand auf. Das aufreizende Nachthemd, das sie extra für ihre Reise mitgenommen hatte, ignorierte er genau wie am Vorabend.

Markus öffnete das Fenster und blickte hinaus auf die Straße. Wahrscheinlich hatte er gerade wieder eine dieser üppigen Damen im Blick, überlegte Anja und verzog sich ins Badezimmer.

So ganz hatte Hans seine alten Gewohnheiten wohl doch nicht abgelegt. Daheim las er oft bis spätnachts im Bett. Neuerdings mit so einem Reader, der sich an die Lichtverhältnisse im Raum anpasste und es auch ohne Leselampe ermöglichte, ein Buch zu lesen. Vor Anschaffung dieses Teils hatte Hans mit einer viel zu hellen Nachttischleuchte die Nacht zum Tag gemacht. Wie sollte man unter solchen Bedingungen schlafen? Irgendwann doch vom Sandmann geküsst, kam zu ihm nachts dann der Holzfäller mit seiner Säge. Geschnarcht hatte er letzte Nacht nicht, was Ulrike auf jede Menge Bewegung am Vortag zurückführte. Sie rechnete ihm auch hoch an, dass er diesmal nicht im Bett, sondern im Sessel neben der Balkontür gelesen hatte, allerdings auf seinem Tablet. Die Dinger waren trotz Nachtmodus sehr hell. Farbige Lichtpunkte hatten sich während seiner Lektüre im Fenster gespiegelt – mit nahezu hypnotischer Wirkung. Ulrike war mit der Lichtorgel am Fenster dann überraschend schnell eingeschlafen.

Dementsprechend erholt sah sie aus, wie sie im Spiegel des Fahrstuhls feststellte, der sie und Hans hinunter in den Frühstücksraum im Erdgeschoss brachte.

»Was hast du denn gestern noch gelesen? Eine Zeitschrift? Einen Reiseführer über Paris?« Ein Buch konnte es aufgrund der vielen leuchtenden Farben nicht gewesen sein.

»Ich hab mal geschaut, was es hier so gibt. Hat dich das gestört?« Seine Nachfrage wäre ein Kreuz im Kalender wert. Das hatte ihn bisher wenig interessiert. Andererseits hätte sie auch ihren Mund aufmachen, ihm das Buch aus der Hand nehmen oder ihn ins Wohnzimmer auf die Couch verbannen können. Stillschweigend jahrelang akzeptiert. Nichts gesagt, weil sie es irgendwann aufgegeben hatte, ihm irgendetwas zu sagen. Dennoch hatte er sich diesen Reader gekauft. Ulrike fragte sich, warum sie ihm das nicht schon früher hoch angerechnet hatte und ihr die Erkenntnis seiner Rücksichtnahme erst jetzt kam.

»Hab ich heut Nacht geschnarcht?«

Ulrike konnte kaum glauben, dass er das fragte. War das Hans, der neben ihr stand? Hatte Markus heimlich mit ihm gemeinsam eine Bestandsaufnahme gemacht, all seine Fehler notiert und ihm eingetrichtert, wie er sich künftig verhalten sollte? Auf so verrückte Gedanken kam man ja.

»Du siehst gut aus, heut Morgen«, kam dann noch unvermittelt. Am liebsten hätte Ulrike den Nothalteknopf des Fahrstuhls gedrückt. Stecken bleiben, damit dieser Traum kein so schnelles Ende fand.

»Hat Markus dir den Rat gegeben, einer Frau gelegentlich Komplimente zu machen?«, konnte sie sich nicht verkneifen. Allein schon, um nicht auch noch weiche Knie zu bekommen, so wie er sie gerade ansah.

Hans lachte. »Bei dem Muskelkater gibt er mir garantiert keine Ratschläge mehr.«

Ulrike nahm ihm das ab. Sein fast schon eine Spur verliebter Blick ängstigte sie.

»Gestern und heute Morgen nichts von dämlichen Drehbüchern erzählt, dich nicht mit Lesen wach gehalten und noch nicht einmal geschnarcht. Was krieg ich dafür?« Er spitzte theatralisch den Mund. »Einen Gutenmorgenkuss?«, fuhr er fort.

Ulrike war so geschockt, dass sie ihn sich widerstandslos geben ließ, zeitgleich mit dem Bing, als sich die Aufzugstüren auseinanderschoben. Es fehlte nur noch, dass nun jemand von der Familie da unten stand und das mitansah. Sich erst trennen wollen und dann im Lift knutschen. Sie würden sie für verrückt oder bestenfalls hysterisch halten. War sie vielleicht Ersteres? Selbst wenn, der Kuss hatte sich gut angefühlt. Stattdessen tauchte ein Paar in ihrem Alter vor dem Aufzug auf, das den Kuss offenbar mitbekommen hatte.

»L'amour«, schmachtete die Dame. Der Herr an ihrer Seite grinste wohlgefällig.

Hans strahlte. Ulrike hingegen versuchte erst einmal, sich zu sammeln. Sie trottete Hans hinterher. Händchen halten konnte er sich abschminken. Aus dem Alter war sie raus. Hatte er sich etwas eingeschmissen? Unangenehm angenehm – anders konnte sie diese Aufzugsfahrt gar nicht beschreiben. Nach Paris ziehen, damit er jeden Tag so drauf war wie heute Morgen? Das wäre glatt eine Überlegung wert, sagte sie sich, als sie den Frühstücksraum erreichten. War jetzt wieder alles gut? Einmal mit Trennung drohen, und zwar ernsthaft, und es setzten sich graue Zellen in Bewegung? Wenn er nicht mehr schnarchte, sie schlafen ließ und etwas achtsamer wurde, reichte das für die nächsten – nur Gott wusste, wie viele – Jahre? Dann glücklich ab in die Kiste? Ulrike war sich

dessen nicht sicher. Vielleicht schärfte starker Kaffee ihre benebelten Sinne.

»Wir sollten heute mal was allein machen. Ohne die anderen.
Was hältst du davon?«

Ulrike nickte mechanisch. Das war fast schon zu viel des Guten. Hans schlug etwas vor? Er ergriff die Initiative? Träumte sie
das?

»Aber sag mir jetzt nicht, dass du das CNC besuchen willst.«

»Schade … ich hatte mich so darauf gefreut«, erwiderte er augenzwinkernd.

Wie sollten sie das ihrer Familie nur beibringen? Markus hatte
doch sicher bereits den ganzen Tag verplant. Nanu? Anja saß allein am Tisch.

»Morgen.« So richtig fröhlich klang sie nicht gerade.

»Sophie und Niklas sind schon unterwegs. Die wollen sich
heut Disneyland anschauen.«

»Ist wieder alles in Butter zwischen den beiden?«, erkundigte
Ulrike sich.

»Ach. Das sind junge Leute. Streitereien gehören in dem Alter
doch mit dazu«, sagte sie.

»Markus ist noch oben?«, hakte Hans nach.

»Der ist auch schon weg.«

»Auch zu Eurodisney?«

»Er will in den Louvre.«

»Und was machst du? Bleibst du hier?« Ulrike konnte das
kaum glauben.

»Ich werde shoppen und danach vielleicht ein bisschen Wellness«, sagte sie mit brüchiger Stimme.

Unter normalen Umständen hätte Ulrike ihre Tochter sofort
gefragt, ob sie sich ihnen nicht anschließen wollte, doch die Auf-

zugfahrt versprach einen nostalgischen Tag. Ab und an musste man auch mal an sich denken.

»Ich bin schon fertig. Macht es euch was aus?«

Ulrike wurde in dem Moment klar, dass Anja nicht nach Reden zumute war. Sie trug eine Wolke dicker Luft vor sich her wie ein schweres Parfüm. Am liebsten hätte sie ihre Tochter gefragt, ob sie mit Markus gestritten hatte. Sie ließ es sein.

»Und ihr? Was macht ihr heute?«

»Paris genießen. Von seiner besten Seite«, sagte Hans.

Anja sah ihn irritiert an. Das Wort »genießen« war ihr sicher auch fremd, wenn Hans es in den Mund nahm.

»Tja ... dafür sind wir ja hier«, stellte Anja fest und stand auf. »Meldet euch, wenn ihr wieder zurück seid.«

Ulrike und Hans nickten fast synchron. Und weg war sie.

»Wetten, die haben gestritten?«

»Irgendjemand in der Familie muss doch miteinander streiten«, sagte Hans. Er schien seinen Humor wiedergefunden zu haben, oder träumte sie das alles nur? Der Kaffee musste so stark sein, dass ein Teelöffel darin stehen blieb.

Ein Glück, dass viele der Läden entlang der Trampelpfade für Touristen sonntags geöffnet blieben. Shopping in Paris hatte Anja sich aber anders vorgestellt. Vergnügt, beschwingt und so schick wie die hiesigen Frauen von Laden zu Laden zu schlendern. Selbst ihr ursprüngliches Vorhaben, mit der Metro zu den Galeries Lafayette am Boulevard Haussmann unweit der Pariser Oper zu fahren, um dort im ältesten und wahrscheinlich auch heute noch prächtigsten Kaufhaus Frankreichs einzukaufen, hatte sie Überwindung gekostet. Das fühlte sich heute so an wie Frustkäufe bei Amazon, die sie immer dann tätigte, wenn sie das Gefühl hatte, das Leben würde an ihr vorbeiziehen. Meist kaufte sie dann neue

Klamotten, um ihr Selbstwertgefühl zu stärken. Kleider machten Leute. Einmal im Konsumtempel angekommen, ließ sich der Gedanke verdrängen, dass ihr Traum von einem gemeinsamen Tag in Paris an der Seite ihres Mannes geplatzt war. Wie naiv konnte man sein? Mit Markus Hand in Hand durch den Montmartre spazieren oder an der Seine entlang? Ein bisschen den romantischen Hauch inhalieren, den die Stadt zweifelsohne versprühte? Es gab hier noch so viele Ecken, die sie interessierten und die sie noch nicht kannte. Sie mit ihm gemeinsam entdecken? Pustekuchen! Wenigstens lenkte so ein Kaufhaus ab, vor allem das Erdgeschoss mit der wohl genialsten Parfümabteilung der Welt, den vielen edlen Ständen, die sich unter einer riesigen Glaskuppel und umgeben von mehrstöckigen Arkaden auf einer kreisförmigen Fläche tummelten. Parfüm und Jugendstil, mit dem das Kaufhaus protzte, passten hervorragend zusammen. So rechte Lust, sich ein Duftwässerchen zu kaufen, hatte sie allerdings nicht. Eine ganze Armada an laufsteggeeigneten jungen Verkäuferinnen, aber auch betagtere Schönheiten, die vermutlich ihre Model-Karriere schon hinter sich hatten, lauerten förmlich darauf, dass man sich einem Stand auf weniger als einen Meter näherte, um einem das Handgelenk zu besprühen. Anja duftete bereits nach einer Mischung aus Armani, Kenzo, Chanel und Dior. Es hatte keinen Sinn mehr, sich nun Duftstreifen reichen zu lassen. Sie tat es trotzdem, weil Glitzer und Glamour, die schönen Fläschchen und das einzigartige Ambiente ihr die Sinne benebelten. Das ganze Erdgeschoss war von einer einzigen Duftwolke eingehüllt, die einen regelrecht an die Stände fesselte. Make-up war dort Thema Nummer zwei. Nachdem es sich einige Damen in Schminksesseln neben den Ständen bequem gemacht hatten, um die neuesten Produkte an sich zu testen, sich schminken zu lassen oder sündhaft teure Gesichtscremes zu probieren, war Anjas Widerstand, sich ebenfalls in die erfahrenen Hände einer Kosmetikerin zu begeben, schnell gebrochen. Dass sie eine »jolie femme«, also eine schöne Frau war, der die junge Dame am Stand in schickem schwarzen Kostüm und Pagenschnitt nun den Look einer Hollywooddiva verpassen wollte, machte Laune. Warum auch nicht? Anja schminkte sich normalerweise nie, und wenn, dann nur dezent. Ein bisschen Rouge. Der Lippenstift durfte nicht fehlen. Das war's auch schon. Insofern fühlte es sich mehr als nur ungewohnt an, wenn jemand unentwegt an ihrem Gesicht herumfummelte, natürlich nach einer Grundreinigung mit einer speziellen Creme. Dann wurde getupft und gepinselt. Die Wimpern und Augenbrauen durften nicht fehlen. Die junge Dame fuhr das volle Programm auf – verständlich, denn das gesamte Schminkset gab es heute im Angebot für nur zweihundertfünfzig Euro. Das Ergebnis der Schönheitsprozedur versetzte Anja zunächst einen Schock. Das war schon ein irres Gefühl, im Spiegel plötzlich eine Fremde vor sich zu sehen, und was für eine hübsche Fremde noch dazu. Zweihundertfünfzig Euro waren happig. Anja entschied sich angesichts der angespannten Finanzen für einen Teilkauf. Sie würde zu Hause sowieso nicht in der Lage sein, sich das gesamte Paket so geschickt zugutekommen zu lassen. Rouge, Lippenstift und diese hautstraffende Creme. Das waren immer noch hundertsechzig Euro. Egal! Sie sah nun so aus wie eine der betuchten Damen, die mit Freundin hier zum Shoppen waren – jedenfalls von Kopf bis zum Hals. Ihr luftiges Sommerkleid passte nicht so recht zu oben. Das sah jetzt so aus, als würde die Loren in einer Küchenschürze herumlaufen. In der oberen Etage gab es Klamotten. Das war's dann mit weiteren Sehenswürdigkeiten, die sich Anja für den Vormittag vorgenommen hatte. Sündhaft teure Label-Kleidung wartete dort auf sie, und selbst sogenannte »Sales« sprengten ihr Budget. Natürlich würde sie sich niemals ein Kleid für sechstausend Mäuse kaufen, doch es konnte nicht schaden, mal reinzuschlüpfen und sich heimlich in der Umkleidekabine darin zu knipsen. Das bis über die Knie reichende ärmelfreie Abendkleid aus goldfarbenem Stoff, in den in dunkleren Farbtönen glitzernde Elemente eingearbeitet waren, war so schön, dass sie sich tatsächlich wie eine Hollywooddiva fühlte. Sich darin im Spiegel mit ihrem Smartphone zu knipsen, verstand sich von selbst. Sie stellte den Selbstauslöser auf zehn Sekunden und Serienaufnahme, bevor sie es auf das kleine Ablageregal der Umkleidekabine platzierte. Der dunkle Vorhang diente als kontrastreicher Hintergrund. Und schon legte die Kamera ihres Smartphones los. Anja posierte wie die Monroe, mal die Hände keck in die Hüfte, mal leicht in die Knie, Po raus. Haare verwuschelt. Mal mit Kussmund, mal lasziv lächelnd. Jetzt nix wie raus aus dem Teil. Bei solchen Bewegungen geriet man schnell ins Schwitzen. Gar nichts kaufen? Das ging auch nicht. Eines für fünfhundert, auch wenn es nicht von Dior war, gefiel ihr ebenfalls. Knoten-Optik an der Hüfte und Drapierungen verliehen dem roten Kleid einen zeitlosen Look, doch wozu sich ein Abendkleid kaufen? Anja zog es aus und schlüpfte in etwas Tageslichttauglicheres, das die Verkäuferin als A-Linien-Kleid bezeichnet hatte. Zumindest stammte die Idee von Christian Dior, und zwar schon von Mitte der Fünfzigerjahre. Es fiel von der Schulter wie ein aufgefächertes A bis über die Knie und hatte zwei aufgenähte Seitentaschen. Schlicht und elegant. Damit ließen sich auch prima Problemzonen kaschieren. Dreihundertfünfzig. Gekauft! Markus würde sich bei der nächsten Kreditkartenabrechnung vom Gemeinschaftskonto freuen. Apropos: Hatte er sich schon gemeldet? Das Handy sagte Nein. Also war noch genug Zeit, um sich mit dem Kleid in Paris zu zeigen. Natürlich behielt sie es gleich an und ließ sich keine Viertelstunde später von einem jungen japanischen Touristen, der so ausgesehen hatte, als könne er gut fotografieren, vor der Pariser Oper ablichten. Er tat es mit der gleichen Hingabe, mit der er seine Freundin hatte Model spielen lassen. Sich derart gut in Szene gesetzt zu sehen, noch dazu vor dieser traumhaft schönen Kulisse, war, wie auf Wolken zu schweben. »Femme jolie.« Ja, sie war eine schöne Frau. Punkt!

»Wohin gehen wir?« Ulrike fragte Hans das nun schon zum dritten Mal. Zuletzt, als sie nach dem Frühstück wieder zurück auf ihrem Zimmer gewesen waren, um noch mal ins Badezimmer zu gehen und sich die Jacken zu holen. »Überraschung«, hatte es geheißen. Und warum er sie so antrieb, leuchtete Ulrike auch nicht ein. Sie hatten heute doch alle Zeit der Welt.

»Jetzt sag schon, was wir heute machen. Du hast doch irgendwas geplant«, bedrängte Ulrike ihn, als sie den Aufzug verließen und zum Ausgang gingen.

»Etwas, das dir sicher gefallen wird.«

»Seit wann weißt du, was mir gefällt?«

»Du bist jetzt aber nicht auf Streit aus?«, erwiderte er augenzwinkernd.

Ulrike feixte.

»Ich weiß um viele Dinge, die dir gefallen, aber manche lassen sich nur hier verwirklichen.« Sein Lächeln war geheimnisvoll. Ihre innere Anspannung stieg im Sekundentakt.

»Wir fahren zum Blumenmarkt«, kam ihr in den Sinn, aber war der nicht am Seine-Ufer in der Nähe von Notre-Dame? Das wäre dann der gleiche Weg wie zur Île am Vortag, also nichts Neues. Außerdem hatte sie daheim jeden Tag Blumen.

»Nein.«

Hans öffnete ihr galant die Hoteltür.

»Das Rodin-Museum?« Er wusste, dass sie Arbeiten dieses Künstlers liebte.

»Dazu ist das Wetter doch viel zu schön.« Damit hatte er recht, doch nun standen sie wie bestellt und nicht abgeholt vor dem Hotel. Ulrike hatte damit gerechnet, dass sie zur Metro laufen würden. Er hingegen sah sich suchend um. Was um Himmels willen hatte er vor?

»Schlagen wir hier Wurzeln? Leute auf der Straße beobachten?« Sie wusste, dass er das gerne machte.

»Wir werden abgeholt.«

»Von wem denn? Doch nicht etwa irgend so eine Ballonfahrt?« Ulrike erinnere sich an den Prospekt an der Rezeption, der dafür warb. Aber war die nicht an diesem Parc André-Citroën? Da kam man auch mit der Metro hin.

Er schüttelte nur amüsiert den Kopf.

»Warten wir auf eine Limousine?« Das kam Ulrike in den Sinn, weil sie seinerzeit auf Hochzeitsreise mit dem Gedanken gespielt hatten. Allerdings war das zu teuer gewesen, und sie hatten es sein lassen.

»Nicht ganz, aber du kommst der Sache schon näher.«

»Also holt uns jemand ab.«

Er nickte und grinste.

Normalerweise regte Hans sie auf, weil er rumhing wie ein nasser Sack. Freudig erregt an seiner Seite Puls zu bekommen, das hatte sie zuletzt in jungen Jahren neben und mit ihm verspürt.

Nun schien er an der Straßenkreuzung etwas zu erspähen. Ulrike folgte seinem Blick, sah aber nur Autos, die an einer Ampel standen.

»Du machst mich ganz kirre.«

Er lächelte darüber hinweg und sah nach wie vor in diese Richtung. Da war doch nichts.

Die Ampel schaltete auf Grün. Der Verkehr setzte sich in Bewegung, und aus dem grünen kleinen Fleck hinter einem Van, den sie zwar wahrgenommen, aber sich nichts dabei gedacht hatte, wurde eine grüne Ente. So was! So ein Teil hatte sie doch einmal gefahren. Vermutlich sah man diese schnuckeligen Flitzer, eigentlich ja Oldtimer, nur noch in Paris.

»Schau mal. Unsere Ente. Sogar mit Panoramadach«, rief sie begeistert aus.

»Ich weiß«, sagte er ungerührt.

Und warum er es wusste, erschloss sich Ulrike, als der Wagen genau auf sie zufuhr und vor ihrer Nase hielt. Auf der Seitentür stand »City-Tour Jean-Luc«.

»Madame et Monsieur Becher?«, rief der Fahrer mit Barettmütze ihnen durch das geöffnete Beifahrerfenster zu.

»Oui, oui«, bestätigte ihr Mann.

»Das glaub ich jetzt nicht.« Ulrike kriegte sich gar nicht mehr ein.

»Er wird uns für zwei Stunden fahren. Wohin auch immer wir wollen. Ich hab das Angebot gestern Nacht entdeckt und gleich per Mail gebucht«, erklärte Hans ihr. Das erklärte die nächtliche Lichtorgel, die sich in der Scheibe ihres Zimmerfensters gespiegelt hatte.

Der Fahrer, ein Klischeefranzose mit Schnurrbart, den Ulrike auf Mitte dreißig schätzte, stieg aus, ging um die Ente herum und öffnete die hintere Beifahrertür.

»Oder möchte einer von Ihnen lieber vorne sitzen?«, fragte er auf Deutsch mit diesem charmanten französischen Akzent.

»Am liebsten würde ich selbst fahren«, sagte Ulrike mehr zu sich selbst, aber so überzeugend, dass ihr Chauffeur sie etwas irritiert ansah.

»Wir sind jahrelang so einen Wagen gefahren. Meine Frau liebte ihn. Damit waren wir sogar schon in Paris.«

Der Chauffeur nickte anerkennend.

»Und wenn Sie hinten sitzen?« Ulrike meinte das todernst.

»Madame?«

»Na ja. Ich könnte ihn ja fahren.«

Der junge Mann warf einen Hilfe suchenden Blick zu Hans. Er schien ihn regelrecht anzuflehen, seiner Frau diesen irren Gedanken auszureden.

»Also, sie fährt gut.«

»Desolé, aber das verstößt gegen die Vorschriften.«

»Vorschriften. Wir sind doch hier nicht in Deutschland. Fahren nur Sie den Wagen? Nicht auch Ihre Kollegen?«

Er schüttelte den Kopf.

»Na, sehen Sie. Dann ist er sicher so versichert, dass ihn jeder fahren kann.«

»Oui, aber … das geht doch nicht.«

»Es ist unsere zweite Hochzeitsreise.« Hans gab sich ungewohnt kämpferisch, was Ulrike imponierte.

»Aber wenn etwas passiert?«

»Was soll denn passieren? Die Franzosen können alle fahren. Die schauen doch immer in alle Richtungen. Das mach ich übrigens auch«, versuchte Ulrike, ihm klarzumachen.

»Also, steigen Sie jetzt ein? Ich bitte Sie. Das ist ein altes Auto. Das fährt sich nicht so leicht.«

»Junger Mann. Ich bin diesen Wagen schon gefahren, als Sie noch in den Windeln lagen.«

Hans zückte seine Brieftasche und ließ einen Fünfzigeuroschein aufblitzen, den der Fahrer registrierte.

»Gönnen Sie sich was. Gut essen, was trinken. Ein Nickerchen im Park. Und in zwei Stunden sind wir wieder hier.« Ulrike sah Hans fassungslos an. Nicht, weil Bestechen und Schmieren heikel waren, sondern weil er überhaupt auf diese Idee gekommen war.

Der junge Mann schien mit sich zu hadern, nahm den Schein dann aber doch an.

»Er ruckelt etwas im ersten Gang.«

»Das hat schon damals geruckelt«, versicherte Ulrike ihm. Dann reichte er ihr die Autoschlüssel. Schweiß stand auf seiner Stirn.

»Merci. Das ist sehr nett von Ihnen.«

»In zwei Stunden. Um eins«, wies er sie an.

»Geht klar«, versicherte sie ihm und öffnete Hans die Beifahrertür. Dann ging sie um den Wagen herum und stieg auf der anderen Seite ein.

Schon war der Zündschlüssel drin. Ulrike vernahm mit Wonne das altvertraute Röhren und Tuckern, nachdem sie mit durchgetretener Kupplung mal kurz aufs Gas gestiegen war. Und diese gute alte Revolvergangschaltung. Lag doch besser in der Hand als die ihres Audis. Wo war der Rückwärtsgang noch gleich? Ulrike erinnerte sich dann doch. Die Ente hüpfte nach hinten. Kein Wunder, dass nicht nur dem Ex-Fahrer der Schweiß auf die Stirn trat. Hans auch. Im ersten Gang meckerte die Ente beim Rausfahren auch, doch nachdem Ulrike auf der Straße war, fuhr der Wagen wie geschmiert. Paris, wir kommen!

Kapitel 9

Eigentlich hatte Anja sich vorgenommen, noch am Boulevard Haussmann entlangzuschlendern und dann Richtung Seine zu spazieren, sich einfach treiben zu lassen. Das war ihrer Meinung nach der einzig richtige Weg, um den Charme einer Stadt zu erkunden. Die vielen Eindrücke in den Auslagen der Läden, ob Mode, Kunst oder Möbel, belebten die Sinne, versetzten sie regelrecht in Schwingung, insbesondere eine Galerie mit erotischer Kunst, die eher abstrakter Natur war. Eng ineinander verschlungene Körper mit dicken Pinselstrichen schwungvoll auf die Leinwand gebracht. Sie verströmten auf diese Weise ihre Energie. So wie heute hergerichtet, war ein Stadtbummel zudem ein besonderes Vergnügen. Anja konnte sich nämlich nicht erinnern, wann ihr das letzte Mal Männer bewundernde Blicke zugeworfen oder gar auf offener Straße mit ihr geflirtet hatten. Ob der etwa gleichaltrige, grau melierte, aber schnittige Typ im Anzug, der an der Ampel neben ihr stand, oder der etwas jüngere sportlich trainierte Tourist in Jeans und Polo. Beide hatten ihr ein Lächeln geschenkt. Die vielen verstohlenen Blicke, die man als Frau ja mitbekam, konnte sie schon gar nicht mehr zählen. Auf der einen Seite tat das gut. Auf der anderen zogen Anja diese Erfahrungen herunter, denn sie hatte jahrelang Selbstverzicht geübt und sich zur grauen Maus heruntergewirtschaftet. Verpasste Zeit. Das Wetter passte mittlerweile zu den düsteren Gedanken. Sie schienen sich am Himmel mit von Westen aufziehenden grauen Wolken abzubilden. Sicherheitshalber einen Schirm kaufen? Anja entschied sich dagegen, zumal sie gerade auf eine Metrostation zulief. Sie schien eine gewisse Sogwirkung auf sie auszuüben. Man lief der Masse hinterher. So viele unterschiedliche Menschen um sich zu haben lenkte ab und belebte, weil man bei dieser Gelegenheit den schnellen Puls der Stadt spürte. Ein Herr im Anzug blätterte auf der Rolltreppe in einer Zeitschrift. Ein Student las ein Buch über Statik. Ein junges Mädchen starrte mit verliebtem Blick auf das Display ihres Handys, auf dem ein junger bildhübscher Kerl zu sehen war. Diese vielen Eindrücke und der Mief machten allerdings müde. Anja entschloss sich auch deshalb, die Metro zurück zum Hotel zu nehmen, um sich das dortige Wellnessangebot einmal näher anzusehen. Lieber etwas ausruhen, um dann am Abend fit zu sein. Sie nahm an, dass dann alle wieder eintrudelten und sie gemeinsam zum Essen gehen würden. Ihr Entschluss erwies sich als goldrichtig, als sie die Metrostation Monceau verließ und den mittlerweile noch graueren Himmel bemerkte. Wahrscheinlich zog ein Gewitter auf. Also Wellness!

Das Programm reichte von Sauna mit Dampfbad über alle möglichen Massagen. Anja studierte den neben der Rezeption angebrachten Aushang. Ersteres schloss sie aus. Wozu hatte sie sich dann hübsch machen lassen? Nach nur einem Saunagang sähe sie aus wie vorher. Da kam die ganze Schminke schnell runter. Die Gesichtsmassage schloss sie aus dem gleichen Grund aus. Ganzkörper mit ätherischen Ölen? Solange ihr Gesicht dabei nichts abbekam, war das ein verlockender Gedanke. Ob das ging? Auf den Broschüren sah das so aus, als würden die Haare Öl abbekommen.

»Entschuldigen Sie bitte. Ich hätte eine Frage. Die Ganzkörpermassage, geht die auch ohne den Kopf?«, fragte sie die junge Rezeptionistin. Diese schien für einen Moment zu überlegen.

»Das kann ich Ihnen leider nicht sicher sagen, aber warum fragen Sie nicht gleich Jean-Pierre?« Anja folgte ihrem Blick, der dann auf einen Mann Mitte dreißig in weißem Polo und weißer Leinenhose fiel. Das musste der Masseur sein. Und was für ein attraktiver Mann. Schwarzes Haar, feine Gesichtszüge und trainiert. Seine schönen kräftigen und doch gepflegten Hände fielen ihr sofort ins Auge, genau wie bei Mandanten, die sie im Büro aufsuchten. Darauf achtete sie bei Männern als Erstes. Er war aus einem Raum unmittelbar neben dem Empfang gekommen und trug einen Stapel frischer Handtücher, mit dem er zum Aufzug ging.

»Jean-Pierre.« Er drehte sich gleich um. Sein Blick verfing sich in ihrem. Bildete sie sich das ein, oder las sie darin mehr als nur Neugier?

Er ignorierte die inzwischen offene Aufzugtür und kam zur Rezeption. Wenn Anja die Rezeptionistin richtig verstand, fragte sie ihn gerade, ob »Ganzkörper« auch ohne »Gesicht« gehen würde. Er lächelte daraufhin und musterte Anja.

»English? Deutsch?«

»Deutsch«, sagte Anja.

»Verstehe. Sie haben sich so hübsch gemacht.« Seine Stimme, tief und doch wie aus Seide. In seinen dunklen Augen konnte man sich verlieren. Ein Südländer. Sein Akzent im Deutschen war nicht vom Pariser Singsang gefärbt.

»Wann haben Sie Zeit?«, wollte er wissen. Es klang wie die Frage nach einem Date.

»Den ganzen restlichen Nachmittag«, sagte Anja.

»Jetzt gleich?«

Anja nickte und spürte zugleich Hitze in sich aufsteigen. Der Gedanke, dass seine Hände auf ihrem Körper spazieren gehen würden, erregte sie. Besser gleich, denn wenn Markus zurückkam, müsste sie sich erklären und könnte sich zugegebenermaßen nicht so tief fallen lassen.

»Sie wissen, wo es ist?«

»Irgendwo im Untergeschoss?« Anja glaubte, das auf einem Flyer in der Aufzugkabine gelesen zu haben.

»Kommen Sie mit. Ich zeig Ihnen die Umkleidekabinen und wo die frischen Handtücher und Bademäntel sind.«

Anja nickte nur noch mechanisch. Das Wort »Umkleidekabine« klang nach nackig machen.

Er ging vor, und Anja folgte ihm wie an der Leine zum Aufzug, dessen Türen nach Knopfdruck wieder aufgingen.

»Nach Ihnen«, bot er ihr an.

»Woher können Sie so gut Deutsch?«, wollte Anja wissen.

»Ich habe bis vor zwei Jahren am Tegernsee in einer Klinik gearbeitet.«

»Hat es Ihnen dort nicht mehr gefallen?«

»Zwei Jahre sind genug. Ich brauche Abwechslung in meinem Leben, und in Paris gefällt es mir. Ihnen auch?«

Anja nickte. Sie vermied es, ihn direkt anzusehen. Auf die kurze Distanz im Fahrstuhl würde er sie mit nur einem Blick nervös machen. Trotzdem schade, dass die Aufzugfahrt schon vorbei war. Unten angekommen, schlug ihr bereits der Duft von ätherischen Ölen entgegen.

»Was ist das? Ich rieche Lavendel und etwas Holziges.«

»Sandelholz und Patschuli. Entspannend und anregend zugleich. Stärkt die Konstitution und die Libido.«

Anja schluckte. Das auch noch. Wahrscheinlich fiel sie nach einer Massage wie ein Tier über ihn her. Allein die Vorstellung erregte sie noch mehr.

»Möchten Sie etwas anderes?«

»Ach, das riecht doch gut. Machen Sie sich nur keine Umstände.«

Er öffnete ihr die Tür zu einem Raum mit Spinden und einem Schränkchen, auf dem Badetücher lagen.

»Die Bademäntel hängen neben den Spinden. In zehn Minuten? Ist Ihnen das recht?«, fragte er.

Und wie ihr das recht war.

»Ich richte schon mal alles her«, kündigte er an. Er lächelte dabei sanft und sah ihr direkt in die Augen. Einen Tick zu lange und doch nicht lange genug.

Wenn es um Fun ging, war Niklas dabei. Disneyland war Fun. Es war seine Idee gewesen, dort hinzufahren, die er Sophie bereits am Vorabend unterbreitet hatte. Vordergründig, weil er glaubte, dass ihre Großeltern auch einmal allein sein wollten, und es anstrengend war, als Gruppe durch Paris zu laufen. Sophie spürte, dass er sich auch nicht so recht als Teil der Familie sah. Die Begründung, dass er mit ihr allein sein wollte, wäre Sophie lieber gewesen. Vermutlich kam Disneyland aber auch ins Spiel, um sich abzulenken. Es war nicht das erste Mal gewesen, dass sie beide erschöpft vom Tag ins Bett gefallen waren, um gleich darauf einzuschlafen – obwohl Niklas' Libido schier unersättlich zu sein schien. Die Nachwehen der Verstimmung hatten allerdings dafür gesorgt, dass er sie letzte Nacht mit einem Gutenachtkuss abgespeist hatte. Dies in Kombi mit seinem Vorschlag, sich ins Getümmel zu stürzen, und mit der Vorankündigung, dass er sich nachmittags gleich mit seinem Surfkumpel treffen könnte, weil der nicht weit von Eurodisney entfernt wohnen würde, hatte zusammengenommen einen unguten Beigeschmack.

Während der gut einstündigen Fahrt mit dem RER Linie A vom Zentrum bis zur Endhaltestelle Marne-la-Vallée/Parcs Disneyland hatte er entweder an der Scheibe geklebt oder am Bildschirm seines Smartphones, um sich zu informieren, welche Attraktionen Disneyland zu bieten hatte. WhatsApp-Nachrichten mit seinem Kumpel waren noch dazugekommen. Nervig! Machte er jetzt einen auf »eingeschnappt«? Immerhin steckte er das Smartphone weg, nachdem sie angekommen waren. Rein ins Vergnügen, mit gefühlt einer Hundertschaft, die wie sie Kurs auf den Vergnügungspark nahm. Da war man in einem Vorort von Paris und gefühlt doch in Amerika. Disneyland war komplett frei von jeglichem französischen Flair – sah man von Hinweisschildern in der Landessprache ab. Und rappelvoll. Niklas war in Bestlaune. Sophie anfangs auch. Niemand konnte sich hier diesem Glückstaumel entziehen. Wieder mal Kind sein, Zuckerwatte in sich hineinstopfen, einem banalen Hotdog frönen, sich mit Figuren aus dem Disney-Universum knipsen lassen und selbstredend keine Attraktion auslassen. Niklas war eher scharf auf die »Rides«, alles, was sich schnell bewegte oder den Adrenalinspiegel in die Höhe trieb. Dass sie ein Angsthase sei, ließ Sophie sich natürlich nicht sagen. Also rein in dieses Geisterhaus, bei dem plötzlich der Boden unter den Füßen wegzukippen schien, sich die Wände bewegten und man letztendlich in einem kleinen Fahrzeug saß, das schnurstracks auf einen Abgrund zusteuerte. Gut, dass sie den Hotdog bereits vor einer halben Stunde gegessen hatte. Der wäre nämlich jetzt wieder draußen.

»War doch voll geil«, schwärmte Niklas.

Sophie wischte sich erst einmal ihre Handflächen trocken. Ihr war flau im Magen, die Beine fühlten sich etwas wacklig an.

»Ich könnte das glatt noch einmal ...«, fing er an, bemerkte dann aber wohl, dass ihre Gesichtsfarbe einige Nuancen heller war als noch vor dem »Ride«. »Hast du hier irgendwo Klos gesehen?« Bei Niklas schlug sich so ein Adrenalinstoß anscheinend auf die Blase.

»Hier gibt's doch überall welche. Zumindest waren vorhin an der Weggabelung Schilder.« Sophie überlegte schon, ihn zu begleiten. Eine Runde Kotzen, doch das kleine Holzhäuschen, das ihr ins Auge fiel, lockte mit Softdrinks und Salzbrezeln. Das hatte ihre Mutter ihr immer gegeben, wenn ihr schlecht gewesen war.

»Ich brauch was zu trinken und warte dann dort auf dich«, gab sie ihm zu verstehen.

Niklas nickte nur. Viel Zeit hatte er wohl nicht mehr. Dementsprechend schnell machte er sich vom Acker.

Sophie begab sich zu dem Stand. Hier gab es ausnahmsweise keine Schlangen vor der Kasse. Vermutlich, weil das Teil nur ein einfaches Restaurant war, kein Motto irgendeines Disneyfilms aufgriff und keine verkleidete Figur in Sicht war. Ideal für eine kleine Verschnaufpause. Zehn Euro für so eine Salzbrezel mit einer Cola waren happig. Egal, das musste jetzt rein in den Magen. Die Brezel war allerdings nicht so, wie Sophie sie von daheim gewohnt war. Da war kein Salz drauf, sondern Zucker. Was soll's. Hauptsache, der pappige Teig saugte auf, was in ihrem Magen herumschwappte. Mit ein paar Schluck Cola ging's sowieso runter.

»They are disgusting«, kam unvermittelt von einem dem Outfit nach zu urteilen amerikanischen Touristen, der zu Disney passte wie die Faust aufs Auge. Obwohl bestimmt schon Mitte zwanzig, trug er ein albernes Donald-Duck-T-Shirt. Seine weißen Tennissocken und die dazu passenden Markensportschuhe gaben ihn als Ami aus. Dennoch ein hübscher Kerl, und sein Lächeln war einnehmend. Er saß am Tisch neben ihr.

»Allerdings«, erwiderte sie auf Englisch. Sophie trank gleich noch einen kräftigen Schluck Cola.

Merkwürdigerweise ließ er sie nicht aus den Augen.

»Hat dir schon mal jemand gesagt, dass du aussiehst wie Nicole Kidman?«

Sophie musste unwillkürlich lachen. Er war nicht der Erste.

»Was noch außer den Naturlocken und der kleinen Nase?«, fragte sie.

»Deine wachen Augen, Sommersprossen und ein süßes Lächeln.«

Wow! Der ging aber ganz schön ran. Sophies Lächeln wurde gleich noch einen Tick süßer. Wie sollte man sonst darauf reagieren?

»Ich heiße Dan, und du?«

»Sophie.«

»Wow. Ein schöner Name.«

»Bist du Französin?«

»Nein, ich komme aus Deutschland. Aus Offenburg. Ich mach hier nur ein paar Tage Urlaub.«

»Offenburg? Wo liegt das?«

»An der französischen Grenze.«

»Ich kenne nur Berlin. Da ist viel los. Ich habe Semesterferien und schau mir Europa an.«

»Und du? Woher bist du?«, wollte Sophie wissen.

»Austin, Texas.«

»Studierst du dort?« Sophie wusste, dass es dort eine Universität mit gutem Ruf gab. Eine ihrer Kommilitoninnen hatte ein Auslandssemester in Austin eingelegt. »Und was?« Der Typ war schlecht einzuschätzen, daher die Nachfrage.

»Management Information Systems. Künstliche Intelligenz. Das ist total spannend. Wir arbeiten daran, hochmodernen Quantencomputern ein Bewusstsein zu ermöglichen.«

»Im Film *Terminator* ging das ja schief.«

»Die Computer sollen Empathie entwickeln, wenn sie Entscheidungen treffen, den Faktor mit einbeziehen.«

»Das können nur Menschen. Und glaub mir, das menschliche Bewusstsein ist äußerst komplex. Ich verbringe schon Jahre damit, es zu erforschen und die menschlichen Verhaltensweisen, gerade in der Motivationstheorie.«

Dan nickte schwer beeindruckt.

»Studierst du Psychologie?«

Sophie nickte.

»Wow.«

In dem Moment entdeckte Sophie in der Spiegelung auf der ihr gegenüberliegenden Fensterscheibe, dass Niklas wieder im Anmarsch war. Warte nur, Bürschchen, dachte sie sich, schlug die Beine übereinander, was ihr Kleid erwartungsgemäß etwas nach oben zog, und wandte sich vollends ihrem neuen Schwarm zu.

»Eigentlich sollten Computerleute wie du und Leute wie ich eng zusammenarbeiten«, sinnierte sie.

»Da hast du recht. Wie lang bleibst du noch? Hast du danach schon was vor? Ich würde mich gerne mit dir noch darüber unterhalten.« Sophie nahm ihm das ab, jedoch signalisierte sein flackernder Blick auf ihre makellosen Modelbeine, dass er sich nicht nur darüber unterhalten wollte. Umso besser, denn Niklas war angekommen.

»Na, das Klo gefunden?«

Niklas antwortete nicht, sondern versuchte offenbar, erst einmal zu erfassen, was hier los war. Dan wirkte so verdattert, dass man den Eindruck gewinnen konnte, der Ehemann hätte den Lover gerade auf frischer Tat ertappt.

»Niklas. Das ist Dan. Stell dir vor. Er studiert in Texas und arbeitet an der Erforschung von künstlicher Intelligenz«, schwärmte sie.

»Aha.« Es arbeitete in ihm, denn der Typ sah nicht nur mindestens so gut aus wie er, sondern hatte auch intellektuell mehr zu bieten, als es aufgrund seines Outfits den Anschein hatte.

»Er findet, dass Psychologie und Computerwissenschaft eng zusammenarbeiten müssten.« Sie übersetzte es in einwandfreies Englisch, damit Dan wusste, worum es ging.

Er nickte daraufhin eifrig.

»Aha.«

Sophie kicherte innerlich. Von wegen nicht eifersüchtig.

»Ich würde mich gerne noch mit Sophie unterhalten«, sagte Dan in seiner Muttersprache. Das verstand Niklas.

»Tu dir keinen Zwang an. Lange wird das Wetter sowieso nicht mehr halten.«

»Wir müssen los, Dan«, sagte sie dem Amerikaner dann, um den Bogen nicht zu überspannen.

Der Arme wirkte sichtlich enttäuscht.

Niklas schien das nicht zu überraschen.

»Wir haben nur noch eine Stunde. Du wolltest doch zu deinem Freund.«

Niklas nickte, sein Blick nachdenklich auf den Amerikaner gerichtet.

Sophie stand auf und reichte Dan die Hand.

»Good luck with your studies«, wünschte sie ihm.

Niklas wirkte wie auf Kohlen. Sie schnappte sich seine Hand und verließ das Restaurant.

»Wollen wir noch ins Discoveryland?«, fragte sie, nachdem sie ein paar Schritte schweigend nebeneinander hergegangen waren.

»Meinetwegen.«

»Schlecht gelaunt?«

»Ich?«

Sophie feixte, was ihr einen vorwurfsvollen Blick einbrachte.

»Von wegen nicht eifersüchtig!« Das musste sie ihm einfach reindrücken.

»Hast du ihm deshalb so schöne Augen gemacht?«

»Er hat mich angesprochen. Ich wollte dich halt ein bisschen aufziehen.«

Niklas verdrehte die Augen.

»Hat doch gewirkt.«

»Ich fahr besser gleich. Einfach mal raus aus dem emotionalen Stress.«

»Ich mach dir Stress?«

»Ja. Manchmal schon.«

Niklas' Blick verfing sich über den Baumkronen.

»Wir sollten beide den nächsten RER nehmen. Da oben braut sich was zusammen.«

»Ich bleib noch für 'ne Stunde«, entschied Sophie.

»Um mit dem Typen zu quatschen?«

»Jetzt machst du mir Stress.«

»Oh Mann. Ich geh jetzt. Mach, was du willst. Wir sehen uns später im Hotel«, sagte er. Seine Hand löste sich von ihrer. Kein Abschiedskuss. Er ging einfach in Richtung Ausgang.

Sophie sah ihm eine Zeit lang hinterher. War sie zu weit gegangen? Mit diesem Gedanken setzte die vorhin im Gespräch mit dem Amerikaner erfolgreich verdrängte Übelkeit wieder ein, nun auch noch begleitet von einem nervösen Magen, der förmlich danach schrie, sich der Zuckerbrezeln so schnell wie möglich zu entledigen. Kleine Sünden bestrafte der liebe Gott anscheinend sofort, denn Sophie war sich nicht sicher, ob sie es noch rechtzeitig aufs Klo schaffen würde, um ihren Magen zu entleeren.

Sich zu fühlen wie vor knapp einem halben Jahrhundert war unbezahlbar und dennoch für hundertsechzig Euro zu haben – inklusive Fahrer, doch der hatte für seine Abwesenheit einen Fuffi mehr gekostet. Sei's drum. Was für ein Spaß, in diesem Kultmobil mit offenem Dach durch Paris zu düsen – wobei »düsen« angesichts der neuen Dreißiger-Zonen relativ war. Wenn alle langsam fuhren, dann hetzte einen wenigstens niemand, außerdem musste man in einer Ente gar nicht schnell fahren, um das Gefühl zu haben, flott unterwegs zu sein. In diesem Gefährt spürte man noch die Geschwindigkeit und fühlte sich als Teil der Straße. Das lag am Motorröhren wie bei einem Rennwagen, dem Geklapper an allen Ecken und Enden, aber auch daran, dass die Ente keinen Schall von außen abhielt – mit geöffnetem Verdeck sowieso nicht. Nur eines konnte sie auf ihre alten Tage immer noch. Sie bettete einen wie auf Daunen. Nichts kam an eine Federung dieses 2CV heran. Einmal von links nach rechts schunkelnd durch die Stadt – Ulrikes geplante Fahrtroute.

»Du meinst von West nach Ost.« Das war aber auch schon der einzige Anflug von lehrmeisterhafter Besserwisserei aus Hans' Munde gewesen. Kein Stau. Schön beim Umkreisen des Arc de Triomphe in die Kurve gelegt – eine Ente packte das –, weiter bis zum Bois de Boulogne, ein bisschen Grün um die Nase wehen lassen, und dann wieder retour. Solche traumhaft schönen Strecken musste man einfach zweimal fahren. Auf dem Rückweg sah sowieso alles anders aus, was aber nicht nur an der Wahrnehmung lag, wenn man am Steuer saß, sondern heute leider auch am Wetter. Noch bevor sie den Triumphbogen diesmal von Westen kommend erreicht hatten, waren bedrohlich dunkle Wolken am Himmel aufgezogen. Erste Regentropfen fielen an den Champs-Élysées. Dort konnte man gut rechts ranfahren, um das Verdeck zuzumachen. Es drohte nämlich Unheil. Blitz und vollmundiger Donner kündigten es an. Schon fielen die ersten richtig fetten Tropfen vom Himmel.

»Weißt du noch, wie das geht?« Hans stand etwas ratlos vor dem Gefährt.

»Du musst die beiden Laschen einhängen, die seitlich über der B-Säule sind«, wies sie ihn an.

»Also bei unserem haben wir das Verdeck doch immer nur darauf geschoben.«

»Da ist doch eine Lasche am Heckscheibenrahmen. Die musst du in die Öffnung der Querstrebe stecken.« Ulrike erinnerte sich noch genau daran, aber anscheinend war das Stoffdach schon ordentlich verzogen. Mit vereinten Kräften gelang es dann doch. Der Trick bestand darin, es erst einmal hinten zu lösen, dann noch einmal einzuhängen und von hinten nach vorn festzumachen. Nass waren sie nun trotzdem. Egal, das gehörte nun einmal bei einem Fahrzeug mit offenem Verdeck dazu. Dass das Vehikel nicht mehr so ganz dicht war und die Scheiben im Nu beschlugen, ebenfalls.

»Da haben wir die Zeit doch gut ausgenutzt«, meinte Hans, der bereits die Stimme erhob, um sich gegen den mittlerweile auf die Scheiben prasselnden Regen Gehör zu verschaffen.

»Wir müssen in einer Viertelstunde zurück sein«, sorgte Ulrike sich, denn vor ihr staute sich der Verkehr.

»Schalt doch mal den Scheibenwischer auf schneller. Du siehst ja gar nichts mehr.«

»Geht nicht schneller. Das weißt du doch. Außerdem haben die vor uns doch alle das Rücklicht an. Die seh ich noch.«

»Wir sollten von hier runter und eine Abkürzung fahren«, schlug Hans vor.

»Meinst du, da ist weniger Verkehr?«

»Der Weg ist kürzer.«

Ulrike vertraute seiner Einschätzung und setzte schon mal den Blinker in der Hoffnung, dass sie jemand auf die linke Spur ließ. Im Rück- und Seitenspiegel ließ sich das nicht mehr erkennen. Dazu regnete es zu stark, und die Seitenscheibe bekam sie nur noch mit ihrem Ärmel so frei, dass sie zumindest die Schemen anderer Fahrzeuge erkannte.

»Da vorn geht's links rein«, wies Hans sie an, der seinerseits mit seinen Hemdsärmeln versuchte, die Frontscheibe vom Beschlag zu befreien. Das Gebläse hauchte gerade mal zehn Zentimeter frei. Ulrike duckte sich schon unentwegt, um zumindest beim Fahrspurwechsel ein klein wenig mehr als Schemen zu sehen und nicht auf der Gegenfahrbahn zu landen. Die rote Ampel sah sie nun auch. Vor dem Linksabbiegen, um die Champs-Élysées zu verlassen und in nördlicher Richtung zum Parc Monceau zu fahren, graute ihr. Der Strom der entgegenkommenden Fahrzeuge wollte nicht abreißen. Der vor ihr stehende Lieferwagen bewegte sich auch nicht. Noch war die Ampel nicht auf Grün umgesprungen. Ulrike merkte, wie es ihr den Schweiß aus den Poren trieb. Die Scheiben beschlugen gleich noch mehr.

Das Fahrzeug vor ihr setzte sich endlich in Bewegung. Die Ampel war bereits rot, als sie ihm nachfuhr. Das darauf folgende Hupkonzert von allen Seiten kostete sie den letzten Nerv. Hauptsache, abgebogen und auf dieser Straße, die zum Parc führte – und das auch noch staufrei.

»War die richtige Entscheidung«, frohlockte Hans, und wie durch ein Wunder wurden die Regentropfen kleiner. Das Dauerfeuer von oben ließ plötzlich nach. Ulrike wagte es, die Fensterscheibe herunterzukurbeln. Dann waren die Scheiben bestimmt im Nu wieder frei. Die Kurbel klemmte. So gesehen waren die elektrisch bedienbaren Scheiben ihres Audi besser.

»Pass auf«, kreischte Hans hysterisch.

Zu spät. Obwohl Ulrike reaktionsschnell in die Eisen stieg,

küsste die Ente einen vor ihr abrupt zum Stehen gekommenen Fiat.

»Was muss der auch so plötzlich bremsen?«, beschwerte Ulrike sich beim Schicksal. Weil die Scheibe nun freie Flecken hatte, sah sie, warum. Ein älterer Herr mit Riesenschirm in der Hand überquerte die Fahrbahn. Jemand mit so einem starren Blick schaute bestimmt weder nach links noch nach rechts.

»Bordel de merde!«, blökte jemand draußen. Wer das war, konnte Ulrike sich denken.

Hans stieg schon mal aus. Ulrike holte erst einmal tief Luft. Dann stieg sie ebenfalls aus und sah den Fahrer des Wagens, dem sie draufgefahren war. Der etwa Siebzigjährige wetterte und fluchte. Die meisten Ausdrücke hörte sie zum ersten Mal. Dann besah er sich den Schaden seiner Rostlaube. Mein Gott, ohne Lesebrille sah man den doch gar nicht. Ein Kratzerchen, weiter nichts. Er zog seine typisch französische Mütze vom Haupt und raufte sich theatralisch die wenigen Haare, die er noch auf dem Kopf hatte. Dann ging er sie erneut an. Hans stellte sich ihm heldenhaft in den Weg. Es wurde Zeit, die Französischkenntnisse auszupacken. Leistungskurs Französisch und nicht eingeschlafen, weil sie oft genug französische Kundschaft im Blumenladen hatte.

»Monsieur. Es ist doch gar nicht viel passiert.«

Das brachte den Kerl noch mehr in Rage.

Ulrike besah sich die Stoßstange der Ente. Brav! Kein so ein Plastikscheiß. Nichts zu sehen. Sie konnten das kleine Malheur auch verschweigen.

»Nichts passiert?«, echauffierte der Alte sich. »Ich werde die Polizei rufen«, drohte er.

Hinter ihnen begann ein Hupkonzert. Ulrike war bereits gut durchnässt. Es regnete noch immer.

»Wir regeln das so. Ich bezahle den Schaden. So eine Stoßstange. Was wird die kosten?«, überlegte Hans laut. »Vielleicht einhundert Euro?«, fügte er auf Französisch mit hinzu. Auch er war der Sprache mächtig. Ein Jahr Literaturstudium an der Sorbonne machte sich in solchen Situationen bezahlt. Wenn man die Landessprache beherrschte, zeigten Franzosen sich oft umgänglicher.

»Sind Sie verrückt? Für hundert Euro krieg ich nicht mal einen Satz gebrauchter Reifen«, wetterte sein Gegenüber.

Ulrike überdachte ihre Theorie in Sachen Sprachkenntnisse. Umgänglich war der nicht. Wie ein bissiger Kläffer. Einen Kopf kleiner als Hans war er ja.

Hans fiel noch ein weiterer Kratzer am Kotflügel des gegnerischen Fahrzeugs auf. Er deutete demonstrativ darauf. Hoffentlich sah er die Delle. Der Kratzer hinten konnte den Fiat nicht mehr entstellen.

»Fahren Sie zur Seite«, bellte eine Geschäftsfrau aus dem Wagen hinter ihnen. Sie verlieh ihrer Forderung mit der Hupe Nachdruck.

»Der Wagen hat doch sowieso schon einiges abgekriegt«, hielt Hans ihm vor.

»Aber nicht von Ihnen«, kam trotzig zurück.

»Gib ihm in Gottes Namen hundertfünfzig«, schlug Ulrike ihrem Mann vor.

»Drei.« Anscheinend verstand der Alte auch Deutsch.

»Dafür kriegen Sie eine neue. Haben Sie schon einmal daran gedacht, dass eine neue farblich dann überhaupt nicht zum Wagen passt? Jede deutsche Lackiererei würde so etwas in zehn Minuten erledigt haben. Mal drüberpinseln und polieren. Das fällt doch dann gar nicht mehr auf.«

»Wir sind aber nicht in Deutschland«, wandte der Unfallgegner ein.

Das Hupkonzert wurde lauter, der Stau hinter ihnen länger.

»Was kann ich dafür, dass Frankreich so teuer ist? Die Grande Nation wird doch wohl eine Werkstatt haben, die das hinkriegt.« Hans wurde pampig.

Von dem, was der Alte dann keifte, verstand sie nur »Boche«.

Hans offenbar auch.

»Hab ich das richtig gehört? Boche? Was sind Sie dann, ein Wackes?« Sie tauschten die historisch gewachsenen herablassenden Bezeichnungen für die Einwohner der jeweils anderen Nation. Dann fiel Hans' Blick auf einen blauen Aufkleber mit vielen gelben Sternchen am Fenster des Fiat. Das war die Europaflagge.

»Boche? Aus Ihrem Mund. Ein Deutschenhasser, aber die Europaflagge auf dem Wagen kleben haben. Das ist doch typisch. Ihr Franzosen wollt uns ausbluten lassen. Schuldenunion. Klar. Wir schuften, und ihr haut das Geld raus, und dann noch Touristen beleidigen. Glaubt wohl, ihr seid was Besseres. Baguette und Käse. Recht viel mehr gibt's doch nicht im Supermarkt, und das Baguette, auf das ihr so stolz seid, ist noch nicht einmal eine französische Erfindung«, redete Hans sich in Rage.

Die Frau aus dem Wagen hinter ihnen stand mittlerweile neben ihnen und hörte sich das Spektakel genau wie die kleine Menschentraube an, die sich um sie herum versammelt hatte.

»Was erzählen Sie für einen Unsinn? Das Baguette ist urfranzösisch«, mischte sie sich ein.

»Sie hat recht. Was die Deutschen für einen Unsinn reden«, sagte ein junger Kerl, der sich auch zu den Streithähnen gesellt hatte.

»Das Baguette ist von einem Österreicher. Einem Wiener, um genau zu sein«, stellte Hans klar.

Die Frau fing an, hysterisch zu lachen.

»Der Mann ist wahnsinnig«, blaffte der Alte.

»Was wollen wir wetten?«

»Niemals. Das Baguette gehört uns. Das nehmt ihr Deutschen uns nicht auch noch weg.«

»Wenn ich recht habe, nehmen Sie die hundert und fahren endlich weiter. Wenn nicht, dann kriegen Sie fünfhundert«, bot Hans ihm an.

»Hans. Fünfhundert?«

Der Alte schlug mit triumphierendem Lächeln ein.

»Wer hat ein Handy dabei? Google?«, fragte Hans in die Runde.

Der junge Mann friemelte seines aus der Hosentasche und tippte darauf etwas ein. Sein Gesicht fror ein.

»1830 in Paris erfunden. Von einem Wiener Bäcker.«

Hans kostete seinen Triumph aus.

»Und Ihre Mütze. Glauben Sie ja nicht, dass die französisch ist. Die kommt aus Béarn. Heute Südfrankreich, gehörte aber mal zum Königreich Navarra. Ist also spanisch. Deshalb nennen wir Deutsche sie auch Baskenmütze.«

Ulrike schwitzte Blut und Wasser. Hans im Dozentenmodus. Den Hunderter zog er gerade aus seinem Geldbeutel. Dann reichte er ihn dem Alten, der ihn mit sichtlichem Verdruss entgegennahm.

»Franzosenhasser, aber einen 2CV fahren«, wetterte die Frau und trollte sich dann zu ihrem Wagen.

Der Alte stieg ein.

Ulrike auch. Immerhin hatte es aufgehört zu regnen. Hans mal so in Fahrt zu erleben war eine Seltenheit.

»Genau so solltest du in diesen Redaktionsstuben auftreten«, riet sie ihm. Zog ja sonst immer den Schwanz ein.

Hans fasste es wohl als Kompliment auf. Er lächelte zufrieden, als Ulrike den Motor der Ente anließ und sie endlich weiterfahren konnten.

Der Gedanke, sich vor diesem Mann nackig zu machen, damit er seines Amtes walten konnte, war Anja einerseits unangenehm, andererseits lechzte jede Hautzelle nach der Berührung dieser Hände. Ganzkörpermassage hieß ja nicht nur, die Füße durchzukneten. Das kannte sie vom Strandurlaub in Thailand, doch dort hatte sie einen Bikini getragen. Im BH antanzen? Anja überlegte ernsthaft, ihn anzubehalten, entschied sich erst dagegen, dann doch wieder dafür, weil sie sich einredete, dass zu nackte Tatsachen eine unausgesprochene Aufforderung zu einem Hauch Erotik sein könnten. Den Schlüpfer ließ sie sowieso an. Alles andere wäre ein »Nimm mich!«. Anja schlüpfte in einen der flauschigen Bademäntel, in die bereitstehenden Frotteeschuhe und schlurfte damit in das Nebenzimmer, aus dem ihr dieser betörende Duft von Patschuli und Sandelholz entgegenschlug. Jean-Pierre entzündete gerade eine weitere Kerze im Halbdunkel und schenkte ihr ein entspanntes Lächeln, als sie eintrat.

»Machen Sie es sich auf der Liege bequem«, sagte er.

»Auf den Bauch oder auf den Rücken?«

»Erst einmal auf dem Bauch.«

Anja robbte in Position. Den Kopf vergrub sie in der dafür vorgesehenen Mulde.

»Warten Sie. Ich leg Ihnen ein weiches Tuch unter. Dann ist es bequemer.«

Allein schon die Art und Weise, wie er ihren Kopf anhob, so sanft und achtsam, ließ ihr einen Schauer über den Rücken fahren. Anja kam sich vor wie eine gestrandete Robbe. Der Büstenhalter zwickte. Entspann dich, sagte sie sich und schloss die Augen. In dem Moment vernahm sie das Geräusch von zwei Hand-flächen, die aneinanderrieben. Das Aroma der Duftöle zog ihr in die Nase, und dann spürte sie seine angenehm warmen Hände auf dem Rücken. Sie ruhten zwischen ihren Schulterblättern und ver-harrten dort für eine Weile. Anja stöhnte wohlig auf. Wie gut das tat. Sie hatte das Gefühl, dass die Wärme an dieser Stelle sich auf ihren ganzen Körper ausbreitete und sie so schwer werden ließ, dass sie noch tiefer in der Liege versank.

»Ist das angenehm für Sie?«, schnurrte er.

Anja gab einen zustimmenden Brummton von sich. Das Opening hätte besser nicht sein können, und es wurde noch bes-ser, als seine Hände langsam an ihrem Rücken entlangfuhren.

»Darf ich?« Anja zuckte bei der Frage, als seine Finger an ihrem BH hängen blieben, nicht zusammen. Runter damit! Erneut brummelte sie.

Der Mann wusste, wie man mit den Verschlüssen von Büs-tenhaltern umging. Markus bekam die Dinger nicht so leicht auf. Und dann fiel ihr noch ein, dass sie ihn sich nicht nur einmal selbst über den Kopf gezogen hatte. Was blieb einem anderes üb-rig, wenn es schnell gehen musste – früher einmal. Dabei war das Ablegen doch ein Teil des Vorspiels, des Sich-Entblößens, des Sich-Schenkens. Und wie sich Jean-Pierre dafür Zeit nahm. Er schälte sie aus dem Stoff. Freie Bahn für seine Hände, die sich nun ungehindert bis zu ihrer Hüfte vorarbeiten konnten, jedoch nicht, ohne fast beiläufig ihre Brüste zu berühren. Das fühlte sich so an, als hätte jemand an der Stelle eine Zwölf-Volt-Batterie angeschlos-sen. Ein sanfter Strom ergriff ihren Körper und krabbelte an der Wirbelsäule entlang. Neuland für Anja. Da war ein Profi am Werk. Die nächste Barriere stellte sich ihm entgegen. Das war ein Hand-tuch, das über ihrem Allerwertesten lag. Anja stellte sich vor, wie es sich wohl anfühlen würde, wenn er ihre Pobacken berührte.

Er tat es natürlich nicht, um ihren Schlüpfer nicht mit Öl zu be-
schmieren. Hättest du das Ding doch bloß ausgezogen. Der war
lange genug in Deutschland und wusste bestimmt, dass die Deutschen nicht so genant waren. FKK und gemischte Sauna waren
daheim normal. Schade, doch als er sich ihren Beinen widmete,
sie dazu etwas auseinanderschob, fing das wahre Kopfkino erst
an. Kräftige Streicheleinheiten bis zu den Füßen, denen er besondere Aufmerksamkeit widmete. Als er ihren linken Fuß mit seinen Händen umschloss und für einen Moment hielt, glaubte sie,
er würde ihren ganzen Körper umhüllen. Dann nahm er sich einzelne Teile vor. Die Zehen zuerst, dann die Fußmitte, eine Stelle,
an der sie sehr kitzlig war. Er merkte, wie sie zuckte und sich
wand. Jean-Pierre kitzelte sie dann aus Fleiß. Sie lachte, was sie
sofort aus ihren erotischen Träumereien riss.

»Soll ich weitermachen? Manche Menschen mögen das.«

»Dass man sie kitzelt?«

»Wenn ich es Ihnen sage. Aber ich höre schon damit auf«,
sagte er und widmete sich nun den Fersen. Es fühlte sich zunächst
etwas unangenehm an, was er sofort bemerkte.

»Zu fest?«

»Nein, aber das ist meine Problemstelle. Fühlt sich manchmal
an wie ein blauer Fleck, wenn ich zu lange stehe.«

»Verspannt und fest. Da gehe ich jetzt mal ran, wenn Sie nichts
dagegen haben und es aushalten.«

Die druckvollen seitlichen Bewegungen von der Ferse nach außen schwappten wie Wellen bis in ihren Unterleib. Nicht unangenehm, aber äußerst irritierend und eine Nachfrage wert.

»Das strömt bis hinauf in die Leistengegend«, gab sie zu.

»Der Fuß ist ein Abbild des menschlichen Körpers, und die
Stelle, die ich gerade bearbeite, steht für den Unterleib, die Ge-

schlechtsorgane. Ich öffne die Meridiane, damit alles fließt und sich die Blockaden auflösen«, erklärte er.

Anja wurde augenblicklich heiß, denn genau dorthin strahlte es aus.

»Ist das normal, dass ich das jetzt so stark spüre?«

»Kommt darauf an. Wenn Sie Ihre Libido nicht vernachlässigen ...«

Anja schluckte. Der Mann konnte an ihren Füßen ablesen, dass sie seit Längerem auf dem Trockenen saß. Wie peinlich! Andererseits hatte es keinen Sinn, es zu leugnen.

»Es wird schon viel weicher, spüren Sie das?«

Und wie sie das spürte, aber nicht an der Ferse.

»Wenn Sie möchten, können Sie sich jetzt umdrehen.«

Anja fühlte sich mittlerweile wie festgepinnt. Nach dem unausgesprochenen Geständnis, lange keinen Sex mehr gehabt zu haben, graute es ihr davor, sich nun umzudrehen und ihm in die Augen zu sehen. Sie ließ sie deshalb geschlossen. Überraschenderweise gelang es ihr, seine Berührungen, nun von den Füßen aufwärts, wieder zu genießen, doch nachdem er den Handtuchwall über ihrer Hüfte überwunden hatte und sich nun an ihrem Unterbauch zu schaffen machte, schlug der Genuss in Erregung um. Ihr Atem beschleunigte sich. Er spürte das sicher. Oh Gott. Er kam ihren Brüsten näher. Wenn die Brustwarzen versteiften, wusste selbst ein nicht ausgebildeter Masseur dies richtig zu deuten.

»Sie haben schöne Brüste«, sagte er auch noch, wagte es aber nicht, sie unsittlich zu berühren. Gerade das machte es noch schlimmer. Jean-Pierre war ihr nun so nah, dass sie ihn riechen konnte. Seine Hände erreichten ihren Hals, und wenig später legten sie sich über ihre Schläfen. Anja spürte seinen Atem und schlug die Augen auf. Er sah sie direkt an und lächelte sanft.

Warum sagte er nichts? Bildete sie sich das nur ein, oder las sie in seinen Augen Verlangen? Ausgerechnet nach ihr? Sein Atem schien schwerer geworden zu sein. Dann ließ er von ihr ab.

»Bleiben Sie ruhig noch etwas liegen«, sagte er.

Aus der Traum. Wie schnell doch so eine Stunde vorbeiging.

»Und viel Flüssigkeit zu sich nehmen. Am besten einen ayurvedischen Kräutertee.«

»Gibt's den hier im Hotel?«

»Nein, aber in dem Teehaus am Ende der Straße. Wenn Sie möchten ... Ich trinke gerne einen mit Ihnen.«

Ein Date. Er will ein Date! Schon stieg Panik in ihr auf. Sie hatte sich also nicht getäuscht.

»Ja, gerne«, stammelte sie und überlegte zugleich, ob sie noch alle Tassen im Schrank hatte. Am Ende war Markus schon zurück. Wie sollte sie ihm das erklären? Nein, Karten auf den Tisch. Nicht, dass sie sich da in etwas hineinmanövrierte. Die nun wieder fließenden Meridiane schienen auch ihren Verstand aufgeweicht zu haben.

»Aber ich kann nicht lange. Mein Mann wird bald hier sein. Er wollte in den Louvre.«

»Er kann ja mitkommen«, kam mit einer Leichtigkeit, als hätte er ihr eben einen flotten Dreier vorgeschlagen. Inständig hoffte Anja, dass Markus sich mit Mona Lisa vergnügte. Wahrscheinlich lief deshalb nichts mehr zwischen ihnen. Hatte genug Auswahl im Fitnessstudio. Du gehst jetzt mit dem Mann zum Teetrinken und wirst jede Sekunde ohne schlechtes Gewissen genießen, sagte sie sich und erhob sich.

»Ich warte in der Lobby auf Sie.« Jean-Pierre half ihr auf und reichte ihr eine Hand. Sein Blick und sein Lächeln sagten alles. Ihre Fersen auch. So leichtfüßig hatte sie sich seit Langem nicht mehr gefühlt.

Kapitel 10

Wenn man einen Mann an seiner Seite brauchte, war er nicht da. Das waren doch Mamas Worte gewesen – wohl im Spaß bei ihrem letzten Mittagstreff in der Eisdiele geäußert. Bei Niklas schien das ähnlich zu sein. Eine bittere Lektion, denn nach nur einer halben Stunde im Discoveryland war Sophie erneut schlecht geworden. Sich für eine Viertelstunde auf der nächstbesten Parkbank auszuruhen hatte sie wieder auf die Beine gebracht und es ermöglicht, sich zum RER zu schleppen. Nichts wie heim, denn es hatte auch noch angefangen zu regnen. Dementsprechend vollgestopft war der RER zurück ins Zentrum. Den Sitzplatz hatte sie einer jungen farbigen Mutter zu verdanken. Sie war mit ihrem Mann und zwei lebhaften Kindern unterwegs, die unentwegt plapperten. Der Dreijährige saß nun auf dem Schoß der Mutter. Der größere auf Papas. Gleich zwei Sitzplätze wurden dadurch frei. Die Frau musste ihr die Leichenblässe wohl angesehen haben und hatte ihr sogar ein Aspirin angeboten in der Annahme, dass sie Kopfschmerzen hätte.

»Kein Aspirin?«, fragte sie verwundert nach.

»Mir war vorhin nur schlecht«, erklärte Sophie auf Französisch.

»Bei dem Essen dort ist das auch kein Wunder«, meinte Sophies Gegenüber.

»Das geht schon seit gestern so. Wir haben Hummer gegessen, und dann ging's los.«

»Also bei Muscheln kann ich mir das vorstellen, aber bei Hummer? Der ist doch gut durch, wenn man ihn bekommt, nicht wahr, Chérie?« Ihr Mann nickte.

»Es kommt und geht. Keine Ahnung. Ich kenne das gar nicht an mir. Normalerweise verträgt mein Magen so ziemlich alles. Ich hänge normalerweise auch nicht durch.«

Die beiden tauschten Blicke.

»Und generell fühlen Sie sich etwas gereizt, dann wieder depressiv? Jede noch so kleine Kleinigkeit wühlt Sie auf?«, wollte der Mann wissen.

»Sind Sie Arzt? Hab ich was Schlimmes?«, fragte Sophie beunruhigt nach.

»Sag du's ihr.« Seine Frau lächelte schon wissend.

»Hatten Sie Ihre Tage?«

Sophie spürte, wie ihr heiß wurde. Nein, die hatte sie noch nicht gehabt, doch bei ihr konnte man nicht die Uhr danach stellen. Sie schüttelte den Kopf.

»Ich kenne das. Zweimal durchgemacht. Geht aber schnell wieder vorbei.«

»Sie sollten sich einfach ausruhen. Meiner Frau hat das geholfen.«

Sophie starrte mittlerweile die beiden kleinen Kinder ihr gegenüber an. Der Junge zupfte unentwegt an der Bluse seiner Mutter, was sie anscheinend schon gar nicht mehr zu stören schien, weil sie ihn gewähren ließ, und sein Bruder hopste auf dem Schoß des Mannes herum. Kaum hörte er auf, mit den Beinen zu wippen und seinen Sohn zu bespaßen, fing der Junge an zu nölen. Schwanger? Möglich. Und was wird aus der Promotion? Könntest du gerade noch schaffen. Und dann? Und Niklas? Unbrauchbarer konnte ein Vater gar nicht sein. Und von was sollten sie leben? Knausern, bis das Kind außer Haus war. Welche Opfer ihre Eltern hatten bringen müssen, das wusste Sophie. Nein. Das merkste doch, wenn du schwanger bist, sagte sie sich. Autosuggestion. Eine Technik, die sie im Studium gelernt hatte. Half nichts. Im Gegenteil. Sie bildete sich schon ein, dass sich etwas in ihr bewegte. Dissoziation. Ich bin nicht ich, sondern ich beobachte eine junge Frau von oben, die sich Sorgen macht und glaubt, schwanger zu sein. Dabei hat sie noch nicht einmal einen Test gemacht. Außerdem hat sie sich doch eine Spirale einsetzen lassen. Dissoziation half. Sophie atmete tief durch.

»Meine Frau glaubte damals gar nicht, dass sie schwanger ist.«

»Ich wollte die Pille nicht. Das ganze Pharmazeug kommt nicht in meinen Körper. Und meine Ärztin hat mir gesagt, dass eine Spirale sicher sei.«

Die Frau hätte ihr genauso gut in die Magengrube schlagen können. Jetzt half gar nichts mehr, zumindest fiel Sophie keine brauchbare Theorie aus der Trickkiste der Psychologie ein. Da gab es nur noch eins. Am besten gleich im Pariser Zentrum eine Apotheke ausfindig machen, die sonntags offen hatte. Schwangerschaftstests müsste es dort ja wohl geben. Und wo war Niklas? Weg. Mama hatte recht!

Einmal wieder im neuen Outfit, dem schönen neuen Kleid, und nachdem Anja in der Umkleide festgestellt hatte, dass die Schminke selbst nach Kontakt mit dem Handtuch intakt war, keimte in ihr erneut pure Lebenslust auf, genau wie heute Vormittag in der Stadt. Übermut? Tat der denn nicht nur selten gut? Gerade weil sie sich vor allem nach der Massage rundum wohl in ihrer Haut fühlte, freute sie sich auf das Treffen mit Jean-Pierre. Umso mehr, weil Markus noch nicht wieder im Hotel war. Die

Frage, warum er sich nicht bei ihr meldete, hätte sie unter normalen Umständen bis ins Mark beschäftigt. Heute nicht. Wahrscheinlich im Louvre versumpft. Anja hoffte insgeheim, dass er danach mit irgendeiner Blondine, die ihm dort über den Weg gelaufen war, noch ein paar Stunden länger auf Achse sein würde. Der Gedanke rechtfertigte ihr Treffen mit Jean-Pierre auch in moralischer Hinsicht. Moral? Was hatte die schon zu bedeuten in einer Stadt wie Paris? Weiterführende Gedanken darüber konnte sie sich nicht mehr machen, denn ihr Masseur war im Anmarsch. In Zivil und ganz leger. Er trug eine Jeans mit eingearbeiteten Rissen, ein weit aufgeknöpftes weißes Leinenhemd und Sneakers. Mit anderen Worten: sportlich schick. Den Mann konnte man vermutlich in einen Kartoffelsack stecken, und er würde trotzdem verdammt gut aussehen.

Anjas Lächeln wurde immer breiter, bis er zu ihr an die kleine Sitzecke am Fenster neben dem Eingang trat und ihr die Hand reichte, um ihr aufzuhelfen.

»Allein. Und Ihr Mann?«

»Er ist noch unterwegs«, sagte sie knapp.

»Schade. Ich hätte ihn gerne kennengelernt. Und eine Massage hätte ihm sicher auch gutgetan«, sagte er augenzwinkernd.

»Sie meinen an der Ferse?« Anja verstand, was er meinte. »Also, Beschwerden hat er nicht.« Die Tragweite ihres dahingeplapperten Gedankens wurde Anja erst bewusst, nachdem sie ihn ausgesprochen hatte. Wahrscheinlich gab es gleich mehrere Gründe, weshalb er keine Beschwerden dieser Art haben konnte.

Jean-Pierre lachte.

»Sie haben jetzt doch auch keine mehr.«

»Man soll den Tag nicht vor dem Abend loben«, gab sie zurück.

»Mittel- und langfristig müssen Sie schon selbst was für Ihre

Gesundheit tun.« Gott war dieser Mann direkt, wohltuend und beängstigend zugleich. Wenn er so charmant lächelte, konnte man ihm das nicht übel nehmen. Selbst wenn er es bitterernst gesagt hätte. Es fühlte sich so an wie ein Weckruf.

Er öffnete ihr die Tür und ließ ihr den Vortritt. Das Teehaus war nicht weit vom Hotel entfernt. Eigentlich war Anja jetzt mehr nach einer Cocktailbar, doch in die ging man erst abends. Dann eben Tee.

»Machen Sie das häufiger? Einen kleinen Absacker mit Kundinnen in der Teestube?« Anja wunderte sich über sich selbst, wie locker sie ihre Zunge spazieren gehen lassen konnte.

»Und mit Kunden«, fügte er hinzu. Das hatte etwas zweideutig geklungen, oder hatte er ihre Anspielung am Ende gar nicht als solche verstanden? Dementsprechend irritiert sah sie ihn an.

»Wir sind in Paris. Hier sieht man gewisse Dinge nicht so eng.«

Nun wusste Anja, dass er sie sehr wohl verstanden hatte. Die Nachfrage, ob er sich tatsächlich für Frauen und Männer gleichzeitig interessierte, lag ihr schon auf der Zunge, doch die war noch nicht locker genug.

»Das kommt immer auf den Menschen an. Ich war vier Jahre mit einem Mann zusammen. Vorher nur mit Frauen.« Er grinste. »C'est comme ça.«

»Das muss wohl der Zeitgeist sein«, erwiderte Anja. »In den Medien machen sie einem schon ein schlechtes Gewissen, wenn man sich nur für das andere Geschlecht interessiert, sich nicht umoperieren lässt und seinen Kindern nicht einbläut, am besten noch vor der Pubertät ernsthaft über Geschlechtsumwandlungen nachzudenken.«

Jean-Pierre lachte herzhaft.

»Das ist bei uns in Frankreich ähnlich, aber ich denke, bei mir war das nur so eine Phase. Wobei … Wer weiß das schon. Haben

Sie noch nie eine Frau für attraktiv gehalten oder standen ihr so nah, dass aus dieser Nähe heraus von ganz allein mehr wurde? Sich bei einem Menschen geborgen zu fühlen, verstanden und aufgehoben, das hat noch einmal eine ganz andere Dimension, der sich die Sexualität sogar unterordnen kann.«

Anja verblüffte, mit welcher Offenheit er über diese Themen mit ihr sprach. Dagegen kam sie sich vor wie eine verklemmte Landpomeranze. Sie nickte, obwohl sie die restlichen Schritte bis zur Teestube am Eck darüber nachgrübelte, ob es solche Momente in ihrem Leben gegeben hatte. Er ließ ihr Zeit. Dass es in ihrem Hirn ratterte und sie sämtliche Fragmente ihrer inneren Festplatte durchsuchte, war ihm sicher nicht entgangen.

»Ich fürchte, ich war noch nie in dieser Verlegenheit«, gestand Anja dann ein.

»Das macht nichts, aber es ist schade. Wer weiß, ob Ihnen da nicht eine interessante Erfahrung entgangen ist«, sagte er ohne Häme, eher mit von Herzen kommendem Bedauern. Es klang weder nach einem Vorwurf noch nach einer Aufforderung. Seine nüchterne Sachlichkeit war es, die sie schier magisch anzog. Die Teestube allerdings auch. Anja hatte sich darunter eher etwas Altbackenes und Gemütliches vorgestellt. Weit gefehlt. Sie hatte den Schick einer Yuppie-Sushibar. Franzosen liebten Stilbrüche. Das Publikum war dementsprechend bunt. Dass zwei Händchen haltende Männer am ersten Tisch saßen, an dem sie vorbeischlenderten, erachtete Anja mittlerweile als Selbstverständlichkeit, auch, dass Jean-Pierre einem der beiden einen interessierten Blick zugeworfen hatte – ganz ungeniert.

»Gefällt es Ihnen hier?«

»Und wie.« Anja sah sich um. Die Kunst an den Wänden, allesamt abstrakter Natur, gefiel ihr sogar ausgesprochen gut.

»Was darf ich Ihnen bringen?« Die Kellnerin war sofort zur

Stelle. Sie passte in den hypermodernen Laden, der Tee nicht in geblümten Tassen, sondern in futuristisch anmutenden eckigen Mugs anbot.

»Den ayurvedischen Sonnentee für mich – und für Sie?«, fragte er.

»Wenn er Ihnen schmeckt, dann schmeckt er mir sicher auch«, erwiderte sie.

»Ich bin oft hier. Einfach, um Menschen zu beobachten und mich Tagträumen hinzugeben«, sagte er und blickte sich im gut gefüllten Raum um.

»Was träumen Sie so?«

»Alles Mögliche. Sie wissen ja, ich lege mich nicht fest.« Er lachte. Anja ebenso.

»Ich kann kaum glauben, dass ich mit Ihnen hier sitze.« Auch Anja nahm sich nun die gleiche Offenheit heraus. Sie fühlte sich an seiner Seite angemessen an.

»Weil Sie eine verheiratete Frau sind?«

Anja nickte zögerlich, denn das war es ja nur vordergründig. Sie war nicht der Typ, um sich auf Männer einzulassen, die sie kaum kannte. Bisher waren alle Versuche, sie anzugraben, vor allem seitens der Mandanten, ohne mit der Wimper zu zucken und ohne Bedauern im Nachhinein an ihr abgeprallt. Mal ganz abgesehen davon, dass es keiner dieser Männer geschafft hatte, in ihr diese innere Spannung und ein elektrisierendes Kribbeln hervorzurufen, wie sie es bei Jean-Pierre erlebt hatte. Wie ein Schuss Adrenalin. Herzklopfen gesellte sich dazu. Einfach verrückt.

»Sind Sie glücklich mit ihm?«, fragte er unwillkürlich und sah ihr dabei direkt in die Augen.

»An sich schon … Ich war es mal, doch dann, nach seinem Unfall … Beim Paragliding hat er sich verletzt. Unser Liebesleben ist dann eingeschlafen.«

»Hat er eine Behinderung davongetragen?«

»Nein … Er hat aber gelegentlich Schmerzen im Bein und im Rücken, je nach Belastung. Die Ironie des Schicksals ist, dass er ein Fitnessstudio betreibt.«

»Er kann sich also sonst normal bewegen?«

Anja nickte.

»Dann verstehe ich nicht …«

»Ich auch nicht, aber wenn ich ganz ehrlich sein soll: Vermutlich habe ich es nur auf seinen Unfall geschoben. In einer Ehe, da schläft so vieles ein.« Auch das machte sie sich klar. Sein Unfall war vielleicht nur eine Ausrede für ihn und, das war die Erkenntnis aus diesem Gespräch, auch für sie.

»Sprechen Sie offen darüber?«, wollte er wissen.

Anja schüttelte den Kopf.

»Um ihm nicht zu nahe zu treten?«

Anja ließ sich das durch den Kopf gehen. Möglicherweise war das einer der Gründe.

»Um sich selbst nicht einzugestehen, dass Sie nicht glücklich mit der Situation sind?«

Er traf den Nagel auf den Kopf. Immer schön alles unter den Tisch kehren. Sich einreden, dass doch alles in Ordnung war, so unterm Strich, doch den Strich hatte sie selbst gezogen.

»Sie müssen zu Ihren Bedürfnissen stehen und sie ihm mitteilen. Dann wird sich zeigen, ob noch genug da ist, genug Liebe, Achtung füreinander, Vertrauen. All das verliert sich doch, wenn man nicht offen zueinander ist.«

»Sie hätten Paartherapeut werden sollen«, sagte sie. Er hatte recht mit all dem, was er von sich gab.

»Das erfordert allerdings jede Menge Mut.«

»Manchmal mangelt es mir daran. Jedenfalls in solchen Angelegenheiten.«

»Das kann man üben. Am besten, wir fangen gleich damit an«, sagte er sanft lächelnd.

Anja sah ihn fragend an.

»Finden Sie mich attraktiv, so, wie ich Sie attraktiv finde?«

Anjas Herz schlug schon kurz nach dieser Frage bis zum Hals. Fragte er das jetzt nur, um Mut zu üben?

»Das haben Sie doch schon bemerkt. Schon während der Massage.« Es hatte sie Überwindung gekostet, dies zu sagen. Übung machte anscheinend doch den Meister.

»Sie haben mehr Mut, als Sie glauben. Ich finde Sie auch sehr attraktiv, und unter anderen Umständen hätte ich schon längst meine Hand auf Ihre gelegt und versucht, Ihnen näherzukommen.«

Anja schluckte. Den Mut zu sagen, dass sie sich das gerade bildlich vorstellte, hatte sie dann doch nicht.

»Aber vielleicht haben Sie ja heute Abend Zeit. Ich kenne den Eigentümer eines der angesagtesten Clubs von Paris. Heute spielen sie Musik aus den Neunzigern. Unsere Zeit. Kommen Sie mit Ihrem Mann. Sie müssen am Eingang lediglich sagen, dass Sie von mir kommen.«

Anja sah ihn nur an. Die ganze Situation kam ihr mehr als skurril vor. Sie kannte sich selbst nicht wieder. Was sie noch viel mehr aufwühlte, war seine Gelassenheit und dass er es schaffte, sie unentwegt zu überraschen und auf eine Achterbahn der Gefühle zu schicken. Die Fahrt war noch nicht vorbei.

»Aber nur, wenn Sie ihn mir nicht ausspannen.« Humor rettet einen vor dem Galgen. Er kam gut an, denn er lachte.

»Erzählen Sie mir von sich. Sie scheinen viel herumgekommen zu sein.« Anja nahm nun das Heft in die Hand. Außerdem passte Plausch dieser Art doch viel besser zu einer Tasse Tee, ob er jetzt ayurvedisch war oder nicht.

Das war schon eine rechte Umstellung gewesen. Von der Ente zurück zum Audi, den Ulrike nun gerne Hans fahren ließ. Aus der Traum, aber immerhin war er nicht zum Albtraum geworden. Sie hatten die Ente mit nur zehnminütiger Verspätung abgegeben und kein Wort von dem kleinen Techtelmechtel ihrer Stoßstange mit der des Fiats erwähnt. Man sah es ohne Lupe auch nicht. Der Typ von der Firma hatte gestrahlt wie ein Honigkuchenpferd, als der 2CV in die Straße, die zum Hotel führte, eingebogen war. Nun strahlte Hans – und das schon, seitdem sie in den Audi gestiegen waren. Angeblich hatte er die nächste Überraschung parat. Mal kurz hinlegen und von der Aufregung erholen – daran war nicht zu denken. Normalerweise würde er danach verlangt haben, jedenfalls zu Hause. Wie aufgedreht der Mann nur war. Sie fuhren nun schon eine ganze Weile stadtauswärts in Richtung Westen, mittlerweile wieder mit einem blauen Himmel am Horizont. Versailles lag schon lange hinter ihnen – eine der Mutmaßungen, die Ulrike angestellt hatte. In Richtung Westen ging es aber auch ans Meer. Fehlanzeige! Die Schlösser der Loire vielleicht? Da stimmte die Richtung aber nicht, doch die Franzosen hatten so viele Schlösser, dass sie dennoch nachgefragt hatte.

»Wir sind damals doch dieselbe Strecke gefahren, und es war so ein verflixter Tag wie heute. Der Regen. Na, klingelt es jetzt?«

An den Regen konnte Ulrike sich erinnern und dann auch an ihr damaliges Ausflugsziel, das sie hatten sausen lassen, denn den Besuch eines der schönsten Gärten Frankreichs konnte man sich ersparen, wenn es so schüttete.

»Giverny? Doch nicht etwa Giverny?«

Hans nickte eifrig.

»Du wolltest damals unbedingt Monets Garten sehen.«

»Jetzt sag mir nicht, dass du ihn nicht auch sehen wolltest«, erwiderte Hans.

»Ich wäre lieber ans Meer gefahren.« Auch daran erinnerte Ulrike sich nun.

»Damals wolltest du das noch, und letztes Jahr? Wir hätten für siebenhundert Euro für eine Woche an die bretonische Küste fahren können.«

»War dumm von mir.«

»Ach nee. Auf einmal?«

Der Glanz in seinen Augen verflüchtigte sich, und er verfiel für einen Augenblick in Schweigen.

»Ich weiß auch nicht. Wenn man gar nichts mehr macht, dann traut man sich auch nichts mehr zu. Die lange Anreise und ... ich hab wohl vergessen, wie schön das früher war.«

Ulrike sah ihn nur an. Ein Moment der Selbsterkenntnis und ein offenes Wort.

»Mir ging es genauso, aber ich hab nicht ständig rumgenörgelt und mich noch nicht ganz aufgegeben«, gestand Ulrike ein.

»Hattest du das Gefühl, dass ich mich aufgegeben habe?«

»Gefühl? Natürlich hast du das.«

Er nickte schweren Herzens.

»Lass uns nicht mehr darüber reden. Wir sind gleich da. Einfach nur genießen.«

»Meinetwegen.« Er war tatsächlich auf dem Weg der Besserung, auch wenn sie ihm ansah, dass er tief in Gedanken versank. Andernfalls wäre er wohl kaum gerade an der richtigen Abbiegung vorbeigerauscht.

»Da hinten ging's rein.«

Er nickte nur, fuhr in die nächste Einfahrt eines Hotels und wendete den Wagen. Auch beim Abzählen des Eintrittsgelds an der Kasse hatte er sich verzählt. Ihr Mann tat Ulrike leid. War der Vorwurf, dass er sich aufgegeben hatte, zu hart gewesen? Vermutlich nicht, denn als sie die ersten Meter durch diesen Garten gingen, zeigte sich wieder ein Lächeln auf seinen Lippen. Was vor ihnen lag, war so schön, dass Ulrike erst einmal stehen blieb, um die Blumenpracht in sich aufzunehmen. Man wusste ja gar nicht, wohin man zuerst blicken sollte. So viele Blumenbeete entlang der Wege. Sie waren unterschiedlich hoch, was der Anlage Volumen verlieh. Dazwischen standen Obst- oder Zierbäume. Mohnblumen, Gänseblümchen zwischen Stiel- und Kletterrosen. Ein buntes Meer aus Farben. Monets Haus, ebenfalls wie in einem Märchen, war umschlossen von Rosenstöcken. Wie schön musste es erst im Sommer hier sein, wenn noch mehr blühte.

»Wusstest du, dass er das Nachbargrundstück erst Jahre später dazugekauft hat, um den Teich anzulegen? Die meisten glauben, der Teich sei auf natürliche Weise entstanden.«

»Das dachte ich auch.«

»Nein, hier gab es nur einen Bach, ein Arm der Epte. Monet hat ihn graben lassen. Gegen den Widerstand der Nachbarn. Die Idioten haben geglaubt, dass seine exotischen Pflanzen das Wasser vergiften.«

»Wegen der Seerosen?«, hakte Ulrike nach.

»Vermutlich wegen der Vielfalt – und dann noch diese japanische Brücke. Mit fremdem Kulturgut waren die Franzosen damals etwas eigen.«

Ulrike knipste sie bereits. Die Brücke war mit Glyzinen bedeckt und leuchtete violett. Was für ein romantischer Flecken Erde.

»Das muss man sich mal vorstellen. Normalerweise pinseln Maler die Landschaft ab. Aber er hat sie zu einem Motiv arrangiert, damit er sie malen kann«, sagte Hans voller Bewunderung.

Das Motiv war einzigartig. Trauerweiden, Bambusdickicht und dichte Sträucher umgaben einen Teich aus ganzjährig blühenden Seerosen. Das Blau des Himmels spiegelte sich darin. Ulrike konnte sich kaum daran sattsehen.

Hans, der sich normalerweise nichts aus Blumen machte, setzte sich auf die nächstbeste Parkbank, um die Aussicht zu genießen. Ulrike tat es ihm gleich.

»Schon verrückt, dass wir das jetzt über vierzig Jahre später nachholen. Wahrscheinlich hat das damals genauso ausgesehen. Nur wir haben uns verändert. Die Blumen kommen jedes Jahr aufs Neue, auch wenn wir schon unter der Erde liegen«, sagte er nachdenklich.

»Bis dahin ist ja hoffentlich noch Zeit, und wie du siehst, kann man Dinge tatsächlich nachholen.« Ulrike hoffte, dass er den Wink mit dem Zaunpfahl verstand.

Er blickte sie an, schenkte ihr ein Lächeln und tastete nach ihrer Hand, die er fest umschloss. Ein Rentnerehepaar auf einer Parkbank. So stellte man sich doch den Lebensabend vor.

»Die Reise hat dir gutgetan«, stellte Ulrike fest.

Hans nickte.

»Und den Kindern sicher auch. Sophie hat bestimmt einen Riesenspaß in diesem Disneyland. Anja und Markus tut es auch gut, mal einen Tag für sich zu haben«, überlegte sie laut.

»Das haben wir alles Markus zu verdanken. Ich mochte ihn nie sonderlich, zumindest eine Zeit lang. Ich hätte nicht gedacht, dass wir ihm so wichtig sind«, sagte Hans in Gedanken.

»Vielleicht, weil wir uns selbst nicht mehr so wichtig waren?«

»Und jetzt? Sind wir uns wieder wichtig?« Hans sah ihr direkt in die Augen. War das jetzt die Bitte um Vergebung?

»Wenn du mir versprichst, so zu bleiben, wie du jetzt bist.«

»Wird nicht einfach.«

»Das macht nichts.«

»Versprochen.« Hans legte seine rechte Hand aufs Herz.

Ulrike vergewisserte sich, dass er die andere Hand bei sich hatte und seine Finger nicht hinter dem Rücken kreuzte, doch dann nahm sie der Garten wieder in Beschlag. Mit ihm einmal gemeinsam eine Blütenpracht zu genießen war einer der kostbarsten Momente in ihrem Leben.

Sophie saß noch immer wie gelähmt auf der Toilette ihres Hotelzimmers und starrte auf das Plastikteil, in dessen Mitte ihr zwei Striche einen Strich durch die Rechnung machten. Schwanger! Ihr Körper hatte eindeutig damit angefangen, das Hormon HCG zu produzieren. Laut Apothekerin sei dies ein zuverlässiger Test, der gern gekauft werde. Wer kaufte sich schon gern einen Schwangerschaftstest? Sophie räumte ein, dass manche Frauen sich ein Kind herbeisehnten. Die testeten sich wahrscheinlich jeden Monat. Ein Kind! Ein Elend. Studieren und nebenbei Mutter sein? Das allein war Sophies Meinung nach gerade noch zu schaffen, doch wer stellte eine frischgebackene Mutter mit Kleinkind an der Backe ein? Bei Mama deponieren? Das würde Sophie nicht übers Herz bringen. Sich von ihren Eltern wieder alimentieren lassen? Sophie beruhigte der Gedanke, dass sie von ihnen Unterstützung erfahren würde, doch für wie lange? Bis das Kind im Kindergarten war? Alles noch organisierbar, wenngleich der bloße Gedanke daran sie momentan noch mehr verzweifeln ließ. Das eigentliche Problem hieß Niklas. Ihn anrufen und ihm mitteilen, dass sie ein Kind von ihm erwartete? Am Abend nach dem Essen oder noch vor dem Essen aufs Brot schmieren? Sophie quälten diese Gedanken, weil sie nicht abschätzen konnte, wie Niklas darauf reagieren würde. Das allein war es nicht. Niklas als Vater? Verantwortung übernehmen? Sophie hatte noch die Geschichten ihrer Mutter im Ohr. Keine Nacht durchschlafen, Fläschchen machen, wickeln, beschäftigen, mit dem Kinderwagen rumfahren und mit Diplom-

Müttern am Sandkasten des nächsten Spielplatzes Freundschaft schließen? Das war nicht ihre Welt – und schon gar nicht die von Niklas. Das würde er nicht packen. Und wenn's schwierig wurde, Abflug. Genug Auswahl hatte er ja. Er war der Typ, der lieber davonlief, als sich Problemen zu stellen. Heute sogar im wahrsten Sinne des Wortes, denn eigentlich hätte er sich später mit seinem Kumpel treffen wollen. Auch im übertragenen Sinn verdrückte er sich. Gab's Probleme, löste er sie manchmal auch mit einem Kuss. Selbst schuld! Sophie gestand sich ein, dass sie ihn hatte gewähren lassen. Verliebte Nuss! Und dann die Spirale, weil die Fummelei mit den Gummis ihn genervt hatte. Selbst das war ihm schon zu viel. Sophie seufzte, stand auf und steckte den Teststreifen erst einmal in ihren Kulturbeutel hinter die Schminksachen. Warum eigentlich? Wenn Niklas zurückkam, konnte er ihn doch ruhig finden. Sophie beließ es dabei. Bei der Gelegenheit fiel ihr ein, dass sie ihren Eltern und Großeltern auch Bescheid geben musste. Doch nicht heute! Auf keinen Fall. Nicht während der Reise. Wobei sich Oma, wie Sophie sie einschätzte, sicher darüber freuen würde. Wäre das nicht sogar ein Argument für Oma, sich nicht von Opa zu trennen? Der Schuss konnte aber auch nach hinten losgehen. Oma wollte weg, verreisen, da konnte sie ihr doch unmöglich eröffnen, dass sie nun bald Uroma sein würde. Noch bevor sie das Badezimmer verließ, hielt sie kurz inne. Warum alles negativ sehen? Du erwartest ein Baby. Das war doch etwas sehr Schönes. Sophie machte sich in dem Moment klar, dass sie bisher nur die äußeren Umstände im Blick gehabt hatte. Vorhin noch zu Tode betrübt, schien nun eine Welle puren Glücks durch jede einzelne ihrer Körperzellen zu schwappen. Das hielt aber nicht lange an, weil ihr Blick auf das Smartphone auf ihrem Bett fiel. Der Bildschirm war schwarz. Immer noch keine Nachricht von Niklas. Normalerweise meldete er sich von unterwegs oder schickte wenigstens eine kurze Textnachricht. Der war bestimmt noch sauer wegen des Amerikaners. Die nächste Welle raste durch ihren Körper. Das war wieder eine mit negativ geladenen Partikeln, die sie an den Rand einer Depression trieben. Sophie hatte das Bett im Visier. Ihr war nach einer Runde Heulen. Die Tränen lösten sich schon, noch bevor sie alle viere von sich gestreckt hatte.

Anja hätte am liebsten noch bis zum frühen Abend in dieser Teestube gesessen und sich aus seinem Leben erzählen lassen. Wo Jean-Pierre schon überall gewesen war. Als junger Kerl gleich nach dem Abi für ein Jahr mit dem Rucksack durch halb Asien und Afrika unterwegs gewesen. Mit Massai Rinderblut getrunken, mit dem Ballon über das Pagodental von Myanmar geflogen, zwei Wochen in der Wüste Namibias meditiert, Südamerika bereist, dort eine Ausbildung bei einem Schamanen absolviert, sein Totemtier gefunden. Anja bekam das gedanklich auf ihrem Weg zurück zum Hotel gar nicht mehr alles auf die Reihe. Die einzige Schnittmenge in Sachen Reisen war der Chaweng Beach in Thailand gewesen. Wie mickrig fühlte sich ihr Leben dagegen an. Steuerkanzlei tagein, tagaus. Vermutlich waren es seine vielen Reisen und mehrere Jobs in Süddeutschland, der Schweiz, in Südfrankreich und in einer Hotelanlage in Südafrika gewesen, die diesen Mann so mit Charisma vollgepumpt hatten, dass er von innen heraus derart strahlte und sie sich wie eine Motte zu ihm hingezogen fühlte. Dazu müsste er gar nicht so unglaublich gut aussehen. Anja war froh um die Verschnaufpause, die sich nur deshalb ergeben hatte, weil er noch einen Massagetermin bei einem Stammkunden außerhalb des Hotelbetriebs wahrnehmen musste. Um ein Haar hätte Anja vergessen, dass sie mit Familie und vor allem ihrem Mann hier war. Der hatte sich allerdings noch nicht gemeldet. Wie lange hatte der Louvre denn geöffnet? Sein derart großes Interesse für Kunst war ihr neu. Vielleicht war er schon zurück auf ihrem Zimmer. Während sie zum Aufzug ging, überlegte Anja, ob sie ihm von ihrem Nachmittag mit Jean-Pierre erzählen sollte. Natürlich nicht, dass er ihr ein seit Jahren vergessenes Kribbeln beschert hatte. Die Frage ließ sie offen, bis sie ihr Zimmer betrat. Keine Spur von Markus. Anja wusste nicht so recht, ob sie sich darüber freuen sollte. Am Ende war ihm etwas zugestoßen. Sie verwarf den Gedanken, denn was sollte jemandem im Louvre schon passieren? Bis zum Abendessen war er sicher wieder da. Um halb acht, hatte es heute Morgen geheißen. Und dann? Wenn er den ganzen Tag unterwegs war, würde er mit ihr und Jean-Pierre in diesen Club gehen? Wahrscheinlich wurde nichts daraus. Allein konnte sie unmöglich mit dem Masseur dieses Hotels die Nacht zum Tag machen. Verschweigen? So tun, als würde sie allein dort hingehen? Anja ließ sich in Gedanken auf den bequemen Polstersessel sinken. Dann horchte sie auf. Jemand schluchzte. Das kam aus dem Nebenzimmer, und es war die Stimme ihrer Tochter. So schnell war sie auch noch nicht auf den Beinen gewesen. Sie eilte auf den Gang hinaus und klopfte an der Tür von Sophies Zimmer. Das Schluchzen hörte schlagartig auf.

»Sophie? Alles in Ordnung?«

Sie wartete noch einen Moment und klopfte erneut.

»Also, ich komm jetzt rein«, kündigte sie an und zögerte nicht, ihre Ankündigung wahr zu machen.

Sophie lag verheult auf dem Bett.

»Was ist denn los?«, wollte Anja wissen. »Wo ist denn Niklas?«

Sophie fing erneut an zu schluchzen.

»Habt ihr gestritten?«

»Nein ... Nicht so richtig ... aber ... ja, eigentlich schon.«

»Ja, was jetzt?«

»Er ist bei einem Freund, aber da wollte er doch erst abends hin.«

Anja wurde nicht so recht schlau aus dem Gestammel. Sie setzte sich zu ihr aufs Bett und reichte ihr erst einmal ein Kleenex vom Nachtkästchen. Die hatte sie bereits ordentlich dezimiert.

»Mich hat ein Amerikaner angequatscht, und ich hab mit ihm geflirtet.«

»Na und? Macht er doch umgekehrt ständig.«

Sophie bekam sich gar nicht mehr ein.

»Und deswegen habt ihr gestritten?«

»Es hat angefangen zu regnen, und er war dann weg. Und jetzt meldet er sich nicht mehr.«

Anja fasste gleich an Sophies Stirn, um sich zu vergewissern, dass sie nicht krank war. Wegen so einem Pillepalle heulte man doch nicht wie ein Schlosshund.

»Ist dir immer noch schlecht?«

Sophie schüttelte den Kopf, sah aber so bleich aus, dass Anja sie argwöhnisch musterte.

»Ich weiß einfach nicht, ob das mit ihm einen Sinn hat. Ich meine, langfristig.«

»Aber du hast mir doch gesagt, dass du ihn liebst und er dich«, wunderte Anja sich.

»Aber was ist in ein paar Monaten und Jahren? Wenn ich fertig bin mit der Uni und so.«

»Mein Gott. Du bist noch jung. Vielleicht lernst du jemand anderen kennen. Ich hab auch nicht meinen ersten Freund geheiratet.« Das schien ihre Tochter nicht so recht aufzumuntern.

»Hast du Schiss, dass er dich betrügen könnte?«

Sophie zuckte ratlos mit den Schultern. Anja hatte mit einem klaren Ja gerechnet.

»Also ich könnte damit auch nicht leben«, sagte Anja leichthin, machte sich in dem Augenblick aber bewusst, dass sie es wahrscheinlich bereits tat.

Sophie gab einen spitzen Laut von sich.

»Nicht alle Männer gehen fremd.« Das sagte Anja im Grunde genommen nur zu Sophies Beruhigung.

»Er wird mich verlassen. Nicht zu mir stehen, später ...« Sophies Augen waren glasig. Sie schien durch Anja hindurchzusehen.

»Man kann sich nie sicher sein, aber jetzt geh halt nicht vom Schlimmsten aus, nur weil er bei einem Freund ist. Dein Vater und ich haben auch schwierige Zeiten gehabt und sind immer noch zusammen.«

»Hat er dich mal hintergangen?« Sophies Blick hatte die Trübung verloren. Sie fixierte sie regelrecht.

»Warum fragst du das?«

»Weil ich wissen will, ob es sich überhaupt lohnt, eines Tages zu heiraten und eine Familie zu gründen«, sagte Sophie. Warum sie sich ausgerechnet heute nach einem Besuch in Disneyland darüber Gedanken machte, war Anja ein Rätsel.

»Er schaut anderen Frauen schon nach«, gestand Anja offen ein.

»Allerdings.«

»Was willst du mir damit sagen?«

»Würdest du ihn immer noch lieben, wenn er dich betrogen hätte?«

»Sophie?«

»Ich hab gesehen, wie er eine Rothaarige aus dem Studio im Arm hielt, also so richtig im Arm. Im Café. Er hat mich gesehen, und dann kam die typische Leier. Alles nur ein Missverständnis.«

Anja starrte Sophie nur an.

»Ich sollte das für mich behalten, aber verdammt noch mal, warum eigentlich? Er hat's dir nicht gesagt, hab ich recht?«

Anja nickte mechanisch.

»So glücklich seid ihr doch nicht mehr, jedenfalls nach außen«, kam dann noch.

Anja nickte erneut. Obwohl sie es geahnt hatte, war die Bestätigung aus dem Mund ihrer Tochter doch wie ein Schlag ins Gesicht.

»Man merkt es nicht einmal, wenn sie einen hintergehen. Dann soll ich mit Niklas, dem größten Womanizer, zusammenbleiben?«

Anja holte tief Luft. Der Tag heute hatte es in sich.

»Schau dir Oma und Opa an. Nach so vielen Jahren. Bang. Jetzt sag doch auch mal was, Mama.«

»Was willst du denn hören? Soll ich dir anraten, dass du dich von Niklas trennst? Papa heute Abend eine Szene machen und dann die Scheidung einreichen?«

Sophie zuckte ratlos die Achseln.

»Liebst du Papa denn noch?«, wollte ihre Tochter wissen.

Nun war Anja es, die die Schultern zuckte.

»Also, wenn Ehen so scheiße laufen, dann bleib ich lieber allein.«

Anja hatte das Gefühl, dass Sophie das eher zu sich selbst sagte. Es klang sogar wie ein Schwur. Vielleicht hatte Sophie recht. Und dann nach Paris fahren, um die Ehe ihrer Eltern zu retten. Rette sich, wer kann, aber vor der Ehe.

Kapitel 11

Ulrike würde jetzt nicht so weit gehen zu behaupten, dass der heutige Tag der schönste ihres Lebens gewesen war, doch mit Sicherheit einer der schönsten, und das an der Seite des Mannes, den sie bis vor wenigen Tagen noch als schier unerträglich empfunden hatte. Normalerweise sprach er nicht über gemeinsam Erlebtes. Die Vergangenheit und Erinnerungen an früher hatte er in den letzten Jahren so gut wie nie zum Thema gemacht und wahrscheinlich sogar vergessen. Zumindest hatte Ulrike sich das bisher immer eingeredet, um eine Erklärung dafür zu finden. Vergessen hatte er sie aber nicht, vielleicht verdrängt oder weggesperrt, weil ihn die Gegenwart so drangsalierte. Hans war in Monets Garten regelrecht aufgeblüht und hatte sich überraschenderweise an Anekdoten von gemeinsamen Reisen erinnert, die Ulrike entfallen waren. Gerade Kleinigkeiten konnte er sich anscheinend besser merken. Die Zimmernummer ihres Hotels auf Madeira. Den Preis des sündhaft teuren Eisbechers in Florenz. Das wiederum öffnete neue Schubladen, die Ulrike das Gefühl gaben, sehr schöne Jahre mit ihm verbracht zu haben. Die Ironie war, dass sie es nun war, die völlig erledigt auf dem Bett ihres Hotelzimmers lag, um sich etwas auszuruhen, bevor sie mit der Familie zum Essen gingen. Normalerweise würde er jammernd auf diesem Bett liegen. Stattdessen saß er auf dem Balkon und las zur

Entspannung. Ihn dabei zu beobachten, in seiner Mimik zu lesen und zu überlegen, was er gerade bei der Lektüre des *Nachtzuges nach Lissabon* empfand, bereitete ihr Vergnügen. Sie kannte nur den Film und nicht die Romanvorlage. Warum las er das Buch ausgerechnet jetzt weiter? Vermutlich lag das an Parallelen zwischen ihm und dem Helden, der letztlich auf der Suche nach sich selbst war und sich schließlich fand. Allein schon sich nicht darüber aufzuregen, dass er sich wieder einmal mit seinem eBook-Reader aus ihrem Leben ausgeklinkt hatte, wertete Ulrike als gutes Zeichen. Der Weckton ihres Smartphones riss sie aus ihren Gedanken. Sie hatte den Wecker sicherheitshalber auf sieben gestellt, weil sie damit gerechnet hatte, einzuschlafen und von Hans nicht rechtzeitig geweckt zu werden, weil er bei der Lektüre eines guten Buches jegliches Zeitgefühl verlor.

»Hans. Wir müssen uns fertig machen. In einer halben Stunde wollen wir zum Essen«, rief sie ihm zu.

»Nur noch den Abschnitt.« Das war der Hans, den sie kannte. Es störte sie gar nicht mehr. Sie stand auf und trat zu ihm auf die Terrasse. Er ließ sich davon zunächst nicht beirren, schaltete seinen Reader dann aber doch aus und ließ ihn in einer Filzhülle verschwinden.

»Ein wunderschöner Roman«, stellte er fest.

Ulrike musste unwillkürlich schmunzeln, was ihm nicht entging.

»Was ist daran so amüsant?«

»Ach, ich musste eben nur daran denken, dass du normalerweise immer schimpfst wie ein Rohrspatz. Du solltest öfter mal was lesen, was dir guttut.«

»Wie ein Rohrspatz?«

Ulrike nickte und setzte noch nach. »Ausgekotzt hast du dich.«

»So könnte man es auch nennen. Aber doch nicht nur, oder?«

»Nein. Wir haben auch darüber gesprochen, wie übel unsere aktuelle Regierung ist, über neue Seniorenbetten, die Unpünktlichkeit der Bahn ...«

»So schlimm?«, unterbrach er sie, dabei hätte sie die Liste noch fortführen können.

»Seit zwei Tagen kein Wort mehr darüber.«

»Heißt das jetzt, dass ich doch kein so übler Kerl bin?«

»Der Übelste von allen, aber mit Potenzial«, gab sie augenzwinkernd zurück, was Hans sichtlich erfreute.

Dann hämmerte es gegen ihre Zimmertür.

»Mist, ich glaub, wir sind zu spät. Sie wollen bestimmt schon zum Essen.«

Hans blickte auf seine Armbanduhr.

»Wir haben doch noch fast eine halbe Stunde.«

»Mama? Papa?« Es war Anjas Stimme.

Ulrike brauchte gar nicht mehr »Herein« zu rufen. Sie musste ihre Tochter gleich zweimal ansehen, so aufgedonnert, wie Anja war. Was hatten sie vor? Staatsbankett im Élysée-Palast?

»Du hast dich ja schick gemacht«, kommentierte Hans, der Anja wohlwollend musterte.

»Und richtig toll geschminkt«, stellte Ulrike anerkennend fest.

»Das war nicht ich, sondern eine Kosmetikerin der Galerie Lafayette. Von dort hab ich auch das Kleid.«

»Wart ihr heute shoppen?«

»*Ich* war shoppen.« Die Art wie sie »ich« betonte, irritierte Ulrike.

»Und Markus?«, hakte Hans nach.

Anja ließ sich auf das Bett plumpsen und holte erst einmal tief Luft, bevor sie antwortete.

»Er ist angeblich schon den ganzen Tag im Louvre.«

»Angeblich?« Ulrike wurde nicht schlau daraus.

»Dort kann man schon einen Tag rumbringen«, überlegte Hans laut.

»Markus? Der interessiert sich doch sonst nicht für Kunst.«

»Ja, und wo ist er jetzt?«

»Keine Ahnung. Er meldet sich nicht.«

»Es wird doch hoffentlich nichts passiert sein. Kannst du ihn auch nicht erreichen?«, fragte Ulrike.

»Ich hab's nicht mal probiert.«

Ulrike tauschte Blicke mit Hans.

»Er betrügt mich«, sagte Anja dann unvermittelt.

»Markus?« Das kam von Ulrike und Hans nahezu synchron.

»Der hat bestimmt jemanden im Museum kennengelernt. Vermutlich eine Schwedin. Darauf steht er ja.«

»Auf Schwedinnen?«, fragte Hans verwundert.

»Was glaubt ihr, warum die neue Yogalehrerin eine ist. Blond und ...« Anja hielt ihre ausgebreiteten Hände demonstrativ vor ihre Brust. »Außerdem weiß ich es von Sophie. Sie hat ihn mit einer Rothaarigen gesehen. In inniger Umarmung.«

»Eine rothaarige Schwedin?«, wunderte Hans sich.

»Was weiß ich, woher die war.«

»Sophie hat dir das erzählt?«

Anja nickte.

»Also, Markus müsste ganz schön bescheuert oder dreist sein, ausgerechnet auf dieser Reise irgendjemanden aufzureißen«, versuchte Ulrike, Anja klarzumachen.

»Ist doch wurscht, ob er mich heute betrügt oder mich bereits betrogen hat. Wahrscheinlich mehrfach.«

Ulrike musterte Anja argwöhnisch. So richtig geknickt oder gar verletzt kam sie ihr gerade nicht vor. Noch nicht einmal sonderlich wütend.

»Ich hab jetzt Hunger. Essen wir beim Chinesen ums Eck?«, schlug sie vor.

»Wunderbar. Da muss man sich nicht in Schale werfen«, sagte Hans. Ulrike sah das genauso.

»Und wann hat Sophie dir das erzählt? Also von dieser Rothaarigen«, fragte Ulrike nun nach.

»Vorhin.«

»Und warum ausgerechnet heute?«

»Frag sie. Sie geht bestimmt auch mit zum Chinesen.«

Anja stand auf. »Ich warte unten auf euch«, sagte sie und verließ das Zimmer.

»Also, so kenne ich Anja gar nicht«, meinte Hans, nachdem Anja die Tür hinter sich zugezogen hatte. Er sprach aus, was Ulrike dachte.

»Meinst du, sie wird sich von Markus trennen?«, fragte er.

»Würde ich auch an ihrer Stelle.«

»Na, gut, dass ich dich nie betrogen habe«, sagte Hans.

»Echt nicht? Ganz ehrlich.«

So entsetzt, wie Hans sie nun ansah, brauchte er nichts darauf zu erwidern.

»Und du?«

Ulrike stieß nur einen ungläubigen Laut aus.

»Aber es wäre doch nichts Schlimmes daran gewesen, oder? Ich meine, wenn das mal passiert wäre. Markus hat ständig hübsche Frauen um sich. Versuchung jeden Tag.«

»Du bist gerade dabei, dein Punktekonto wieder nach unten zu korrigieren«, ermahnte Ulrike ihn.

»Hast du nie anderen Männern hinterhergesehen?«

Ulrike musste gar nicht lange in sich gehen, um die Frage zu bejahen.

»Ich glaube, wir hätten uns nicht getrennt, wenn du oder ich ...«

»Gut möglich. Zumindest früher nicht.«

»Also angenommen, Markus hätte sich tatsächlich einen Fehltritt erlaubt. Nur rein theoretisch. Anja sollte das nicht so hoch hängen, oder willst du, dass sie sich trennen? Wegen eines Seitensprungs? Vielleicht war das ganz harmlos. Nur für eine Nacht«, sagte Hans.

»Bist du dir sicher, dass du noch keinen hattest? Das hörte sich eben so an wie ein Kinobesuch. Ganz harmlos.«

»Wenn es mir passiert wäre, hätte ich dich trotzdem genauso geliebt wie vorher. Betrug fängt doch erst an, wenn man sich in jemand anderen verliebt und den Partner dann weniger liebt.«

»Du meinst eine Nacht – und gut ist's?«

»Genau.«

Ulrike musterte ihn daraufhin mit Argusaugen.

»Ulrike!«, entrüstete er sich.

»Vielleicht hast du recht.«

»Wir sollten ein gutes Wort für ihn einlegen, nach dem, was er für uns getan hat.«

»Und wie willst du das anstellen?«

Hans verfiel in nachdenkliches Schweigen, doch dann glättete sich seine gerunzelte Stirn.

»Ich hab da eine Idee.«

So wie er schmunzelte, musste es eine sehr gute Idee sein.

Sophie starrte auf den Riesenberg Nudeln, den ihr die junge chinesische Kellnerin mit den Worten »Flied Nudels« eben serviert hatte. Das fühlte sich gerade so an wie kurz vor der Besteigung des Mount Everest. Wenigstens fleischlos, denn ihr Magen sendete wieder nervöse Signale. Vor Mama stand das Gleiche, und auch sie starrte etwas unentschlossen auf ihren Teller.

»Guten Appetit. Lasst es euch schmecken«, sagte Opa, der sich für die gebratene Ente entschieden hatte und gleich nach den Stäbchen griff. Oma griff ebenfalls beherzt bei ihrem Hähnchen mit Brokkoli zu. Der Berg Reis, den sie sich genehmigte, ließ auf großen Appetit schließen. So wie die beiden lächelten, schienen sie gut drauf zu sein. Opa hatte Oma sogar einen Stuhl zurechtgerückt. Ganz der Gentleman. Kaum zu glauben, dass sie hier waren, um die Ehe der beiden zu retten. Da gab es nichts mehr zu retten. Noch ein Tag länger in Paris, und sie fielen im Restaurant übereinander her, so wie sie, bis die Bestellung gekommen war, Händchen gehalten hatten. Mama waren fast die Augen rausgefallen.

»Na, was ist? Keinen Appetit? Ist dir immer noch schlecht, Sophie?«, fragte ihre Großmutter.

Sophie raffte sich nun doch dazu auf, wenigstens zu versuchen, ein paar dieser Nudeln zwischen ihre Stäbchen zu klemmen.

»Er wird sich schon melden, dein Niklas«, sagte dann Opa. Sie hatte den beiden auf dem Weg zum Restaurant in Kurzform ihr Leid geklagt. Zumindest wussten sie von ihren Disneyland-Streitigkeiten und dass er früher als geplant zu seinem Kumpel aufgebrochen war. Von Mama, die sie auf ihrem Zimmer abgeholt hatte, wusste sie wiederum, dass Oma und Opa nun auch in Sachen Seitensprung ihres Vaters im Bilde waren. Beste Voraussetzungen für ein ersprießliches Abendessen.

»Schmeckt nicht übel.« Mama hatte den ersten Bissen doch hinuntergebracht. Zu einem zweiten Bissen kam es nicht, denn ihr Handy meldete sich mit einem unüberhörbaren Signalton für eine eingetrudelte Textnachricht. Sie schien für einen Moment zu überlegen, ob sie überhaupt wissen wollte, von wem die war.

»Das wird Markus sein«, sagte Opa, obwohl sie doch noch vor Betreten des Restaurants übereingekommen waren, die beiden heiklen Themen, Niklas und Markus, beim Essen auszuklammern und sich viel lieber vom Tag ihrer Großeltern erzählen zu lassen, wobei der kurze Spazierweg vom Hotel bis zum Chinesen gereicht hatte, um darüber das Wesentliche zu erfahren. Eine Fahrt mit der Ente und Monet. Die beiden hatten sicher einen besseren Tag gehabt als Sophie.

Mama kramte dann doch das Handy aus ihrer Tasche und las die Textnachricht laut vor.

»Wird später. Stecke im Verkehr fest.«

»Mehr nicht?«, fragte Sophie.

»Was soll er denn noch mehr schreiben? Ich lieg grad im Bett und bin noch nicht fertig? Der steckt doch nicht im, sondern beim Verkehr fest«, gab Mama spitz von sich. Die Stäbchen lagen wieder unberührt neben ihrem Teller.

»Um die Zeit ist viel los auf den Straßen. Die Leute gehen aus. Zum Essen. Wie wir«, sagte Opa beschwichtigend.

Sophie konnte ihrer Mutter ansehen, dass sie ihm kein Wort abnahm.

»Vielleicht stimmt's ja, Mama«, sagte Sophie.

»Das meinst du doch nicht im Ernst. Wenn du mir nichts von dieser Rothaarigen erzählt hättest, wäre ich vielleicht so naiv, an stockenden Verkehr zu glauben.«

»Hätte ich bloß den Mund gehalten«, sagte Sophie reumütig.

»Warum eigentlich nicht? Du hättest es mir ja nicht sagen müssen«, pflichtete ihre Mutter ihr bei.

»Weiß auch nicht.« Sophie schob es auf ihre wechselhaften

Stimmungen und dieses dämliche Schwangerschaftshormon. Es schien den Verstand zu lähmen.

»Also, erstens wissen wir noch gar nicht, ob Markus nicht tatsächlich im Stau steht, und zweitens solltest du das nicht so hoch hängen, das mit der Rothaarigen«, sagte Opa zu Sophies Überraschung.

»Das finde ich auch. Esst lieber. Es wird sonst kalt. Eure Nudeln sehen doch so lecker aus«, sagte Oma.

»Wenn das stimmt, werde ich mich von ihm trennen.« Mamas Blick war entschlossen.

»Das ist doch kein Trennungsgrund«, tönte Opa.

»Wie bitte?«, entrüstete Mama sich. Sophie sah ihren Großvater nun auch entgeistert an.

»Wisst ihr, vor vielen Jahren …«, fing Opa an.

»Du hast Mama betrogen?« Anjas Stimme überschlug sich.

»Was heißt schon betrogen? Ich war unterwegs bei einem Dreh. Die haben mich so mit Alkohol abgefüllt – und dann war da diese Regieassistentin. Ebenfalls total blau. Ich wollte das gar nicht, aber es hat sich so ergeben.«

Sophie war baff. Noch mehr aber über die Reaktion ihrer Großmutter. Sie lächelte milde. Hatten sie sie noch alle?

»Er hat es mir erzählt. Und das ist ihm nicht leichtgefallen. Mit Tränen in den Augen. Stimmt's, Hans?«

Opa nickte gerührt.

»Gott, Kinder, das ist doch schon dreißig Jahre her. Er hat diese Frau nicht geliebt. Alles wegschmeißen wegen so was? Und damals waren wir noch glücklich.«

»Nur damals?«, fragte Opa.

»Na ja, wir sind dabei, unser Glück wieder etwas aufzufrischen. Gott, ist dieses Hühnchen köstlich.« Ihre Großmutter nahm gleich noch ein Stück zu sich und verdrehte genussvoll die Augen.

»Außerdem soll man nicht mit Steinen werfen, wenn man im Glashaus sitzt«, sagte sie dann mit halb vollem Mund.

Sophie erstarrte. Mama saß schon da wie von Medusa geküsst.

»Er hieß Werner. Ein Blumengroßhändler. Ich war in Holland auf der Blumenmesse, als alle Tulpen blühten. Ihr wisst ja, was man in Holland schon damals gemacht hat.«

»Was? Etwa jede Gelegenheit nutzen ...?«, fragte Sophie.

»Rauchen ... Gras ... Ich hab wohl zu viel erwischt. Er brachte mich ins Hotel, und so schnell konnte ich gar nicht schauen, hat der sich nackig gemacht.«

»Mama?« Anja klang hysterisch.

»Sie hat es mir erzählt, schon bevor ich was mit der Regieassistentin hatte. Zugegebenermaßen hat das doch eine gewisse Hemmschwelle abgebaut. Eins zum anderen, versteht ihr? Gleichstand.«

Sophie hatte das Gefühl, dass die beiden anscheinend zu viel von diesen Blüten in Monets Garten inhaliert hatten.

»Aber das war nicht der Grund, weshalb wir uns die letzten Jahre nicht mehr so gut verstanden haben«, präzisierte Oma.

»Markus hat keinen Schuss mehr frei, nehme ich mal an. Da muss ich mich wohl ranhalten, für den Gleichstand«, gab Mama lakonisch von sich.

»Also, ich finde, so rückblickend gesehen, war das sogar eine gute Erfahrung«, führte Opa zwischen seinen Bissen aus.

»Inwiefern?«

»Man weiß, was man an seinem Partner hat. Es gibt einem nichts, außer für den Moment.«

»Ich sehe das genauso«, pflichtete Oma ihm bei.

»Na, wenn das so ist.« Mama griff nach ihrem Handy und schaltete es demonstrativ aus. Sie erntete dafür fragende Blicke.

»Wir sollten uns amüsieren. Jetzt erst recht. Was kümmert es mich, was Markus gerade macht und wo er ist? Ich bin ihm nicht einmal einen Anruf wert.«

»Was meinst du damit? Amüsieren?«, fragte Sophie.

»Ich hab eine Einladung für einen der angesagtesten Clubs der Stadt.«

»Von wem?«, fragte Sophie frei heraus.

»Von dem Wellness-Menschen hier im Hotel.«

Oma und Opa tauschten fragende Blicke.

»Musik der Neunziger. Kommt doch mit.«

»Also, ich hab keinen Bock«, sagte Sophie, und das lag nicht an der Musik. In Gedanken sah sie sich schon auf die Tanzfläche reihern und allein mit all den Grufties dort herumhüpfen. Dann lieber irgendwas in der Glotze schauen, bis Niklas wieder da war. Die Nacht wurde sicher noch anstrengend genug.

»Musik der Neunziger?«, hakte Opa überraschend interessiert nach.

Anja sah ihn entgeistert an.

»Papa. Das ist ein Club mit lauter Musik. Du meckerst ja schon, wenn Mama auf ihrem WLAN-Speaker die Callas hört. Das ist für Ü40.«

»Wir sind Ü40«, wandte Oma ein.

»Ja, amüsiert euch«, stachelte Sophie sie an. Ein bisschen Bewegung würde den beiden sicher nicht schaden.

Mama schien sich erst noch an diesen Gedanken gewöhnen zu müssen.

»Um zehn vor dem Hotel. Wir nehmen ein Taxi«, wies sie die beiden an.

»Ich kann mir ja Ohrenstöpsel reinstecken«, sagte Opa.

»Ach was. Die hab ich dir gar nicht eingepackt.«

Sophie starrte wieder auf den chinesischen Nudelberg und nahm sich nun doch vor, ihn zumindest zu köpfen.

»Also, verrückt ist das schon«, stellte Ulrike fest, als sie gemeinsam mit Hans und Anja aus dem Taxi vor dem *Le Filou* stiegen. Die Alten gingen zum Schwofen, und das junge Küken bevorzugte es, allein im Hotel zu bleiben – allen Überredungsversuchen nach dem Essen zum Trotz. Angeblich war der Tag in Disneyland zu anstrengend für sie gewesen. Wer's glaubt!

»Wir gehen da rein?«, fragte Hans, der etwas skeptisch wirkte, denn davor standen vor allem Leute in Anjas Alter an. Von außen kam der Club eher unscheinbar daher. Das Haus musste früher mal ein Geschäftsgebäude oder Lager gewesen sein. So glatte Fassaden ohne jeglichen Charme sah man selten im Viertel rund um die Bastille. Ein komplett mit Holz verkleideter Eingangsbereich, den man niemals als den eines Tanzlokals erkennen würde, wenn davor nicht ein Türsteher stünde, verlieh dem Ganzen zumindest etwas Charme. Von drinnen dröhnte das Wummern von Bässen.

»Sophie hätte mitgehen sollen. Wir hätten aber auch bei ihr bleiben können«, meinte Ulrike.

»Und was machen? Karten spielen?«, gab Hans zurück.

»Sie wird auf Niklas warten. Vielleicht kommen beide nach«, sagte Anja lapidar. Es klang beinahe so, als ob sie die Abwesenheit ihrer Tochter nicht sonderlich stören würde. Sie wippte bereits mit dem Fuß zur Musik und besah sich die kleine Schlange, die sich vor dem Eingang gebildet hatte.

»Ich hab euch gewarnt. Da drin ist es brutal laut. Packst du das wirklich, Papa?«

Ulrike musterte ihre Tochter misstrauisch. Das sagte sie doch nur, weil es ihr nicht recht war, mit den Eltern in einen Club zu gehen. Dafür hatte Ulrike kein Verständnis. Schließlich war sie aus dem Alter raus, in dem es einem unangenehm war, die Eltern im Schlepptau zu haben. Das war schließlich keine Kinderdisco hier.

»Ein, zwei Bierchen, und das Trommelfell trommelt mit«, witzelte Hans. Er gab sich tapfer. Freiwillig, und wenn sie nicht in Paris auf ihrer »Versöhnungsfahrt« gewesen wären, hätte er sich nicht zusammen mit Anja in die Schlange gestellt. Ulrike bezahlte derweil das Taxi. Genommen hatten sie es, um sich Drinks zu genehmigen. Parkplätze gab es hier sowieso keine.

Ulrike besah sich das Einlass begehrende Publikum nun etwas näher. Schick gemacht hatten sie sich, vor allem die Damen. Sie trugen aufreizende Fummel, und wer es sich leisten konnte, mit tiefem Ausschnitt. Selbst ältere Semester wie sie hatten sich aufgedonnert. Wieso sahen die älteren Französinnen alle so gut aus? Und sie kam mit einem einfachen blauen Kleid daher, das sich Ulrikes Meinung nach eher für den Job in Anjas Steuerkanzlei eignen würde. Immerhin kaschierte es etwas das Bäuchlein. Hans war schon kompatibler gekleidet. Ein weißes Hemd zu schwarzer Hose ging immer. Das trugen auch einige der Herren in der Schlange.

»Hätte ich doch nur ein so richtig schickes Kleid mitgenommen«, flüsterte sie Hans angesichts der gefühlten Misere zu.

»Warum? Das steht dir doch gut.«

»Ehrlich?«

»Warum hast du das sonst nicht mehr angezogen?«

»Es gab ja niemanden mehr, der sich dafür interessierte.«

Hans steckte die Bemerkung weg. Er nickte einsichtig und fast ein wenig beschämt. Weil er den Arm um ihre Hüfte legte, brauchte er gar nichts mehr darauf zu sagen.

Anscheinend musste man hier Eintrittskarten vorzeigen. Anja hatte sicher welche dabei, denn eine Kasse war nicht in Sicht. Als sie an der Reihe waren, sagte sie dem Schrank von einem Mann an der Tür irgendetwas, was nach Jean-Pierre klang. Sesam öffne dich. Auch sie durften rein.

»Ist dieser Jean-Pierre denn auch da?«, wollte sie von Anja wissen.

Sie zuckte bei dieser Frage regelrecht zusammen.

»Keine Ahnung.«

»Also, wenn der gut massiert ...«

»Das überstehst du nicht, Mama. Der packt richtig zu.«

»Das ist doch genau das, was ich brauche. Mal wieder ein Mann, der kräftig zupackt.« Letzteres sagte sie augenzwinkernd und an Hans gerichtet.

Er kniff sie daraufhin in den Hintern, was Ulrike zu einem halbherzigen Protest veranlasste. Anja zu geweiteten Augen.

Kaum den kleinen Gang mit samtausgekleideten Wänden hinter sich gelassen, tat sich der Schalldom vor ihnen auf. Gegen zehn Uhr abends war er noch nicht brechend voll, aber gut gefüllt. Sie wusste von Sophie, dass man heutzutage erst frühestens gegen elf zum Tanzen ging. Früher um neun. Gegen zwei hatte man sich überlegt heimzugehen. Um die Zeit ging heutzutage die Party erst richtig los. Eine für ältere Semester mit Musik der Neunziger, noch dazu an einem Sonntag, fing wohl etwas früher an. Etwas anderes als zu tanzen ging hier drin nicht, denn die Musik war so laut, dass eine Verständigung nur möglich war, wenn man sich gegenseitig anschrie. Das tat Ulrike dann auch.

»Suchen wir uns einen Platz da hinten? Da sind noch freie Tische.« Die eigene Stimme schrillte ihr im Ohr.

Anja nickte und schlängelte sich an der Bar entlang zum hinteren Bereich, der wenigstens, wie Ulrike feststellte, nicht im direkten Schallfeuer der riesigen Soundanlage lag.

What is love? Baby don't hurt me. Don't hurt me, no more. Haddaways

Klassiker sorgte für Stimmung. Die bereits halb gefüllte Tanzfläche kochte, und auch Ulrikes Blut geriet in Wallung. Als das rausgekommen war, hatte sie noch mit ihrem Mann getanzt – in der Tanzschule. Mit Ende dreißig trieb man sich ja nicht mehr in der Disco herum. Die letzte halbe Stunde waren dann solche Songs gelaufen. Damals hatte es noch keine Ü-Partys gegeben. Ausgeflippt auf der Tanzfläche wurde auf privaten Partys oder eben in der Tanzschule.

»What is love?«, grölte Hans und nahm sie bei der Hand, noch bevor sie ihre Sitzecke erreicht hatten.

Gute Frage. Liebe war in diesem Fall wohl, mit ihm zu tanzen, auch wenn sie viel lieber erst einmal einen Drink zu sich genommen hätte. Sofort hatte Ulrike diese zwei Männchen mit all den »Liebe ist«-Sprüchen vor ihrem geistigen Auge. Die waren damals doch auch in gewesen.

Ulrike folgte ihm zur Tanzfläche. Anja hingegen nahm Platz und winkte einen Ober herbei.

»Bestell zwei Bacardi Orange für uns mit«, grölte Hans, bevor er Ulrike auf die Tanzfläche zog. Natürlich nur an den Rand. Es war ihm damals schon ein Gräuel gewesen, in der Mitte zu stehen. Ulrike war das recht, denn so richtig mithalten konnte sie kleidungstechnisch nicht, dafür allerdings mit den Tanzbeinen. Der Song ging aber auch sofort ins Blut. Schon waren die Arme mit dabei, und einmal warm getanzt, wagte sie sogar vollen Körpereinsatz. Hans auch, doch anscheinend irrte er sich in der Dekade. »Saturday Night Fever« – das waren die Siebziger. Wusste er sonst nichts mit seinen Händen anzufangen, als sie umeinander zu kurbeln? Es störte niemanden. Die anderen tanzten auch nicht viel besser, doch denen stand nicht schon, bevor Haddaway zu einem Ende kam, der Schweiß auf der Stirn. Hans war schnelle Bewegungen nicht gewohnt. Hoffentlich kollabierte er nicht mitten auf der Tanzfläche. Ulrike fiel auf, dass sie sich die gleiche Frage stellen könnte, denn ihre Pumpe war mittlerweile auch auf Anschlag. Doch es gab kein Entrinnen! Snap mit ihrem Song »Rhythm is a Dancer« kam als Nächstes. Hans juchzte vor Freude. Dass seine Mundwinkel es noch so weit nach oben schafften. Sonst zeigte die Banane doch immer nach unten – die andere sowieso, amüsierte Ulrike sich. Hans schien jedoch lernfähig zu sein. Er schaute sich genau wie Ulrike die Tanzbewegungen der Geübteren ab. Was er gerade machte, sah für Ulrike so aus wie die Yogaposition des Kriegers. Hoffentlich erstach er mit seinen ausgestreckten Armen nicht jemanden. Hüfteinsatz. Mit der Schulter ruckartig zum Beat moven. Hans' Herztabletten waren im Hotel. Sein Hemd klebte bereits wie eine zweite Haut an ihm, und Ulrike betete, dass ihr Deo nicht versagte. Die vielen Lichter machten einen den desolaten Körperzustand vergessen. Sie hatten hypnotische Wirkung. Bleib hier und tanz weiter, schienen sie zu sagen, und das mit unaufhörlichen Schlägen in die Magengrube. Die Bässe droschen förmlich auf sie ein. Wer wohl zuerst das Handtuch schmiss? Hans oder sie? Er strahlte nicht mehr. Das wenige Haar, das er noch auf seinem Haupt hatte, hing strähnig herunter. Seine Bewegungen wurden langsamer. Er war aus dem Takt. Hans war fertig. Ulrike hängte sich kurz entschlossen bei ihm ein, als der Song zu einem Ende kam, und erntete dafür ein dankbares Lächeln. Er japste nach Luft.

»War das geil«, stieß er trotzdem noch aus.

Ulrike entdeckte schon die Bacardis auf ihrem Tisch. Hoffentlich war das Eis noch nicht geschmolzen. Moment! Wo war Anja?

»Ah, schau mal einer an. Der Herr Masseur«, keuchte Hans.

Ulrike folgte seinem Blick zur Bar. Dort rekelte sich Anja schlangengleich mit übereinandergeschlagenen Beinen. Das sah verdammt sexy aus. Beide, korrigierte sie sich. Der Mann neben

ihr musste dieser Jean-Pierre sein. Bis zum Bauchnabel aufgeknöpftes Hemd. Hatte der Haare auf der Brust? Knackarsch in den
Jeans. Mein lieber Schwan. Und von dem hatte sich Anja durchkneten lassen? So was gab's im Hotel? Jetzt guckte er auch noch
her und schenkte ihnen ein bezauberndes Lächeln, aber leider viel
zu kurz. Anscheinend hatte Anja ihm gesagt, dass sie nicht allein
hier war.

»Sie ist alt genug«, kam dann von Hans, nachdem er sich in
der Sitzecke niedergelassen hatte. Wenigstens musste man sich
hier nicht mehr anbrüllen.

»Wir haben sie dazu ermutigt«, warf Ulrike sich vor.

»Die flirten doch nur.«

»So flirtet man, wenn man mehr will«, diagnostizierte Ulrike.
»Schau mal, wie weit sie sich schon ihren Rock übers Knie gezogen hat. Bein zeigen.«

»Na, nackt wird er sie ja schon gesehen haben.«

»Sie trinkt einen Whiskey. Na, das kann heiter werden«, malte
Ulrike sich aus.

»Wenn Markus das sehen würde ...«

»Er sieht es aber nicht«, entgegnete Ulrike.

Sie beobachtete die beiden mit Argusaugen und nuckelte an
ihrem Bacardi Orange. Anja hatte nach einem Whiskey sicherlich
schon einen höheren Pegel. Willig ließ sie sich auf die Tanzfläche
führen. »All that she wants« von Ace of Base passte wie die Faust
aufs Auge. Denn der Titel des Songs untermalte Anjas Blicke auf
Jean-Pierre. Wenn sie ihn noch eine Minute länger so anstarrte,
war er nackt und ihre Ehe im Eimer.

Sophie kannte das gar nicht an sich, diese kuriose Mischung aus
Wut, Verzweiflung, Zukunftsängsten und Niedergeschlagenheit,
die sich in der letzten Stunde, seitdem alle in diesen Club gefah-

ren waren, im Fünfminutentakt die Hand gaben. Dieser Kerl meldete sich nicht. So viel zum Thema »Wut«. Und Sophie war definitiv zu stolz, um ihm eine Nachricht zu schicken. Untätig im Zimmer herumzusitzen oder wie ein Tiger in einem Käfig auf und ab zu laufen, vielmehr ihren Gedanken hinterher, war kaum noch auszuhalten. Vom Fenster, um nach ihm zu sehen, ins Bad, um sich den zweiten angenagten Fingernagel wieder glatt zu feilen, die anderen auch gleich auf Länge trimmen, dann zurück aufs Bett, um die Kerzen des Kronleuchters im Kreis herum zu zählen. Sie musste raus! Es war riskant, um diese Zeit noch mit der Metro zu fahren, denn die letzte ging ihres Wissens kurz vor eins. Da lohnte es sich gar nicht, eine weite Strecke auf sich zu nehmen, um sich ins Getümmel am Montmartre zu stürzen. Dort konnte man sich prima ablenken, doch dann mit einem Taxi zurück ins Hotel? Zu teuer.

Sophie raffte sich auf, schlüpfte in ihre Jacke und verließ das Hotel. Rein in die Metro. Papa hatte ihnen schließlich ein Carnet gekauft, ein Heft mit zehn Fahrscheinen. Die Station Étoile lag nur drei Haltestellen entfernt. Von dort erwischte sie sicher noch die letzte Metro zurück. An den Champs-Élysées waren Menschen, Lichter und unzählige Cafés. Hauptsache ablenken. Das wollte allerdings schon in der Metro nicht so recht gelingen. Als ob sich alle glücklichen Pärchen der Stadt in diesem Waggon verabredet hätten, um zu knutschen. Händchen haltende Touristen, fröhliche Gesichter. Der ideale Kontrast zur nächsten Gefühlswallung. Ihre tiefe Verzweiflung fühlte sich so an, als ob jemand den Stöpsel zur Seele zog. Selbst schuld. Deine Scheißeifersucht, warf Sophie sich erneut vor. Dabei war sie doch nicht die einzige junge Frau in diesem Abteil, die nicht wie ein Model daherkam und dennoch ein Sahneschnittchen an ihrer Seite hatte. Schon verfluchte sie sich für ihr angeknackstes Selbstwertgefühl, wofür es rein rational betrachtet überhaupt keinen Grund gab. Doch! Der Grund hieß Niklas. Er sah einfach zu gut für sie aus. Und wie die Seele da gleich auf den verklebten Metroboden tropfte. Sophie riss sich zusammen und stöpselte die Wunde wieder zu. Das gelang, indem sie sich daran erinnerte, dass der Wert einer Frau sich nicht über die Größe ihrer Brüste definierte. Die Mädels im Blick waren auch keine Dolly Busters. Da ging es ihr gleich besser. Am Étoile angekommen, stieß sie beim Aussteigen in Gedanken gegen einen jungen Mann, der wohl nicht die Geduld hatte zu warten, bis der Menschenstrom sich nach draußen ergossen hatte. Eine schöne Begegnung, denn für einen Moment musterte er sie interessiert. Na gut, du bist keine hässliche Krähe. Davon konnte sie sich aber auch nichts kaufen, und kaum am Ende der Rolltreppe angelangt, manifestierte sich der Kern ihrer Ängste. Vor ihr schob eine junge Mutter in Begleitung ihres Mannes einen Kinderwagen auf diese pressluftgesteuerten Klapptüren zu. Sophies Einschätzung nach war die Lücke zwischen den Barrieren, nachdem man sein Ticket in den Schlitz der Metallkästen gesteckt hatte, immer noch nicht groß genug, um mit einem Kinderwagen hindurchzukommen. Kind raushieven. Den Jungen aus dem Halbschlaf reißen. Das Kind fing an zu plärren, und schon gerieten die beiden in Streit.

»Ich hab dir ja gesagt, dass das keine gute Idee war. Wir hätten den Bus nehmen sollen«, zeterte sie.

»Die Metro ist aber schneller«, gab er zurück, faltete den Wagen etwas zusammen, um ihn dann durch die Lücke zu pressen.

»Für das Taxi bist du ja zu geizig«, warf sie ihm vor. Dann versuchte die junge Mutter mit dem Kind auf dem Arm, an ihre Fahrkarte zu gelangen, die wohl in der Hosentasche ihrer Jeans steckte. Es gelang mit Mühe. Die Klapptür ging auf. Schnell durch. Das waren wahrhaft tolle Aussichten.

Kapitel 12

Anja war froh darüber, sich das unangenehme Gefühl, von ihren Eltern beobachtet zu werden, mit einem Drink heruntergespült zu haben. Der Hochprozentige mit Eis betäubte die Sinne. Es bitzelte nicht mehr im Rücken, und die Nackenhaare hatten sich auf der Tanzfläche mittlerweile wieder gelegt. Jean-Pierre hingegen schien Nerven wie Drahtseile zu haben oder einfach nur der unbeschwerteste Mensch zu sein, den Anja kannte. Er wusste mittlerweile, dass ihre Eltern anwesend waren, und hatte sogar vorgeschlagen, zu ihnen rüberzugehen, um mit ihnen zu plaudern. Das kam nicht infrage. Es reichte schon, Mutters Augen neugierig aufblitzen zu sehen, als er Blickkontakt zu ihren Eltern gesucht hatte. Auf der Tanzfläche waren sie nicht ständig in deren Sichtfeld. Sie war gut gefüllt und so von Licht geflutet, dass einem das Drumherum irgendwann egal war. Wie gut das tat, endlich mal wieder so richtig abzutanzen. Jean-Pierre schien hier Stammgast zu sein, so wie er sich bewegte. Das war im Übrigen der zweite Grund, warum sich schon nach wenigen Takten zu »Mr. Vain« von Culture Beat das Gefühl, beobachtet zu werden, verflüchtigt hatte. Nur noch diesen muskulösen Oberkörper im Blick, auf dem sich Schweißperlen bildeten und sich an den Brusthaaren verfingen. Wer ihn nicht kannte, hielt ihn sicher für einen Mr. Vain, einen eitlen Kerl. Seine Bewegungen als sexy zu bezeichnen wäre nicht übertrieben. Voller Hüfteinsatz. Und immer nur sie im Blick, was ihre Bewegungen gleich geschmeidiger machte und ihr das Gefühl gab, um zehn Jahre jünger zu sein. Wer so ein strahlendes Lächeln wie er auf den Lippen hatte, dessen Charme und Ausstrahlung konnte man sich nicht entziehen. Das Verrückte daran war, dass Anja sich auf einmal selbst wieder attraktiv fand und sich daran erinnerte, wie man sich bewegte, um seine Reize auszuspielen. »Aus sich herausgehen« nannte man das wohl. Er würdigte es mit entsprechenden Blicken. Eine zufällige Berührung hier, eine da. Schon kribbelte es von Kopf bis Fuß. Die Pumpe ging schneller. Anja hatte nichts dagegen, dass der nächste Song es etwas langsamer anging. Und den kannte sie sogar aus ihrer Disco-Zeit. »La Passion« von Gigi D'Agostino. Ein paar Takte ruhiger. Langsamere Bewegungen und für Jean-Pierre die ideale Gelegenheit, ganz nah an sie heranzutanzen, ihr seine Hände auf die Hüfte zu legen und mit ihr fast schon auf Tuchfühlung im Takt der Musik zu schweben. *Baby I love you so, and never let you go.* Anjas Puls ging trotz der niedrigeren Beats per Minute nicht runter, weil seine Augen diesen Text mitzusingen schienen. Oder bildete sie sich das nur ein? Vom Schluck Whiskey leicht benebelt? Nein! *I'm looking for your face, waiting for warm embrace.* Das erlebte sie gerade live, denn er sah ihr nun direkt in die Augen, während seine Hände sie noch näher zu sich heranzogen. Wahrlich ein »warm embrace«. Gigi D'Agostino sang dann, was sie sich gerade fragte. *Tell me what's going on.* Was geschah da mit ihr? Die Welt um sie herum vergessen, ihn riechen und eine unbändige Lust darauf spüren, diesen Mann augenblicklich zu küssen, ihm das Hemd vom Leib zu reißen. Es reichte schon der kurze Kontakt zu seiner Leistengegend, in der sich eindeutig etwas regte. *I'm gonna make you queen, girl have you ever seen.* Sie war zweifelsohne für diesen Abend seine Königin. Andere Frauen interessierten ihn nicht. Sie blitzten ab, auch wenn sie ihn noch so anhimmelten, definitiv jünger und knackiger waren. Anja kam sich vor, als hätte sie ihren Verstand abgegeben. Der Gedanke kam ihr, als sich ihr Blick durch die eben entstandene Lücke, weil der Song zu einem Ende kam, mit dem ihrer Mutter kreuzte.

»Hast du Lust auf noch einen Drink oben auf der Terrasse? Sie ist verglast, und man hat von dort einen schönen Blick über das Viertel.« Jeans-Pierres Angebot klang unwiderstehlich, allein schon, damit sie aus dem Blickfeld ihrer Eltern waren. Sich zu ihnen zu einer Runde Small Talk zu setzen, kam nun erst recht nicht mehr infrage. Ihre Eltern hatten bereits genug gesehen. Und wenn sie es Markus erzählten? Sollten sie doch. Jemand wie er müsste dafür Verständnis haben. Am Ende hatte er sich schon gemeldet. Egal. Das Handy war in ihrer Jackentasche und die Jacke an der Garderobe.

»Möchtest du?« Jean-Pierre war ihre gedankliche Abwesenheit aufgefallen.

Anja nickte stumm und spürte schon seine Hand in der ihren, womit er sie in Richtung des Fahrstuhls am anderen Ende des Raums führte.

»Da oben ist es auch nicht mehr so laut«, erklärte er, nachdem er den Rufknopf gedrückt hatte. Anja glaubte nicht, dass er wegen der Lautstärke auf die Terrasse wollte. Sie musste unwillkürlich schmunzeln.

»Dort oben ist es wirklich ruhiger. Oder was glauben Sie, weshalb ich mit Ihnen dort hinauffahre?«

Dann musterte er sie mit einem verschmitzten Lächeln und drückte auf die Sieben. Anja war gespannt darauf, wo sie herauskamen, denn von der Straße aus war keine Dachterrasse zu sehen gewesen.

»Die Aussicht genießen. Das wird es sein«, sagte Anja.

»Auch, doch am liebsten sehe ich Sie an, ohne diese vielen Lichter.«

Jetzt nur keine weichen Knie kriegen. Die Aufzugskabine war so eng, dass sie sowieso schon beinahe auf Tuchfühlung nebeneinander standen.

»Sie sind ein ganz schön durchtriebener Charmeur.«

»Vielleicht, aber in erster Linie ehrlich.« Genau das war es, was Anja an diesem Mann so verblüffte und sie förmlich entwaffnete. Er bot ihr den Arm an, als der Aufzug die siebte Etage erreichte. Nur wenige Gäste hielten sich hier auf. Eine kleine Bar versorgte sie mit Drinks. Das Licht hier oben war gedimmt und spiegelte sich daher kaum in den Scheiben. Daher leuchteten so viele Lichter aus den Fenstern der Wohnhäuser zu ihnen herüber. Zwischen den Häuserzeilen drang das Licht von vorbeifahrenden Fahrzeugen wie ein flackerndes Feuer herauf.

»Hab ich Ihnen zu viel versprochen?«

»Wunderschön.«

»Möchten Sie etwas trinken?«

Sie schüttelte den Kopf. Nicht noch einen. Sie war froh, dass sie ihre Sinne wieder einigermaßen beieinander hatte.

»Am liebsten wäre ich hier ganz allein mit Ihnen«, sagte er.

Anja hegte insgeheim den gleichen Wunsch, war jedoch unfähig, ihm das zu gestehen.

Er wandte sich von ihr ab und blickte über die Lichter der Stadt. Anja tat es ihm gleich.

»Es tut mir leid, manchmal bin ich wohl ein bisschen zu direkt. Wir kennen uns kaum, und Sie sind verheiratet.«

Was er sagte, nahm Anja die wachsende Anspannung. Nun war das Thema wenigstens auf dem Tisch.

»Nein. Das schätze ich sehr an Ihnen.«

»Nur das?«

»Mehr als nur das.« Anja hatte es allen Mut gekostet, ihm das zu gestehen. »Warum ist das für Männer immer einfacher?« Anja ließ ihren Gedanken freien Lauf.

»Was?«

»Jemanden kennenlernen, attraktiv finden und seine Gefühle zeigen.«

»Es ist nicht einfacher. Es ergibt sich. Das Leben ist voller Überraschungen, und manchmal führt es Menschen, deren Begegnung vorausbestimmt ist, zueinander. Das passiert nicht so oft.«

»Sie denken, unsere Begegnung war schicksalhaft?«

»Vielleicht. Dieser Abend mit Ihnen scheint es zu sein.«

Anja dachte darüber nach. Ihr war klar, dass neben ihr ein Mann stand, der sie hemmungslos lieben würde. Etwas, wonach sie sich seit Langem sehnte. Es musste ja nicht mehr daraus werden. So, wie sie ihn einschätzte, wollte er das wahrscheinlich gar nicht. Den Moment genießen. War das nicht ein Geschenk?

Seine Hand griff nach ihrer und begann sie zu streicheln. Er brauchte gar nichts mehr zu sagen. Sie las in seinen Augen, dass er sich nach mehr sehnte. Ein schöner Moment, den Anja so lange genoss, bis eine Gruppe von jungen Leuten aus dem Ausgang neben dem Fahrstuhl trottete. Sternhagelblau fingen sie an zu kichern und zu grölen.

»Ich weiß, wo es ruhig ist. Nur wir beide«, bot er ihr an.

Ihre Eltern würden sich fragen, wo sie abgeblieben war. Andererseits hatten sie bereits genug gesehen. Machte es die Situation noch schlimmer, wenn sie sich nun mit ihm verdrückte? Und selbst wenn Markus es erfuhr. Es wäre der ideale Anlass, um mit ihm über seine Affären zu sprechen.

Anja war nun alles egal. Ein Geschenk stand vor ihr. Es abzulehnen wäre töricht.

Oh baby come to me, baby just come to me. Diese Zeile des Songs, bei der er ihr auf der Tanzfläche nahegekommen war, hallte noch nach, als sie sich klammheimlich davongeschlichen hatten und keine fünf Minuten später in ein Taxi gestiegen waren.

Recht viel mehr, außer dass Sophie sich an der frischen Luft bewegt hatte und die Stimmungsschwankungen sich zumindest nicht mehr im Fünfminutentakt zeigten, war bei dem nächtlichen Spaziergang nicht herausgekommen. Sie hatte gar nicht die letzte Metro nehmen müssen. Allein durch eine lebendige Stadt wie Paris herumzuirren machte einem klar, wie allein man war. Eine bittere Erkenntnis, die Sophie in einen Zombie verwandelt hatte. Gefühllos. Reglos. Leer. Einfach nur noch dasitzen und in ihrem Zimmer die Wand anstarren. Sie schaute nicht einmal mehr auf ihr Handy. Ob eine Nachricht von Niklas hereingekommen war, interessierte sie auch schon nicht mehr. Selbst der Gedanke, dass sich ihre Großeltern und ihre Mutter nun in einem Club amüsierten, tangierte sie nicht. Der Stuhl, auf dem sie saß, erwies sich als zu unbequem. Sophie liebäugelte damit, sich gleich hinzulegen in der vagen Hoffnung, dass der morgige Tag besser wurde, doch dann hörte sie Schritte auf dem Gang. Niklas? Eher nicht, denn sie verharrten nicht vor ihrer Tür. Jemand da draußen ging weiter. Dann vernahm sie das verräterische Summen des Öffnungsmechanismus, wenn man die Hotelkarte in den Schlitz der Tür steckte. Das hörte sich so an, als ob ihre Mutter gerade nach Hause gekommen wäre. Schon so früh? So aufgedreht, wie sie sich vor Verlassen des Hotels gegeben hatte, hätte Sophie damit gerechnet, dass sie bis in die Morgenstunden durchhielt. Nun rumste es von nebenan. Die Tür, wenn sie ins Schloss fiel. Ging sie etwa schon wieder? Hatte sie nur etwas vergessen? Sophie fühlte sich zu kraftlos, um sich zu erheben und nachzusehen.

Selbst eines ihrer elementarsten Gefühle, das der Neugier, hatte dieser Abend gekillt. Dann klopfte es gegen ihre Tür.

»Sophie?«

Papas Stimme. Der war jetzt also auch wieder da.

»Bist du noch wach?«

Sophie schleppte sich zur Tür und öffnete sie.

»Wo ist denn Mama?«, wollte er als Erstes wissen.

»Im Club.«

»In welchem Club?«

»Tanzen.«

»Mit Ulrike und Hans?«

»Auch.«

»Mit wem noch?«

»Jean-Pierre.«

»Wer ist Jean-Pierre?«

»Der Masseur.«

»Sie ist mit einem Masseur zum Tanzen gegangen?« Seine Entrüstung prallte an ihr ab.

Er stand für einen Moment nur geschockt da.

»Du warst nicht da. Und sie wusste nicht, wo du bist«, erklärte sie ihm nüchtern.

»Ich konnte ihr nicht sagen, wo ich bin.«

»Das war auch ihr Gedanke.«

»Nicht so, wie du denkst.«

»Ich denke nicht mehr.«

»Wenn jemand denkt, dann doch du. Was ist los? So kenn ich dich gar nicht.«

»Niklas ist weg. Bei 'nem Freund.«

»Ja so was.«

»Das war geplant. Ich wusste, dass er ihn besuchen wird.«

»Und warum hängen deine Schultern dann so?«

»Wir haben gestritten.«

»Und weswegen?«

Sophie überlegte, ob sie ihm vom Disney-Debakel berichten sollte, doch selbst dazu fehlte ihr die Kraft.

»Kleinigkeiten.«

Ihm von der Schwangerschaft zu erzählen kam erst recht nicht infrage.

»Wollen wir was trinken? Ein Schluck Wein aus der Minibar zur Beruhigung?«

»Keinen Bock.«

Markus musterte sie verstört. Sophie wunderte das nicht, denn in einem so leblosen Zustand hatte er sie noch nicht erlebt.

Er setzte sich aufs Bett und deutete auf die Matratze. Das hieß so viel wie: »Setz dich doch!«

Sophie setzte sich zu ihm und starrte vor sich hin.

»Sophie. Du hast was. Ist dir immer noch schlecht?«

Sie schüttelte den Kopf.

»Bist du sauer? Etwa auf mich?«

»Mama ist sauer. Ich nicht.«

»Ach, Sophie. Mein Schatz. Ich kann das gar nicht mitanse-hen. Komm her ...« Markus legte einen Arm um sie und zog sie an sich. Sophie ließ es geschehen. Es fühlte sich überraschend gut an, Halt an Papa zu finden. Lang war's her.

»Sag mir doch, was los ist.« Markus wuschelte ihr durchs Haar, wie er es immer getan hatte, als sie noch einen Meter kleiner gewesen war. Das zeigte Wirkung. Sämtliche Gefühle, die sich bis vorhin verloren hatten, kitzelten wieder an der Seele. Wortlos seine Wärme und Nähe zu spüren öffnete dann doch die Schleu-sen ihrer Augen.

»Ist doch gut. Egal, was es ist. Es wird bestimmt alles gut«, tröstete er sie.

»Ich bin schwanger«, brach es aus Sophie heraus.

Das war's dann mit den Streicheleinheiten. Ihr Vater zuckte regelrecht zusammen und starrte sie an, was die Tränenproduktion augenblicklich ankurbelte.

»Niklas als Vater.« Mehr musste Sophie gar nicht sagen.

Ihr Vater nickte nachdenklich.

»Was mach ich denn jetzt bloß?«

»Niklas weiß es noch nicht, nehme ich an ...?«

Sophie schüttelte den Kopf und wischte sich die Augen trocken.

»Mama?«

»Nur du. Ich wollte es niemandem sagen. Vorerst zumindest. Du musst mir versprechen, dass du es auch noch niemandem sagst.«

Er nickte schweren Herzens. »Vielleicht gibt er ja doch einen guten Vater ab.« So richtig überzeugend klang Papa nicht.

»Klar. Und wir leben dann von der Stütze.«

»Wir sind ja auch noch da und deine Großeltern.«

»Ich wollte nach der Promotion einen tollen Job. Kann ich doch jetzt alles vergessen.«

»Quatsch. Du schaffst das.« So wie er es sagte, klang es nicht nach einer Floskel. »Wollen wir auch in diesen Club gehen? Bringt dich auf andere Gedanken. Welcher ist das überhaupt?«

Sophie durchschaute seine Alibi-Frage. Er wollte wissen, was ihre Mutter mit diesem Jean-Pierre trieb.

»*Le Filou*, bei der Bastille.«

»Sicher, dass du nicht mitkommen willst?« Die nächste rhetorische Frage. Immerhin bewies er Anstand.

Sie nickte.

»Deine Mutter. So kenn ich sie gar nicht. Mit einem Fremden ...«

Unter normalen Umständen hätte sie ihm nun ihre Beobachtung unter die Nase gerieben. Die Rothaarige. Sophie glaubte genau wie ihre Mutter, dass er kein Kostverächter war. Die Umstände waren aber nicht mehr normal. Und ihm nun zu gestehen, dass sie ihn in einem Anflug hormoneller Umnachtung verpetzt hatte, war nicht drin.

»Geh nur.«

»Sicher?«

»Ja, Paps.«

Er nickte schweren Herzens und erhob sich.

»Ich zieh mir nur ein frisches Hemd an. Also, zehn Minuten bin ich noch da. Nur, falls du doch …«

»Nein, Papa!«

Das war nun deutlich genug. Er gab ihr noch einen Kuss auf die Wange und verließ dann ihr Zimmer.

Wieder allein, stellte Sophie fest, dass sie sich bereits etwas besser fühlte. Auch wenn er als Ehemann für ihre Mutter wohl nicht optimal zu sein schien, als Papa funktionierte er noch ganz gut.

Also wirklich. Diese Turtelei. Anja und Jean-Pierre hatten sich auf der Tanzfläche halb aufgefressen. Lambada-Style auf Songs der Neunziger. Und Ulrike gab sich auch noch die Schuld daran. Gemeinsam mit Hans hatten sie Anja schließlich dazu animiert. Und wo waren die beiden jetzt? Hans stellte sich offenkundig die gleiche Frage, denn auch er ließ seinen Blick über die Tanzfläche wandern.

»Also an der Bar sind sie nicht mehr«, stellte Ulrike fest, nachdem sie aufgestanden und ein paar Schritte zur Seite gegangen war, um auch den letzten, bisher nicht einsehbaren Winkel der Bar in Augenschein zu nehmen.

Hans hielt es nun auch nicht mehr auf den Polstern. Er stand ebenfalls auf und ging zur Tanzfläche – mit sichtbarem Unbehagen, denn dort war es wesentlich lauter als an ihrem Tisch. Er schüttelte den Kopf und kam zurück.

»Vielleicht sind sie grad auf dem Klo«, überlegte Hans laut.

»Wie meinst du das?« Ulrike hatte schon einen Softporno vor ihrem inneren Auge.

»Nicht, was du denkst.« Hans verdrehte die Augen. »Die sind bestimmt nur kurz nach draußen gegangen. Frische Luft schnappen. So wie die getanzt haben.«

»Angeblich gibt's hier noch eine Terrasse. Da stand doch ein Hinweisschild am Eingang«, überlegte Ulrike laut.

»Willst du ihr jetzt etwa hinterherspionieren? Und wenn sie da oben ist? Das schaut dann schon blöd aus, wenn die Mama als Anstandsdame nach dem Rechten sieht.«

»Ist mir egal.« Ulrike plagten die Neugier und das schlechte Gewissen. Sie spielte schon mit dem Gedanken, Anja reinen Wein einzuschenken und offen zu gestehen, dass die Seitensprünge ihrer Eltern erstunken und erlogen waren.

»Also, ich geh jetzt aufs Klo, aber nicht, um nachzusehen.«

Ulrike nickte und ging ihrerseits zum Eingang, wo sie der Beschilderung zum Aufzug folgte. Siebte Etage. Panorama View. Wenn Anja dort war, konnte sie es ihr wohl nicht übel nehmen, auch Lust auf einen großartigen Ausblick zu haben. Während der Fahrt nach oben stellte Ulrike sich die beiden bereits knutschend in irgendeiner Ecke vor. Nicht auszudenken! Der arme Markus. Andererseits? Zuzutrauen wäre es ihm ja, dass er was mit anderen hatte. Genug Gelegenheiten, jemanden kennenzulernen, bot so ein Fitnessstudio ja. Anja war tagsüber im Büro, und wenn Ulrike sich recht erinnerte, hatte sie ihr erzählt, dass Markus oft spätnachts nach Hause kam. Tagsüber konnte er sowieso machen, was er wollte. Sie versuchte, diese Gedanken abzuschütteln, als die Tür zur Terrasse endlich aufging. Von Anja und diesem Jean-Pierre auf den ersten Blick keine Spur. Auf den zweiten auch nicht. Ulrike beschloss nun, wenigstens die Aussicht zu genießen. Das machten zu ihrer Überraschung weniger Leute, als sie erwartet hatte. Eine Gruppe von Jugendlichen saß in einer Lounge-Ecke, vor sich Bier und Sekt auf dem Tisch. Der unverkennbare süßliche Geruch von Joints zog ihr in die Nase. Der kam aber nicht nur aus dieser Ecke, sondern auch von der anderen Seite. Ulrike musste gleich zweimal hinsehen. Der Mann, den sie in etwa auf Hans' Alter schätzte, hatte eine Tüte in der Hand. Er schien bemerkt zu haben, dass sie ihn erstaunt musterte. In aller Seelenruhe nahm er noch einen Zug und schenkte ihr ein entspanntes und überglückliches Lächeln. Ulrike kannte diesen Zustand. Es war ja nicht so, dass sie früher nicht auch zu gutem Gras gegriffen hätte. Vor ein paar Jahren hatte sie sich sogar von einer Freundin aus Holland etwas mitbringen lassen. Spaßeshalber und nur, weil sie Lust darauf gehabt hatte, diesen wunderbar entspannenden Zustand noch einmal zu erleben. Wie in der sündhaften Jugend. Über jeden Mist hatte sie damals lachen können. Sie schloss für einen Moment die Augen und inhalierte den Rauch, den der Wind zu ihr trug.

»Wollen Sie auch mal?«, kam dann von dem Mann neben ihr.

Ein Ja lag Ulrike schon auf der Zunge, doch der hatte nur noch einen Stumpen in der Hand. Nee, einen angerauchten Joint von einem Fremden in den Mund zu nehmen, das ging gar nicht. Beim bloßen Gedanken daran spürte sie bereits ihre Lippe jucken. Lust auf Herpes labialis hatte sie nicht und schüttelte daher dankend den Kopf. Anscheinend hatte er ihr den Ekel davor angesehen. Der Mann besah sich den Rest zwischen seinen Fingern.

»Die Jungs da drüben. Die haben so viel dabei, dass man sie

dafür einbuchten könnte. Zwanzig Mäuse. Teuer, aber richtig gutes Zeug.«

Keine Sekunde später hatte sie die Jugendlichen im Visier. Du wirst doch da jetzt nicht hingehen und dich lächerlich machen? Ulrike war sich sicher, dass die Jungs sie auslachen würden. »Die Oma will 'nen Joint«, hatte sie bereits im Ohr. Nein. Besser doch keinen Joint.

Der Mann neben ihr nahm den letzten Zug und schien nun endgültig ins Reich der Glückseligkeit abgedriftet zu sein.

»Sehen Sie die Lichter da drüben?«

Ulrike folgte seinem glasigen Blick, was nicht so leicht war, weil er zu schielen schien. Er meinte sicher die Lichterkette, die an einem der Fenster des Gebäudes gegenüber angebracht war.

»Das ist ja wie Weihnachten.« Dann schüttelte er sich vor Lachen.

»Weihnachten ... Jingle Bells, Jingle Bells ...«

Ulrike kannte diesen Zustand der Albernheit. Und wie sie ihn vermisste.

»Das beste Zeug ... wirklich«, sagte er noch, bevor er tänzelnd zum Aufzug schritt.

Ulrike war hin- und hergerissen. Allein schon die Vorstellung, mal einen Zug zu nehmen, machte sie ganz hibbelig. Na und? So ein klitzekleiner Joint konnte nicht schaden. Sie hatte damit aufgehört, weil man davon angeblich matschig in der Birne wurde. Also in deinem Alter und kurz vor der Rente macht doch ein bisschen Matsch nichts mehr, sagte sie sich. Ulrike ging aber erst zu den Jungs, als die Aufzugstüren hinter dem Anstifter sich geschlossen hatten.

Im Nu waren fünf neugierige Augenpaare auf sie gerichtet. Die fragten sich jetzt bestimmt, was die Alte da von ihnen wollte.

»Bonsoir Madame.« Oh. Die waren wider Erwarten höflich, wenngleich drei der Jungs kicherten.

»Der Herr da drüben hat …«

»Sie wollen Gras?« Anscheinend stand ihr das schon auf die Stirn geschrieben.

Ulrike nickte etwas beschämt.

»Dreißig Mäuse.«

»Aber dem Herrn habt ihr einen für zwanzig verkauft.«

Zwei der Jungs tauschten Blicke. Die anderen drei kicherten noch immer, was Ulrike langsam aufregte.

»Für Sie dreißig«, sagte der Rädelsführer, so ein Handtuch in Jeans, Markenpulli und mit bis auf das Deckhaar kahl geschorenem Kopf. So rannten sie gerade alle herum.

»Hast du überhaupt schon mal geraucht?« Nun duzte sie der Typ, der neben ihr saß, auch noch.

»Da warst du noch nicht auf der Welt und dein Vater auch nicht«, gab sie brottrocken zurück.

»Die Alte will sich zukiffen«, kam dann. Und wie sie sich kringelten.

»Dreißig.«

Ulrike reichte es.

»Jetzt hört mir mal gut zu, Jungs. Nur ein Anruf bei den Flics, und ihr wandert in den Knast. Hab ich mich klar ausgedrückt?«

Es wirkte. Sie kicherten nicht mehr.

»Ich weiß, wie viel ihr dabeihabt.« Ulrike hoffte inständig, dass ihr der Mann vorhin keinen Mist erzählt hatte.

»Einen Joint. Mehr will ich nicht. Und den jetzt gratis.« Ulrike nahm sich das jetzt einfach mal heraus.

»Gib ihr einen.«

Der Rädelsführer musste nicht lange überlegen. Er zog ein Zigarettenetui aus der neben ihm liegenden Jacke und öffnete es. Da drin waren bereits fünf fertig gedrehte.

»Her damit!«

»Jetzt mach schon«, forderte ihn ein anderer der Jungs auf.

Ulrike brauchte sich nur noch zu bedienen.

»Das ist echte französische Gastfreundschaft. Vielen Dank, Jungs. Und genießt noch den Abend.« Ulrike ließ den Joint sogleich in ihrem Ausschnitt verschwinden. Den restlichen Abend zu genießen nahm sie sich nun fest vor, als sie auf dem Absatz kehrtmachte und zurück zum Aufzug ging.

Sophie vernahm das Geräusch der Tür von nebenan, die ins Schloss fiel. Dann hörte sie Schritte. Das musste ihr Vater sein. Ging er jetzt tatsächlich noch in diesen Club, um Mama zur Rede zu stellen? Sophie vernahm dann noch seine Stimme und ging zur Tür, um zu hören, was er sagte. Telefonierte er mit Mama?

»Ja. Ich war bei ihr.« Anscheinend hatte sich ihre Mutter nach ihrem Zustand erkundigt.

»Sophie ist nicht so gut drauf ... Sie ...« Ihr Vater geriet ins Stocken, was bei Sophie für einen Schweißausbruch sorgte. Hoffentlich erzählte er ihrer Mutter nichts von ihrer Schwangerschaft.

»Vielleicht hätten wir es ihr sagen sollen.«

Sophie verstand die Welt nicht mehr. Was redete er da?

»Polizei? Also, um die Zeit machen sich die doch nicht mehr verrückt wegen eines Halteverbots. Ich komm runter.«

Sophie drückte ihr Ohr an die Tür. Mit wem telefonierte er da bloß? Etwa mit ihrer Großmutter? Waren ihre Großeltern etwa schon zurück und fanden keinen Parkplatz? Moment, die hatten sich doch ein Taxi genommen.

»Du kannst dann raufkommen. Das fällt nicht auf«, vernahm Sophie. Mit wem sprach ihr Vater da nur? Dann hörte sie ein

Bing. Das des Aufzugs. Nichts mehr zu hören. Stand Papas Wagen im Halteverbot? Sie musste sich Gewissheit verschaffen und ging zum Fenster. Von dort aus hatte man die Straße im Blick. Tatsächlich stand sein BMW direkt vor dem Hotel. Ihr Vater stieg ein. Nichts regte sich. Dann ging die Beifahrertür auf. Sophie traute ihren Augen nicht, denn Niklas stieg aus und huschte zum Eingang des Hotels. Hatte Papa ihn abgeholt? Aber er wusste doch gar nicht, wo sein Surfkumpel wohnte. Und wieso hatte er ihr nicht gesagt, dass Niklas unten in seinem Wagen war? Das alles ergab keinen Sinn. Sophie stand unentschlossen am Fenster und überlegte sich alle möglichen Szenarien, die dazu geführt haben konnten, dass ihr Vater ihn hatte abholen müssen. Vielleicht, weil nicht einmal mehr ein Bus vom Wohnort seines Freundes fuhr? Das wäre denkbar, aber das hätte ihr Vater ihr doch erzählt ... Und wieso hatte Niklas im Wagen warten sollen? Um einen möglichen Strafzettel abzuwehren? Sophie sehnte sich das erneute Bing vom Gang herbei. Sollte Niklas doch erzählen, was los war. Sie beschloss, sich ins Bett zu legen und so zu tun, als ob sie schlief. Nicht, dass er noch auf den Gedanken kam, sie hätte auf ihn gewartet. Erst früher als geplant zu seinem Kumpel abhauen, dann lange weg sein, ohne Bescheid zu geben, und nun würde er sie auch noch aufwecken. Druck aufbauen! Schuldgefühle!

Sophie vernahm das Bing des Aufzugs, die Schritte vor der Tür und das leise Klicken des elektronischen Türschlosses. Seine Schritte auf dem Teppich hörte sie nicht. Er schlich sich im Dunkeln rein und ging dann ins Badezimmer. Den Lichtschimmer von dort nahm sie auch mit geschlossenen Augen wahr. Er wurde schwächer. Sophie riskierte einen Blick. Er war definitiv im Badezimmer bei angelehnter Tür. Was er im Bad machte, konnte sie hören. Es plätscherte ordentlich in der Schüssel. Noch bevor die Tür aufging, schloss sie wieder die Augen. Den Geräuschen nach zu urteilen, entkleidete er sich gerade. Normalerweise eine Wonne. Gratis-Strip eines gut gebauten Mannes. Heute Abend nicht. Sophie beschloss »aufzuwachen«, wenn er sich zu ihr ins Bett legte, aber das machte er nicht gleich. Wieso ging Niklas erst leise auf ihre Bettseite? Er streifte ihre Bettdecke, und dann klapperte etwas daneben. Erst ein paar Atemzüge später bewegte sich das Bett wie eine Schaukel. Eine gute Matratze war das nicht, doch sie erfüllte ihren Zweck, denn Sophie konnte jetzt »aufwachen«, was ihm nicht entging, weil sie sich zu ihm umdrehte und sich demonstrativ die Augen rieb.

»Tut mir leid. Ich wollte dich nicht wecken«, flüsterte er.

»Wo warst du denn so lange?«

»Das weißt du doch.«

»Und wie bist du heimgekommen? Mit einem Taxi?« Sophie bemühte sich, verschlafen zu klingen.

Er antwortete nicht gleich.

»Er hat mich hergefahren.«

»Wer denn?« Sophie knipste nun ihre Nachttischlampe an. Am liebsten hätte sie ihren Schein wie bei einem Verhör auf ihn gerichtet.

»Na ja ... mein Kumpel«, stammelte er.

»Ach. Schau an. Ich wusste gar nicht, dass mein Vater und du neuerdings Kumpel seid.« Das saß.

Niklas wurde blass um die Nase und schweigsam.

»Hast du dazu nichts zu sagen?«

»Hat dein Vater es dir erzählt?«

»Dass er dich heimgefahren hat?«

»Auch.«

»Was hätte er denn sonst noch erzählen sollen?«, hakte Sophie angriffslustig nach.

Niklas musterte sie argwöhnisch.

»Jetzt mach schon den Mund auf.«

»Das geht nicht. Ich hab's ihm versprochen.«

Sosehr sich Sophie auch bemühte, in Windeseile eine gewisse Logik in mögliche Szenarien zu bringen – sie scheiterte. So wie Niklas es gesagt hatte, klang es nach einem Seitensprung ihres Vaters, aber der Zusammenhang mit Niklas und dass er ihn nach Hause gefahren hatte, erschloss sich ihr nicht.

»Wieso bist du mit ihm hergefahren? Hat er dich abgeholt?«

»Nicht direkt.«

»Willst du mich verarschen?«

»Sophie. Nein. Ich kann nur nicht, versteh das doch. Noch nicht.«

»Also vielleicht morgen? Oder nächste Woche?«

»Bitte ...«, flehte er.

Sophie schnaubte. Aus dem war nichts mehr herauszupressen. Er litt sichtlich.

»Tut mir leid, dass ich mich früher verdrückt hab. Ich war halt sauer.«

»Schon gut«, kam sie ihm entgegen. Den Grund dafür kannte sie ja.

»Ich liebe dich. Das weißt du doch.«

Sophie sah ihm direkt in die Augen. Das schien zu stimmen.

Er blickte auf die kleine Anrichte. Sophie sah hinüber. Dort saß auf einmal eine Plüschmaus, die ein großes Herz in der Hand hielt.

»Hast du die von Disney?«

»Ja, die hat mich am Ausgang angelacht, und ich wusste ja, dass du sauer sein würdest.«

Das Teil war wirklich süß, doch Sophie gedachte nicht, nun aufzustehen und mit dieser Maus all ihre Fragezeichen, die durch ihren Kopf schwirrten, wegzuknuddeln.

»Es klärt sich alles auf. Ich versprech's dir.«

Sophie schmollte.

»Lass uns schlafen«, schlug sie vor und drehte sich wieder auf die Seite.

Darin sah er die Aufforderung, sich an sie zu schmiegen.

»Schlafen«, erklärte sie ihm, woraufhin er sich auf den Rücken legte. Wenn er das machte, dann ging ihm einiges durch den Kopf. Oft genug beobachtet. Diese Geheimnistuerei. Hoffentlich konnte sie selbst Schlaf finden. Zumindest ein Punkt war nun vom Tisch. Bevor er nicht den Mund aufmachte und ihr erklärte, warum ihr Vater ihn heimgebracht hatte, sah sie keinen Grund, ihm zu eröffnen, dass sie von ihm ein Kind erwartete. Das nicht auch noch heute Nacht.

»Und? Waren sie oben?«, wollte Hans gleich als Erstes wissen, als Ulrike sich wieder zu ihm gesellt hatte.

»Keine Spur. Die müssen sich klammheimlich verdrückt haben«, stellte Ulrike fest.

»Ohne uns Bescheid zu geben? Also, ich finde, das ist ein starkes Stück.«

»Sie hat bestimmt Bescheid gegeben. Mein Handy ist in der Tasche, und die hab ich an der Garderobe abgegeben.«

»Ist's schön da oben?«

»Toller Ausblick. Hat sich gelohnt, aber nicht nur in der Hinsicht.« Ulrikes breites Grinsen irritierte ihn sichtlich. Sie stellte sich daraufhin so vor ihn, dass sonst niemand sehen konnte, was sie gerade ein Stück weit aus ihrem Ausschnitt zog.

Hans bekam große Augen.

»Da waren ein paar Jungs oben, und die hatten welches. Sie haben ihn mir geschenkt.«

»Hier scheint es ja von Drogendealern nur so zu wimmeln«, erwiderte Hans zu Ulrikes Erstaunen.

»Sag bloß, du hast auch …?«

»Nein. Aber auf dem Klo. Da haben sich zwei junge Leute eine Line gezogen.«

»Kokain? Hier? Das gibt's doch nicht.«

»Wenn ich es dir doch sage. Und der eine, so ein südländischer Typ, hatte ein ganzes Päckchen in seiner Jackentasche.«

Ulrike schüttelte ungläubig den Kopf.

»Der eine hatte so 'ne Löwenmähne und sah irgendwie bedrohlich aus. Anscheinend dealen die hier. Oh … wohl nicht ganz unbemerkt«, sagte Hans mit starrem Blick, der auf den Eingangsbereich gerichtet war.

Ulrike sah es dann auch. Polizei. Gleich vier Uniformierte unterhielten sich mit einem Mann im Anzug. Das war sicher der Chef dieses Etablissements.

»Also, ich finde, wir sollten gehen«, sagte Ulrike und steckte den Joint noch tiefer in ihren Ausschnitt.

»Dann schau gleich nach, ob du eine Nachricht von Anja hast.«

Ulrike leerte den Rest des Bacardi Orange und ging in Hans' Begleitung zum Ausgang.

»Du hast doch die Garderobenmarken?«, fragte sie ihn.

Hans zog sie heraus. Die gelbe war ihre. Ulrike nahm sie entgegen und ging schnurstracks zur Garderobe rechts neben dem Eingang. Auch dort stand Polizei. In den Ausschnitt werden sie dir wohl nicht reinfassen, sagte sie sich und reichte der jungen Dame hinter dem Tresen ihre Marke. Hans geduldete sich, bis sie wieder zurückkam. Erst jetzt fiel Ulrike auf, dass sich zwei Polizisten bereits an der dort aufbewahrten Kleidung der Gäste zu schaffen machten.

»Schau dir das mal an. Die durchsuchen die Klamotten. Dass

sie das überhaupt dürfen«, wunderte Ulrike sich. Und nicht nur die Kleidung, denn als die Garderobenfrau ihre Jacke in der Armbeuge hängen und ihre Handtasche in der Hand hatte, schnellte auch schon einer der jungen Polizisten nach vorn. Er baute sich vor der Garderobenfrau auf und deutete auf Ulrikes Handtasche. »Vous permettez?« Immerhin fragte er um Erlaubnis, allerdings hätte er sich da an Ulrike wenden müssen.

»Entschuldigen Sie bitte. Das ist meine Handtasche. Was machen Sie da?«

»Wir suchen nach Drogen.«

»Ich habe keine Drogen«, sagte sie keck. Ulrike wunderte sich, dass ihr bei dieser dreisten Lüge kein Schweiß auf die Stirn trat. Hans' bezeichnender Blick war hoffentlich genauso wenig verräterisch wie seine angespannten Mundwinkel. Das machte er immer, wenn er kurz davorstand loszuprusten.

Der junge Polizist öffnete die Handtasche trotzdem, aber erst nachdem die Garderobenfrau sie auf dem Tresen abgestellt hatte.

»In Ordnung«, sagte er dann.

»Fräulein? Ich bleibe noch. Sie brauchen mein Jackett nicht mehr zu holen.« Hatte sie ihr Mann noch alle? Weiß wie die Wand war er. Die Marke gab sie ihm daraufhin wieder zurück.

»Wir müssen gehen, Ulrike. Sofort«, sagte er zu ihr.

»Was ist denn?«

»Schau mal unauffällig nach rechts hinten. Dort hat sie sie hingehängt.«

Ulrike traute ihren Augen nicht. Sie kannte sein Jackett, das nun der Polizist in einer Hand hielt. In der anderen ein weißes Päckchen. Er griff gleich noch einmal in die Tasche und dann in die zweite. Ulrike begriff augenblicklich den Ernst der Lage.

»Aber dein Pass und die Brieftasche.«

»Hab ich doch im Hotel gelassen. Das Geld hast doch du eingesteckt.«

Ulrike dankte dem Herrn, dass sie ihm das vorgeschlagen hatte, weil seine Jacke sonst aufgrund des Gewichts seines Geldbeutels schief an ihm hing.

»Au revoir.« Ulrike hängte sich bei Hans ein. Mit halbem Ohr bekam sie noch mit, dass der Polizist die Garderobenfrau fragte, ob sie wisse, wem diese Jacke gehörte.

»Nein! Verdammt!« Hans' leiser Fluch klang verzweifelt. Natürlich würde die Garderobenfrau sich an die Nummer der Kleidermarke erinnern, sofern sie in ihrem zarten Alter kein Alzheimer hatte, was wohl sehr unwahrscheinlich war. Sich zu erklären kam nicht infrage. Die Polizei würde sie mit aufs Revier nehmen. Dass das weiße Säckchen jemand dort reingesteckt hatte, weil die Jacke so am Ende des Kleiderständers hing, dass man von außen in einem unbemerkten Moment hinkam, nahm ihnen sicher niemand ab.

»Schnell. Neben dem Aufzug ist das Treppenhaus und ein Notausgang«, wies Ulrike ihren Mann an. Er legte daraufhin wieder den Turbogang ein wie an ihrem ersten Tag durch die Stadt.

Ulrike wagte es nicht, sich umzudrehen. Hans tat es.

»Die lamentieren noch. Himmel. Sie deutet auf uns.«

Noch zwei Schritte bis zur Türklinke. Ulrike betete inständig, dass sie geöffnet war. Sie ging auf. Das nächste Stoßgebet folgte, bevor sie panisch zur Tür am Ende des Gangs eilten. Hoffentlich kamen die Beamten nicht so schnell durch die Menschenmenge.

Der Notausgang war zu! Ulrikes Puls ging hoch. Angstschweiß trat ihr auf die Stirn.

»Die Küche«, krächzte Hans. Durch das Bullauge der Schwingtür waren weiße Küchenschränke zu sehen, die grelles Neonlicht erleuchtete.

Ihnen blieb nichts mehr anderes übrig, als dort hineinzugehen. Ulrike wartete schon darauf, die Tür zum Notausgang und Schritte hinter sich zu hören. Noch war es still. Tür auf und rein. Schon stellte sich ihnen ein weiß gekleideter Jungspund mit Kochmütze entgegen.

»Sie dürfen hier nicht rein«, wetterte er.

Das war Ulrike jedoch egal. Hans offenbar auch, denn er schob ihn sanft, aber mit Nachdruck zur Seite. Am Ende des Gangs war noch eine Tür. Irgendwohin musste die schließlich führen. Hoffentlich zu einem Lieferanteneingang, der nach draußen ging. Während sie mit Hans im Schlepptau dorthin eilte, fiel ihr die verdreckte Küche auf. Oben hui, unten pfui. Fett klebte an der Küchenzeile, und es roch nicht gerade appetitanregend. Gut, dass sie hier nichts zu sich genommen hatten.

»Bleiben Sie stehen«, rief der junge Kerl, der ihnen hinterherlief. Ein zweiter, etwas älterer Weißgekleideter schoss aus dem Nebenraum, an dem sie gerade vorbeiliefen. Offenbar das Lager mit Konserven und Lebensmitteln. Auch ihn schob Hans zur Seite. Er sah sie nur konsterniert an. Wahrscheinlich hielt er sie für Zechpreller auf der Flucht.

Endlich. Der Türgriff in Reichweite. Da ging's bestimmt raus. Ulrike täuschte sich nicht, doch neben dem Polizisten, der vor Tür stand, sah sie linker Hand einen zweiten, der die Tür blockierte, die sicher ins Freie führte. Rechter Hand führten Treppen nach oben zurück zur Tanzbar. Was die Handschellen, die der Uniformierte nun zückte, zu bedeuten hatten, war klar.

Kapitel 13

Der Abend war bereits etwas ganz Besonderes, weil Ulrike mit ihrem Mann tatsächlich wie früher getanzt hatte; doch unverhofft auf einer französischen Polizeistation zu enden, hätte sie sich in ihren kühnsten Träumen nicht vorstellen können. In Reih und Glied auf Plastikstühlen zusammen mit anderen Tatverdächtigen zu sitzen, darauf konnte man im Urlaub wahrlich verzichten. Wurde man schon high, wenn ein Joint zwischen den Brüsten steckte? Mittlerweile war der patschnass. Getränkt von Angstschweiß. Am Ende nahm der Körper das dann über die Haut auf, und sie bildete sich nur ein, hier zu sitzen, so surreal kam ihr das vor.

»Wie lange dauert das denn noch?«, entrüstete Hans sich. Er rutschte schon die ganze Zeit auf dem Stuhl hin und her, weil der steinhart war.

»Das ist ja Folter. Verletzung der Menschenrechte«, fuhr er fort. Aufzustehen, um sich ein wenig die Füße zu vertreten, hatte ihm ein Flic verboten. Nun saßen sie schon seit einer halben Stunde gemeinsam mit sieben anderen wie die Hühner auf der Stange nebeneinander. Und jeden wollten sie verhören. Das konnte noch ein langer Abend werden, denn der Mann, den sie zuerst in ein Zimmer am Ende des kahlen Gangs geführt hatten, saß noch immer da drin. Sich zu beschweren half auch nichts.

Das hatten die anderen schon zur Genüge getan. Wenn die ersten zwei oder drei Personen das Gleiche erzählten, nämlich, dass ihnen das Zeug untergejubelt worden war, müsste der Polizei doch ein Licht aufgehen. Ulrike hoffte das inständig. Menschenkenntnis schienen die Flics jedenfalls keine zu haben. Die Leute neben ihr sahen nämlich so aus, als würden sie in ihrem Leben noch nicht einmal eine Zigarette geraucht haben.

»Was ist jetzt mit Anja? Du wolltest nachschauen, ob sie sich gemeldet hat.«

»Wie denn? Die haben mir gleich nach unserer Verhaftung die Handtasche abgenommen«, entgegnete sie.

»Anja war ja auch wie auf Droge. Gut, dass sie nicht mehr da war. Wahrscheinlich hätten sie sie gleich festgenommen.« Er feixte.

Ulrike sah Hans irritiert an. Nun übertrieb er es aber mit seinem wiederentdeckten Humor.

»Ist ja kein Wunder, wenn Frankreich zu nichts kommt und auf EU-Gelder angewiesen ist. Die Dealer lassen sie laufen, und anständige Leute nehmen sie fest.«

»Da haben Sie vollkommen recht«, sagte eine Dame etwa in Anjas Alter auf Deutsch. Dieser französische Akzent spülte selbst ihre von der Warterei versteinerte Miene weich. Sie hatte sich bereits lautstark bei den Uniformierten beschwert, die sie hereingeführt und angewiesen hatten, hier zu warten. Natürlich für die Katz.

»Ich glaube, das Verhör bleibt uns wohl erspart.« Hans blickte ans Ende des Gangs. Dort führten zwei Polizisten noch jemanden herein. Der sah nicht so aus wie die Leute, die neben ihnen saßen.

»Das ist der Typ vom Klo«, kommentierte Hans.

Ulrike erinnerte sich an die Beschreibung des Mannes mit Mähne.

Erneut ging die Tür auf. Herein kamen zwei Flics in Begleitung eines weiteren Unsympathen. Noch so ein Obermacker, der sich unentwegt beschwerte. Seine Schimpftiraden hörten sich an wie ein Rap, und die beiden Polizisten hatten alle Hände voll zu tun, ihn zu bändigen – trotz angelegter Handschellen, die ihr und den anderen erspart geblieben waren.

»Den hab ich auch auf dem Klo mit dem Kokain gesehen.« Hans deutete mit dem Finger auf ihn.

»Ta gueule«, kam von dem Festgenommenen, was bedeutete, dass Hans das Maul halten sollte.

»Der war an der Garderobe«, erklärte die Frau neben ihnen vollmundig. Die Polizisten hatten zunächst nicht darauf reagiert, doch kaum waren sie mit den beiden hinter einer der vielen Türen verschwunden, kam ein grau melierter Uniformierter heraus. Der Polizist, der den Wuschelkopf abgeführt hatte, deutete auf Hans und seine Sitznachbarin. Warum das so war, erfuhr Ulrike keine drei Atemzüge später.

»Sie und Sie. Mitkommen. Wir nehmen Ihre Beobachtungen zu Protokoll. Die anderen dürfen gehen.«

Allgemeines Aufatmen folgte.

»Hättest du bloß nichts gesagt.«

Hans zuckte mit den Schultern und gab sich heldenhaft.

»Dauert bestimmt nur fünf Minuten.«

Auf die fünf Minuten war Ulrike gespannt.

»Und lass dir meine Handtasche geben«, erinnerte sie ihn. Ihr Handy würden sie wohl nicht beschlagnahmt haben. Anja hatte sich bestimmt gemeldet. Sollte sie ihr sagen, wo sie gerade waren? Ulrike entschied sich dagegen.

Schon auf dem kurzen Spazierweg zu Jean-Pierres Zuhause war Anjas Puls in ungesunde Bereiche vorgestoßen, was aber auch kein Wunder war, denn zwei Kräfte zerrten gleichzeitig an ihr. Die Lust und die Schuld. Allein schon mit ihm Hand in Hand durch das nächtliche Paris zu laufen reichte, um über die Einnahme von Betablockern nachzudenken. Und mit jedem pochenden Herzschlag meldete sich das schlechte Gewissen. Schuldgefühle waren offenbar blutdrucksenkend. Weiche Knie, feuchte Hände – das volle Programm, und es wurde auch nicht besser, als sie mit ihm in diesem museumsreifen Aufzug in den fünften Stock fuhr. Dass es solche Aufzüge überhaupt noch gab. Da ging keine Tür von allein auf Knopfdruck auf. Das Eisengitter hatte Jean-Pierre zur Seite ziehen und den Metallkäfig hinter ihnen wieder schließen müssen. Wenigstens bekam man darin Luft. Er hatte das Glück, in einem dieser traumhaft schönen französischen alten Häuser mit großen Fenstern, die bis auf den Boden reichten, zu wohnen.

»Was zahlt man hier in Paris denn für so eine Wohnung?«, fragte Anja, während der Aufzug nach oben fuhr.

Mehr als Small Talk war in so einer Situation nicht drin, wie schon auf dem kurzen Weg hierher. Da hatte er sich allerdings gesprächiger gezeigt. Mittlerweile wusste Anja, wie er den Eigentümer der Bar kennengelernt hatte – während einer Massage – und dass dieser ihm auch die Wohnung vermittelt hatte.

»Achthundert warm«, sagte er, als sie oben angekommen waren.

»Das ist sicher günstig für hiesige Verhältnisse, oder?«

»Es sind ja nur knapp fünfundfünfzig Quadratmeter, die Schrägen mit eingerechnet, aber Sie haben schon recht. Normalerweise kostet so eine Wohnung viel mehr.«

Warum der Preis nicht nur günstig, sondern nahezu geschenkt war, erschloss sich Anja erst, als er die Tür zu seinem Tantra-Reich aufsperrte. Der Duft von ätherischen Ölen schlug ihr entgegen, getragen von einer Grundnote, die man nach dem Einsatz von

Räucherstäbchen in der Wohnung kannte. Küche und Wohnraum integriert. Gemütliche Loungemöbel und jede Menge Asia-Kunst. Ein riesiger Buddha stand gleich im Eck neben der Balkontür, die im Sommer bestimmt dazu einlud, auf dem kleinen schmiedeeisernen Balkon mit einem Gläschen Wein zu verweilen. Drei monochrome Gemälde hingen an den Wänden über der Eckcouch. Es waren in sich verschlungene Körper, wie Anja erst beim zweiten Hinsehen bemerkte. Der Puls stieg daraufhin gleich wieder an.

»Gefällt es Ihnen?«

»Total gemütlich und doch stilvoll.« Anja kam sich in dem Moment vor wie eine Reporterin für *Schöner Wohnen*.

»Möchten Sie etwas trinken?«

Anja zögerte. Einerseits ja, um Hemmschwellen abzubauen. Andererseits nein. Sie wusste, wohin das führen könnte, nämlich durch diese halb offen stehende Tür, durch die man zu seinem Schlafzimmer gelangte. Ein weißes Futonbett vor roter Wand stand darin. Darüber hing ebenfalls ein erotisches Gemälde. Setzen. Erst einmal hinsetzen.

»Wein oder nur ein Wasser?«

»Vielleicht beides, so gemischt.«

»Eine Weinschorle.«

»Sie sagen es.«

Jean-Pierre schlüpfte aus den Schuhen und ging zum Kühlschrank. Ein Riesenteil, das auch gleich noch Eiswürfel machte. Socken trug er keine. Das ermöglichte ihr einen Blick auf seine Füße. Schön geformt und gepflegt, stellte sie fest. Na bravo, haste jetzt auch noch einen Fetisch für Füße entdeckt. Anja machte es sich auf der Couch bequem und holte tief Luft.

Die Eiswürfel klirrten bereits im Glas. Wein und Wasser gesellten sich dazu. Jean-Pierre ging zu ihr, setzte sich neben sie und reichte ihr das Glas.

Anja hatte Mühe, ihre Hand ruhig zu halten. Es gelang. Das Lächeln musste sie sich abringen.

Jean-Pierre musterte sie mit dem Blick eines Fachmanns. Ihre angespannte Körperhaltung verriet ihm vermutlich alles.

»Auf den schönen Abend.«

Anja stieß mit ihm an. Vielleicht half der Wein, sie zu entspannen. Wie er sie ansah, eher weniger. Sie las in seinen Augen, wonach er sich sehnte. Sie doch auch, aber genau dieses Eingeständnis sorgte dafür, dass sie innerlich noch mehr verkrampfte. Er überging es, denn nachdem sie das Glas auf den Tisch vor der Couch abgestellt hatte, griff er nach ihrer Hand.

»Die ist ja eiskalt.«

In seiner wurde sie schnell wieder warm. Und richtig heiß wurde ihr, als seine Hand an ihrem Arm entlangfuhr und er sich ihr näherte. Mit Kurs auf ihren Mund. Jetzt küss ihn schon, sagte sie sich. Markus hat es hundertmal mit anderen Frauen getan. Genieß den Moment. Für den Bruchteil einer Sekunde spürte sie seine Lippen auf den ihren. Er ließ überraschenderweise von ihr ab. Anja war erleichtert, dass er ihr ein warmes Lächeln schenkte.

»Hat Sie doch der Mut verlassen?«, fragte er sanft.

Anja nickte.

Ihre Hand hielt er immer noch.

»Ich kann es einfach nicht. Ich wünschte, ich könnte es. Sie sind so ein attraktiver Mann, und ich hätte allen Grund …«

»Weil Ihr Mann Ihnen nicht treu ist?«

Anja ging in sich und kam zu dem Schluss, dass sie nicht deshalb hier war.

»Vielleicht … ein Auslöser. Als ich davon erfuhr. Ich war so wütend, aber … Sehen Sie, wenn ich nicht verheiratet wäre … Wir würden schon längst nicht mehr hier sitzen.« Anja stellte fest, dass sie innerlich wieder ruhiger wurde. Der Funkenflug in seiner Nähe blieb, aber er reichte nun nicht mehr aus, um daraus ein Feuer zu entfachen.

»Sie sind jetzt sicher enttäuscht«, mutmaßte sie.

»Nein, überhaupt nicht. Ich wünschte nur, Sie wären nicht verheiratet und wir hätten mehr Zeit füreinander.«

Anja nickte.

»Glauben Sie wirklich, dass Ihr Mann Sie betrügt? Auch heute Abend?«

»Im Louvre wird er ja wohl nicht mehr sein.«

Jean-Pierre lachte.

»Vielleicht hat er sich ja schon gemeldet und wartet im Hotel auf Sie.«

Anja seufzte. Nun gab es keinen Grund mehr, ihr Smartphone im Flugmodus zu belassen. Sie kramte es aus ihrer Handtasche und schaltete es wieder auf Empfang. Schon kamen die ersten Textnachrichten herein.

»Und? Hat er sich gemeldet?«, wollte Jean-Pierre wissen.

Anja öffnete die Nachrichten und schluckte.

»Er war im Hotel und sucht mich. Im Club.«

Die andere Nachricht war von ihrer Mutter, die nun Bescheid wusste, dass sie sich abgeseilt hatte. Mehr als nur ein »ok« hatte sie nicht geschrieben.

»Jetzt denkt er bestimmt ... Und meine Eltern sowieso.«

»Das ist doch gut.«

»Gut?« Anja konnte ihm nicht folgen.

»Sie sagten doch, dass er Sie betrogen hat ...«

Anja sah ihn fragend an.

»Vielleicht hat er eine Lektion verdient. Locken Sie ihn aus der Reserve.«

»Und wie soll das gehen?«

»Es fährt ja keine Metro mehr um diese Zeit. Bitten Sie ihn darum, dass er Sie abholt.«

Anja lachte laut auf. Was für eine irre Idee.

»Ich mein das im Ernst. Er soll ruhig glauben, dass Sie und ich ...« Jean-Pierre blickte zum Schlafzimmer.

»Er wird mir eine Szene machen.«

»Wunderbar. Dann kommt alles auf den Tisch. Außerdem weiß er dann, dass es Männer gibt, die seine wunderschöne Frau begehren.«

Das Kompliment war elektrisierend. So, wie er es gesagt hatte, meinte er es sicher auch.

Anja starrte unentschlossen auf ihr Smartphone.

»Wissen Sie was? Ich mach das jetzt.«

Jean-Pierre fand offenbar Gefallen daran, so zufrieden, wie er grinste.

Markus, ich hab die letzte Metro verpasst und nicht genug Geld für das Taxi. Kannst du mich abholen? Den Link zur Adresse schicke ich dir. Ich warte unten auf dich.

»Sie wollen unten auf Ihren Mann warten? Er hätte doch auch hochkommen können. Menage à trois? Noch nie gemacht?«

Jean-Pierre lachte.

»Nein.«

»Ich glaube, das wäre heute auch nicht der richtige Zeitpunkt«, sagte er dann.

Anja nickte, doch ehe sie sich versah, fuhr seine Hand zärtlich zu ihrem Nacken, und sein Mund legte sich auf ihren. Es war nur ein kurzer Kuss, aber ein sehr intensiver. Sie spürte, dass es ein Abschiedskuss war.

»Ein bisschen Grund für Eifersucht müssen wir ihm schon geben.«

Anja wusste, dass er nun wirklich einen Anlass dazu hatte, denn für einen Moment hatte sie überlegt, doch noch mit ihm ins Schlafzimmer zu gehen.

Aus den angeblichen fünf Minuten war eine halbe Stunde geworden. So lange hatte es gebraucht, damit sich die französische Polizei – anscheinend Blitzmerker – ein vollumfängliches Bild von der tatsächlichen Situation hatte machen können. Die Zeugenaussagen waren allerdings erforderlich gewesen, die von ihrem Mann und der Frau, die einen der beiden Täter an den Garderoben gesehen hatte. Die waren bestimmt einschlägig vorbestraft – im Gegensatz zu allen anderen. Wieder auf freiem Fuß und den unentdeckten Joint im Ausschnitt, war es allerhöchste Zeit, sich etwas zu entspannen. Im Hotel ging das leider nicht. Das Zeug roch man sicher durch alle Etagen. Ein Rauswurf wäre somit im Bereich des Wahrscheinlichen, weil man im Hotel nicht einmal eine Zigarette rauchen durfte. Was blieb einem da anderes übrig, als sich ein stilles und diskretes Plätzchen in der Nähe der Bastille zu suchen? Dorthin hatte sie eine französische Minna gebracht, zurück zum Club. Sich von einem Taxi erst zum Hotel zurückbringen zu lassen, um dann einen Spaziergang um den Block zu machen oder sich gar bekifft am Steuer eines Audi auf dem Weg in den nachts nicht ungefährlichen Bois de Boulogne erwischen zu lassen kostete mit Sicherheit den Führerschein. Um ein Haar hätte Ulrike einen Taxifahrer gefragt, ob in der Nähe des Clubs noch irgendwelche Parks für einen nächtlichen Spaziergang geöffnet waren. Der am Hotel war es nicht. Daran erinnerte sich Ulrike noch. Auf der anderen Seite der Seine befand sich, soweit Hans wusste, jedoch auch ein Park, und was viel wichtiger war, es gab dort genügend Grünzeug außen rum. Ein kurzer Fußweg vom Club. Aber lohnte sich das noch um halb zwei Uhr nachts? Eigentlich war es höchste Zeit, sich hinzulegen, doch ausgerechnet Hans war danach, sich zu bekiffen. »Nicht, dass er noch schlecht wird.« Ulrike hoffte, dass ihnen nicht schlecht wurde. In Sachen Joints waren sie lange Zeit aus der Übung, und wer wusste schon, was neuerdings da noch alles mit drin war. Die späte Stunde hatte allerdings den Vorteil, dass kaum noch Menschen auf den Straßen unterwegs waren. Einmal über die nahe gelegene Pont d'Austerlitz spaziert, erreichten sie einen Busbahnhof, der an einen Park angrenzte. Um den geschlossenen Park herum standen tatsächlich genug Bäume. Der ideale Blickschutz. Ein Busfahrer, der sich vor seinem Gefährt die Füße vertrat, würde zwei Alte, die sich auf einer Parkbank unter einer Platane einen Joint reinzogen, sicher nicht anzeigen. Sonst war da niemand. Nur selten fuhr ein Wagen vorbei. Hans zündete den Joint an und reichte ihn Ulrike. Schmeckte wie immer. Nun war Hans an der Reihe. Auch er zog daran wie ein Profi. Schon nach nur zwei weiteren Zügen schienen die Scheinwerfer der Fahrzeuge zu Kondensstreifen zu werden. War ihr früher auch leicht schwindlig auf das Zeug geworden? Ulrike reichte den Joint erneut Hans, der wieder genüsslich daran zog.

»Siehst du die Lichter auch als Streifen?«, fragte sie.

»Wo?«

»Warte, bis das Auto da hinten über die Brücke fährt.«

Hans starrte so konzentriert auf die Fahrbahn, als ob sein Leben davon abhängen würde.

Der Wagen rauschte dann vorbei. Hans schaute immer noch in die Richtung.

»Ich hab keine Streifen gesehen. Nur Lichter. Das muss dieser Joint sein«, sagte er tief beunruhigt, was Ulrikes Zwerchfell in Bewegung setzte.

»Das finde ich jetzt gar nicht komisch. Meine Wahrnehmung ist eingeschränkt«, meinte Hans. »Ich sehe keine Streifen.«

»Ich sehe sie. Meine Wahrnehmung ist benebelt«, versuchte sie, ihm klarzumachen. Hans sah sie nur irritiert an. Anscheinend war er nun davon überzeugt, dass man normalerweise nachts Lichtstreifen sah, wenn ein Fahrzeug vorbeifuhr. Ulrike war sich auf einmal auch nicht mehr so sicher.

»Siehst du die denn normalerweise?« Ulrike spürte den Drang, der Sache auf den Grund zu gehen.

»Aber gewiss doch.«

»Also, ich hab die immer nur gesehen, wenn ich die Augen zusammengekniffen habe.«

»Wieso kneifst du denn die Augen zusammen?«, wollte Hans wissen.

»Einfach so, weil ich dann die Streifen seh, auch am Himmel.«

Hans musterte sie besorgt.

»Du siehst Streifen am Himmel?«

»Wenn ich die Augen zukneife und meinen Kopf schnell hin und her bewege.«

»Wieso bewegst du denn deinen Kopf hin und her, wenn du in den Himmel schaust?«

»Weil ich dann Streifen sehe.«

»Also, Ulrike. Normal ist das nicht.«

Seine Worte hallten nach. Ulrike fühlte sich im Moment nicht in der Verfassung, die Sachlage einzuschätzen. Kurzerhand blickte sie hinauf in den Himmel.

»Siehst du jetzt auch wieder Streifen?«, fragte er.

»Nein. Es sind ja auch Wolken am Himmel.«

»Was haben denn Wolken damit zu tun?«

»Sie verdecken die Sterne, und die brauch ich, um Streifen zu sehen.«

Hans nickte so, als ob ihm das nun unmittelbar einleuchtete.

»Teufelszeug«, sagte er dann unvermittelt.

Ulrike redete sich ein, dass ein dritter Zug davon sie wahrscheinlich gestreifte weiße Mäuse sehen ließ.

»Zebramäuse«, brach es aus ihr heraus. Dann lachte sie und wollte gar nicht mehr aufhören. Es schüttelte sie auf der Parkbank durch.

»Ulrike. Ich glaube, du solltest keinen weiteren Zug mehr davon nehmen.«

Ulrike lachte nur noch mehr.

»Zebramäuse. Na, so was«, bemerkte Hans und fing dann auch an zu lachen. Bis zum nächsten Zug. Er hielt nur noch einen Stummel in der Hand.

»Gibt's die wirklich? Ulrike, beruhige dich und erkläre mir, warum du von Zebramäusen sprichst.«

Ulrike konnte sich aber nicht beruhigen. Jedenfalls so lange nicht, bis Seitenstechen ihren Lachkrampf jäh unterband. Ulrike holte erst einmal tief Luft und wischte sich Tränen aus den Augen.

»Ich könnte hier noch ewig sitzen. Diese schöne Musik im Hintergrund«, sagte Hans unvermittelt.

Ulrike lauschte in die Nacht hinein, dann vernahm sie sie auch. Die Musik musste aus dem Bus kommen, der unweit der Zufahrt zu diesem Parkplatz stand. Der Busfahrer zündete sich eine Zigarette an und schien die Musik ebenfalls zu genießen. Er hörte die Callas. Ein schier magischer Moment, der Frau mit der goldenen Kehle hier an diesem Ort zuzuhören.

»Ach, die Callas. So schön«, schwärmte sie.

»Das ist nicht die Callas.«

»Wer denn sonst?«

»Diva.«

»Na, die Callas war doch eine.«

»Das ist aus dem Film. Mit dem Typen, der heimlich Tonauf-
nahmen von einer Diva macht und in so eine Gangstergeschichte
verwickelt wird. Jean-Jacques Beineix. War ein Riesenerfolg. Und
die Arie heißt, glaube ich, ›La Wally‹. Wir haben den doch zusammen im Kino gesehen.«

Dass er wieder dozierte, war ihr heute egal. Dann also nicht
die Callas.

»Das büßen wir morgen«, sagte er dann unvermittelt.

»Dass wir Musik hören?«

»Mein Schädel brummt.« Hans warf den Joint auf den Boden
und trat ihn mit dem Fuß aus.

»Da vorne ist ein Taxistand«, sagte er.

»Da ist aber kein Taxi.«

»Der Busfahrer kann uns eines rufen.«

»Hilfst du mir auf?«, fragte Ulrike.

»Aber selbstverständlich, Madame.« Hans erhob sich und
reichte ihr einen Arm.

»Das ist so unfair. Du kannst anscheinend noch klar denken.«

»Normalerweise bist du das doch«, erwiderte er.

»Rollentausch, Rollentausch.« Ulrike brach erneut in schallen-
des Gelächter aus.

»Zebramaus«, kam zurück. Nun lachte er auch. Ulrike
krümmte sich vor Lachen. Die Tränen liefen ihr ungehindert die
Wangen herunter.

»Ein Taxi! Wir brauchen ein Taxi«, plärrte Hans.

Der Busfahrer sah sie entgeistert an. Zwei völlig entgleiste Alte
torkelten auf sein Gefährt zu.

»Ich ruf Ihnen eines.«

Ulrike lachte erneut drauflos. Teufelszeug. Wie wahr!

Anja hielt es für möglich, dass Markus ihr eine Nachricht zukommen lassen würde, in der er ihr lapidar schrieb, dass sie sich doch gefälligst ein Taxi nehmen und ihre Eltern um Geld anhauen sollte. Natürlich hatte sie genug Geld dabei, doch davon konnte er aufgrund ihrer Textnachricht nicht ausgehen. Sie stand nun schon bestimmt seit gut zehn Minuten vor Jean-Pierres Zuhause, mittlerweile wieder Herr ihrer Sinne. Den Mann da oben würde sie wohl nicht so schnell vergessen, auch nicht die Umarmung zum Abschied. Wenigstens hatte sie ein klitzekleines Abenteuer erlebt, auch wenn es nur ein Kuss gewesen war. Der hatte ihr aber bewiesen, dass mit ihr alles stimmte, sie noch auf Zärtlichkeiten und Berührungen reagierte. Keine frigide Steuerparagrafenreiterin, sondern einfach nur eine vernachlässigte Ehefrau war. So sah es doch aus. Die Stunden mit Jean-Pierre wanderten bereits in die Ablage der schönen Erinnerungen, vielmehr in die der wertvollen. Warum konnte Markus nicht so unbeschwert sein wie der Typ da oben, mit dem sie eine wilde Nacht in seinem Futonbett hätte verbringen können? Schicksal. Der liebe Gott hat es nicht so vorgesehen, sagte sie sich in dem Moment, als der BMW ihres Mannes um die Ecke bog und vor Jean-Pierres Bleibe hielt. Ein ernüchternder Moment. Alle Schubladen gingen zu, denn Markus sah mit finsterem Blick zu ihr herüber. Er stieg auch gleich aus und stürmte auf sie zu.

»Sag mal. Geht's noch? Verziehst dich mit deinem Liebhaber in die Disco, lässt dich dann flachlegen, und ich Vollidiot soll dich dann auch noch abholen?«, giftete er – natürlich zu Recht, doch genau das war es, womit Anja gerechnet und was sie sich sogar gewünscht hatte. Jetzt war der Zeitpunkt gekommen, um alle Karten auf den Tisch zu legen.

»Und? Hast du mir nichts zu sagen?«, fuhr er sie an.

»Doch«, sagte sie kurz und prägnant.

»Ich höre ...«

»Jean-Pierre …«

»Ich weiß. Der Masseur. Lässt dich von ihm durchkneten und dann auch noch abschleppen. Anja. Was ist in dich gefahren?«

»Nichts. Er hat mich massiert. Ich fand ihn attraktiv, und vermutlich würden wir da oben in seinem Futonbett vögeln, wenn ich mir im Gegensatz zu dir nichts dabei denken würde.«

»Im Gegensatz zu mir? Hast du sie noch alle?«

Anja hatte keine Lust auf lange Umschweife.

»Ich möchte nicht wissen, mit wie vielen Gym-Häschen du mittlerweile im Bett warst. Mir erzählen, dass es später wird, weil du noch so viel Arbeit hast – und tagsüber? Da hock ich in der Kanzlei, und du kannst deine Männlichkeit spazieren führen.«

»Anja? Spinnst du jetzt total?«

»Sophie hat dich gesehen. Mit einer Rothaarigen. In eindeutiger Umarmung.«

»Sophie? Sie hat dir das erzählt?«

»Sie ist auch meine Tochter und im Moment nicht sonderlich gut drauf. Da ist es ihr halt rausgerutscht.«

»Sie heißt Rita und war an dem Tag völlig im Eimer. Ich hab sie zufällig im Café getroffen …«

»Zufällig im Café.«

»Ja. Ich war dort mit unserem Banker in der Mittagspause verabredet. Läuft ja nicht mehr so gut mit dem Studio.«

Zumindest das klang in Anjas Ohren glaubwürdig.

»Rita war da und hat mir erzählt, dass sie nicht auf die Musikakademie aufgenommen wurde. Dafür hat sie zwei Jahre lang hart gearbeitet. Geprobt, auch noch Klavier gelernt. Sie ging sogar ins Gym, um sich fit zu halten. Kardio wie besessen. Den Gesang mit Atemtechnik verbessern. Und an dem Tag erhielt sie eine Absage. Sie hat geheult wie ein Schlosshund. Ich hab sie in den Arm genommen, um sie zu trösten. So what? Sie war völlig hinüber. Aber

276

gut zu wissen, dass Sophie mich dabei gesehen hat und dann so einen Mist erzählt.«

Anja brauchte eine Weile, um das zu verdauen.

»Sie ist völlig durch den Wind. Streit mit Niklas. Der hat sich einfach verdrückt. Und das vor dem Hintergrund der Reise. Thema ›Eherettung‹. Vermutlich denkt sie jetzt, dass alle Ehen spätestens kurz vor der Rente sowieso den Bach runtergehen«, sagte Anja.

»Red mit ihr. Erklär's ihr. Oder ich red mit ihr. Mein Gott, Anja, was ist bloß mit dir los? Wieso bist du überhaupt hier?«

»Weil ich mit ihm ins Bett wollte.«

Markus schluckte.

»Ich war mir sicher, dass du irgend so eine Schnepfe im Louvre abgeschleppt hast. Und du hättest mal meine Mutter und meinen Vater hören sollen. Die hatten Affären und haben die auch noch so hingestellt, als wäre es das Selbstverständlichste der Welt.«

»Deine Mutter und dein Vater hatten Affären?« Markus stand der Mund offen.

»Wenn ich es dir doch sage.«

Markus wirkte so, als hätte ihm gerade jemand erzählt, dass die Erde doch keine Kugel, sondern eine Scheibe sei.

»Also, das ist ja ein starkes Stück.«

Anja zuckte nur mit den Schultern, doch dann obsiegte die Neugier.

»Und, wo warst du den ganzen Tag? Sag mir jetzt nicht, im Louvre.«

»Nein, war ich auch nicht. Das dämliche Grinsen der Mona Lisa interessiert mich nicht. Kann man sich doch alles im Internet anschauen. Glaubst du etwa, ich stell mich zwei Stunden lang in eine Schlange, nur um mich dann im Pulk mit Touris durch den Louvre pressen zu lassen? Ich hab mir heut zwei Fitness-Franchise-Modelle angeschaut. Erst eines auf dem Land und nachmittags gemeinsam mit Niklas eines im Westen von Paris.«

»Mit Niklas?«

»Er gehört doch bald zur Familie, oder nicht?«

»Und was ist das für ein Modell?«

»Fitness für ältere Menschen. Sie in Bewegung bringen, die alten Knochen schinden, damit sie wieder auf die Beine kommen. Alles altersgerecht. Mit Ernährungsberatung und Lifestyle. Die machen organisierte Ausflüge und haben sogar Physio mit dabei. Das zahlt hier die Krankenkasse. Abends haben wir noch mit dem Geschäftsführer gegessen. Sein Franchise geht hier in Frankreich ab wie Luzie. Mensch, Anja, ich hab darin eine Chance gesehen, dass wir unseren Arsch retten. Wir überleben als normales Gym doch höchstens noch ein Jahr.«

»Und warum hast du mir das nicht früher gesagt?«

Diese Frage schien Markus überraschenderweise zuzusetzen.

»Was ist los? Jetzt red schon«, beharrte Anja.

»Es ist nicht so einfach, so etwas in Deutschland zu implementieren und selbst hochzuziehen. Dazu braucht es Knete. Investments.«

»Das hat meine Frage nicht beantwortet.«

»Die ganze Paris-Reise … Ach, vergiss es.«

»Was? Was soll ich vergessen?«

»Ich hatte gehofft, dass sich deine Eltern dann wieder vertragen und deine Mutter keine hunderttausend für ein gottverdammtes Wohnmobil herauswirft, das ihr spätestens in Spanien oder Italien geklaut wird. Vielleicht hätte sie uns ja was leihen können, für den Umbau.«

Anja musterte Markus und kam zu dem Schluss, dass jedes Wort stimmte.

Für einen Moment standen sie sich wortlos gegenüber. Anja

hatte das Gefühl, dass Markus einfach nichts mehr zu sagen hatte. Und ihr ging es genauso. Hier stehen bleiben? Mitten im Windkanal und sich anschweigen?

»Wir sollten künftig offener miteinander umgehen«, sagte sie nur.

Er nickte und reichte ihr die Hand.

»Komm. Lass uns ins Hotel fahren. Ich bin todmüde«, sagte Markus dann.

Anja griff nach seiner Hand, und schon stellte sich wieder jenes Gefühl der Vertrautheit ein, das sich nicht mit den Berührungen von Jean-Pierre vergleichen ließ. Letzteres war wie elektrisierend und erzeugte pure Lust. Ersteres, Markus' Berührung, strahlte etwas ganz anderes aus. Halt. Und doch reichte ihr das nicht mehr. Diese verdammte Parisreise. Fluch oder Segen? Anja wusste darauf keine Antwort, als sie in den BMW stieg.

Kapitel 14

Ulrike hatte sich vorgenommen, nach der langen Nacht auszuschlafen. Sie waren um halb vier im Bett gelandet. Das kam sonst höchstens an Silvester vor. Das hieße aber, auf das Frühstück im Hotel zu verzichten. Bis um zehn, hatte es geheißen. Also um spätestens neun raus aus den Federn. Aus dem Vorsatz wurde aber nichts, wie Ulrike beim Blick auf ihr Handy feststellte. Es war halb acht. Vier Stunden Schlaf. Bravo! Der Tag konnte ja heiter werden. Hätte sie doch nur nicht vergessen, die Vorhänge zuzuziehen. Die Sonne schien durch das Fenster in einem so ungünstigen Winkel, dass sie so etwas wie Scheinwerferlicht von draußen im Gesicht hatte. Es war ihr sogar schwergefallen, sich auf die linke Seite zu rollen, um das Handy zu erreichen. Das musste wohl an dem »Teufelszeug« liegen. Wenigstens hatte sie keinen Brummschädel oder Gedächtnislücken wie nach zu viel Alkohol. Die Zebramäuse kamen ihr in Gedanken an letzte Nacht in den Sinn. Sie war daraufhin schneller wach. Die anderen schliefen sicher noch. Sogleich kam ihr der ketzerische Gedanke, ob Anja überhaupt zurück ins Hotel gekommen war. Allein schon die bloße Vorstellung war belebender als Kaffee. Und Markus? Am Ende wartete ein Ehedrama auf sie. Niklas! Hoffentlich nicht auch noch Ärger an dieser Front. Ulrike seufzte so laut, dass sich Hans neben ihr regte. Normalerweise sah er morgens zum Fürchten aus. Total zerknittert, Abdrücke vom Kissen im Gesicht und schlecht gelaunt. Das Antlitz, das sie da gerade anlächelte, sah entspannt und wie aus dem Ei gepellt aus.

»Guten Morgen, Ulli«, hauchte er.

War das ihr Mann? Nachwirkungen des »Teufelszeugs«? Das musste so sein. Anders ließ sich nicht erklären, dass er sich auch noch wohlig grummelnd an sie schmiegte. Das allein verstörte Ulrike derart, dass sie nun wie ein Brett neben ihm lag. Morgendlicher Körperkontakt dieser Art – schon lange nicht mehr erlebt.

»Geht's dir gut?«, fragte sie mehr aus Verlegenheit.

»Mir ging es noch nie besser.«

Das konnte sie nun auch spüren, denn da klopfte etwas an ihren Oberschenkel. Hans musste es sogar außergewöhnlich gut gehen. »Noch nie« war vielleicht etwas übertrieben, »schon lange nicht mehr« traf es wohl eher. Ulrike hatte urplötzlich eine Flut von Erinnerungen an heiße Nächte mit ihm vor ihrem inneren Auge, kurze Fragmente in schneller Abfolge, denen es gelang, ihren Puls auf frühmorgendlich ungeahnte Höhen schnellen zu lassen.

»Meinst du, wir könnten das überhaupt noch?«, fragte er prompt.

Ulrike sah ihn etwas hilflos an.

»Magst du das denn noch, wenn ich dich am Bauch streichle?«, fragte er.

Ulrike nickte perplex und spürte daraufhin, wie seine Hand unter der Bettdecke nach ihr tastete. Wie gut sich das anfühlte!

»Muss ja nicht viel mehr draus werden«, flüsterte er ihr ins Ohr, das er erst küsste und dann zärtlich daran knabberte. Was er machte, stand im krassen Gegensatz zu dem, was er von sich gegeben hatte, denn das Ohrläppchen war eine ihrer Zonen, die sie schmelzen ließ. Sie ließ es ihn wissen. Lustvoll zu stöhnen.

Nicht verlernt. Er anscheinend auch nicht, denn er fragte gar nicht weiter, sondern schob ihr Nachthemd Zentimeter für Zentimeter nach oben. Das kribbelte aber ordentlich und noch viel mehr, als er sie küsste. Zaghaft, unsicher, fast wie ein Teenager. Ulrike erinnerte das an ihr erstes Mal, doch dann schlug das Gefühl in vertraute Nähe um. Sein Atem wurde schwer, als er begann, sie an ihren Brüsten zu streicheln, sie dort zu küssen, um sich weiter in noch erogenere Zonen vorzuarbeiten. Also nach »nicht viel mehr« sah das jetzt nicht aus. Frühstück bis um zehn? Das war der letzte Gedanke, der Ulrike durch den Kopf geisterte, dann legte sie ihr Hirn in seine offenkundig immer noch bewährten Hände.

Anjas Befürchtungen, die ganze Nacht kein Auge zuzutun, hatten sich zu ihrer großen Erleichterung nicht bewahrheitet. Ein paar Stunden hatte sie zusammengekratzt, nicht von Jean-Pierre geträumt und auch nicht an ihn gedacht, als sie aufgewacht war. Das war vor ein paar Stunden kurz vor dem Einschlafen noch anders gewesen – allerdings waren ihr keine Fantasien erotischer Natur durch den Kopf gegeistert. Eher ein Bedauern, dass sie so wenig Zeit miteinander hatten verbringen können und sich wahrscheinlich nie wiedersahen. Erleichterung empfand sie aber auch darüber, dass sie sich ihm nicht hingegeben hatte, aus den falschen Gründen. Einer davon lag neben ihr. Immer noch friedlich vor sich hin schlummernd. Doch da täuschte sie sich. Er drehte sich um und sah gar nicht mehr verschlafen aus.

»Wie lange bist du schon wach?«

»Bestimmt schon eine halbe Stunde. Ich wollte dich nicht wecken«, erklärte er.

Anjas Blick fiel auf den Wecker auf dem Nachttisch.

»Schon Viertel vor neun. Wir müssen uns sputen.«

Markus nickte, machte jedoch keinerlei Anstalten aufzustehen. Er drehte sich zu ihr um und musterte sie nachdenklich.

»Hab mir das durch den Kopf gehen lassen. Was du gestern gesagt hast.«

Anja sah ihn fragend an.

»Dass wir offen miteinander reden sollten. Es kam zu kurz die letzte Zeit.«

Anja nickte. Er hatte es sich wohl tatsächlich zu Herzen genommen.

»Ich möchte nicht, dass wir eines Tages so wie deine Eltern enden.«

»Ganz im Gegenteil. Die beiden haben sich wiedergefunden.«

»Meinst du wirklich?«

»Garantiert.«

»Ob wir uns auch wiederfinden?«

»Noch haben wir uns nicht verloren. Wer hätte gedacht, wozu diese Parisreise noch alles gut ist.«

»Glaubst du mir jetzt wenigstens, dass ich nichts mit anderen hatte?«

»Und selbst wenn. Um ein Haar …«

»Dieser Jean-Pierre. Sieht er denn gut aus?«

»Verdammt gut.«

»Und warum hast du dann nichts mit ihm angefangen? Ich wäre wütend gewesen, aber ich hätte es verstanden.« Markus sah allerdings nicht danach aus, als ob ihm das so leichtgefallen wäre.

»Das fragst du noch?«

»Ich war mir manchmal gar nicht mehr so sicher, ob wir nicht nur noch aus Gewohnheit zusammen sind. Wegen Sophie, wegen der Arbeit. Und nach dem verdammten Unfall … ich hab mich nicht mehr vollwertig gefühlt. Und wenn's dann ein paarmal nicht mehr klappt ... Dann lieber gar nicht mehr.« Anja konnte ihm ansehen, wie schwer ihm dieses Geständnis gefallen war.

»Aber ich wusste das doch und hab nicht von dir erwartet, dass alles wieder so ist wie früher. Sex ist doch keine Akrobatik und kein Zwang«, versicherte sie ihm.

»Du meinst, wir sollten es mal wieder versuchen? Ganz unbefangen. Einfach mal schauen, was noch geht, ohne dass ich mir eine Ibu einwerfen muss?«

»Andere werfen sich eine Viagra ein, mein Mann eine Ibu.« Anja musste unwillkürlich lachen.

»Ist nicht lustig.« Markus lachte dann aber doch mit. »Wir können uns ja beide zum Ü50-Tantra anmelden. Ein bisschen was dazulernen. Mal ganz anders rangehen.«

»Wir sind noch nicht Ü50.«

»Das macht nichts.«

»Sag bloß, du hast dich dahingehend schon informiert?«, wollte Anja wissen.

»Das Franchise-Projekt. Die machen auch so was.«

»Wahrscheinlich wären wir dann im gleichen Kurs mit meiner Mutter und meinem Vater.«

»Sofern sie uns überhaupt Starthilfe geben und dann selbst dort hingehen.«

»Willst du es ihnen beim Frühstück sagen? Prospekte zeigen? Oder erst daheim?«, fragte Anja.

»Ich dachte an etwas anderes. So etwas muss man doch erleben. Vor Ort.«

»Das hast du also auch schon eingefädelt.«

»Du könntest mich beim Frühstück etwas dabei unterstützen. Wäre ein schöner Ausflug. Das Zentrum ist auf dem Land, westlich von Paris.«

»Von wegen Eherettung.« Anja schüttelte ungläubig den Kopf.

»Eher zwei Fliegen mit einer Klappe. Bist du mir noch böse deswegen?«

Anja schüttelte den Kopf.

Markus dankte es ihr, indem er einen Arm um sie legte und sie küsste. Dass er dabei stöhnte, weil die Drehbewegung pures Gift für ihn war, überraschte Anja nicht. Sie wertete es als Liebesbeweis und guten Neuanfang. Ob der in geschäftlicher Hinsicht, wie er sich das vorstellte, auch gelingen würde, stand noch in den Sternen.

Es ging noch! Es ging tatsächlich noch. Ulrike war bis vor einer guten Stunde der Meinung gewesen, im Lustkanal bereits eingerostet zu sein und dass man ihren Motor nicht einmal zum Laufen bringen konnte, wenn man ihr einen Stripper mit perfektem Body auf den Bauch binden würde. Wahrscheinlich sank der Hormonspiegel im Lauf der Zeit auf ein Niveau, das dem einer eisernen Jungfrau oder einer Nonne auf Lebenszeit entsprach. Nach den Wechseljahren sowieso, nur nicht bei Frauen wie der Heidenreich. Die wussten, wie man ihn hochhielt. Einmal runtergebügelt, verlor Sex an Bedeutung. Pure Zeitverschwendung. Schweißtreibend, da viel zu anstrengend. Außerdem genügte ja der tägliche Blick in den Spiegel, um festzustellen, dass man bei der Klum nicht mehr auf dem Laufsteg aufzukreuzen brauchte. Faltengebirge, Pölsterchen an Stellen, wo man sie nicht gebrauchen konnte, Brüste, die den Kampf gegen die Schwerkraft aufgegeben hatten, und Haut, die nicht mehr straff saß, vor allem im Gesicht. Die hängenden Mundwinkel im Alter, die Tränensäcke und Wangen, die gerade in den letzten Jahren locker um einen Zentimeter tiefer gerutscht waren. Hans das zumuten? Sich selbst nicht mehr attraktiv genug zu finden war, wie Sand ins Getriebe zu schütten. Ulrike war allein schon die Vorstellung, sich im Bett wie früher zu vergnügen, absurd vorgekommen. Erst kürzlich war sie auf der Suche nach exotischen Blüten, die bei anderen Völkern als Zeichen der Liebe galten, auf eine Pornoseite gestoßen und hatte sich durch verschiedene Spielarten geklickt. »Was machten die da?« Akrobatik. Hose runter, dann Eis am Stiel. Rein und raus. Absurd. Von Erotik sowieso keine Spur. Das Erschreckende daran war aber, dass sich beim Betrachten diverser Clips dieser Art die Erkenntnis eingestellt hatte, froh darüber zu sein, diese Phase hinter sich gelassen zu haben. Milde lächelnd die Seite wegzuklicken war eine Sache. Nachts dann von wildem Sex am Strand zu träumen, verführt von einem rassigen Italiener, dem die Begierde ins Gesicht geschrieben war und den Gott mit Stahl zwischen den Beinen gesegnet hatte, eine andere. Man konnte so etwas ja auch als Albtraum abtun. Und nun? Kein bisschen Akrobatik und trotzdem schön. Sein Motor hatte zwar seine Startschwierigkeiten gehabt, war dann aber zu Ulrikes Überraschung in Schwung gekommen. Die Starthilfe hatte sie ihm gern gegeben. Da musste man nur ein wenig Hand anlegen. Ulrike schmunzelte bei dem Gedanken daran und besah sich im Spiegel des Kleiderschranks. Sie bildete sich auch noch ein, irgendwie verjüngt auszusehen, und zupfte vergnügt an ihrem BH herum, bis er perfekt saß. Ulrike genoss sogar das Kribbeln des Stoffes auf der Haut, just an den Stellen, die er verwöhnt hatte. Auch Hans schien sich verändert zu haben. Ulrike sah ihn durch die halb geöffnete Badezimmertür in seiner ganzen Pracht. Von Letzterem konnte seit diesem Morgen wieder die Rede sein. Oder lag das nur an einer rosaroten Brille, die sie noch trug? An den Nachwehen einer lustvollen halben Stunde? Er war doch derselbe Mann, den sie oft genug – so wie Gott ihn erschaffen und über die Jahre hatte erschlaffen lassen – gesehen hatte. Und dennoch fühlte es sich so an, als ob er nun einen Tick männlicher war, trotz derselben Röllchen über der

Hüfte und seiner mittlerweile BH-tauglichen Pobacken, zu denen sich noch zwei Fältchen gesellt hatten. Da ihn jetzt reinzukneifen, das wäre es. Ulrike feixte, was ihn sichtlich irritierte.

»Was ist? Noch nie einen nackten Mann beim Rasieren gesehen?« Er wedelte wie ein Go-go-Tänzer vergnügt mit seinem Po. Ulrike amüsierte sich darüber mindestens so wie er selbst.

»Mach hin. Sonst kriegen wir nicht einmal mehr eine Tasse Kaffee.«

Das nahm Hans beim Wort. Flink spülte er sich den Rest des Rasierschaums aus dem Gesicht, kam aus dem Badezimmer und begann, sich anzukleiden. Ulrike schlüpfte in ihr Kleid.

»Ich hab mir überlegt, dass wir öfter mal wegfahren sollten. Aber bitte nicht im Wohnmobil.«

»Das ist endgültig vom Tisch.«

Hans sah sie erstaunt an.

»Seit wann?«

»War eine fixe Idee.«

»Weil du raus wolltest? Weg von mir?« Hans hielt mitten in der Bewegung inne, als er dabei war, sich die Socken anzuziehen.

»Nein. Vermutlich weg von mir«, erwiderte Ulrike. Sie wunderte sich über die Klarheit dieses Gedankens und dass er ihr nicht schon früher gekommen war.

»Einfach raus. Alles ändern. Von jetzt auf gleich. Sich frei fühlen, treiben lassen ... Fragt sich nur, wohin? Und allein? Wie will man das dann genießen?«, fuhr sie fort.

»Geht viel besser zu zweit.« Hans zog sich weiter an.

»Wir könnten auch mal eine Kreuzfahrt machen. Das machen Rentner doch. Eine Atlantiküberquerung. Das wär's doch. In die Karibik.«

»Auf so einen Kahn? Aber nicht im Oktober. Hurrikan-Saison.«

»Du würdest das machen? Und deine Arbeit?«

Hans zuckte nur mit den Schultern.

»Am liebsten würde ich mit unserem Wagen durch ganz Europa fahren und dort bleiben, wo es uns gefällt. Das wollten wir doch früher immer«, sagte Ulrike.

»Bis Anja da war.«

»Die steht ja jetzt auf eigenen Füßen. Wobei ich mich gerade frage, wohin sie die noch tragen. Bei den beiden herrscht bestimmt dicke Luft.«

»Vielleicht sollten wir ihnen die Wahrheit sagen. Das mit den Seitensprüngen.«

Ulrike nickte.

»Hättest du mich eigentlich verlassen, wenn ich mal was mit einer anderen Frau angefangen hätte?«

Ulrike musterte ihn argwöhnisch.

»Rein hypothetisch.«

»Nein.«

»Du hättest mich nicht verlassen?«

»Und du im umgekehrten Fall?«

»Nein.«

»Weil wir uns aneinander gewöhnt haben? Aus Bequemlichkeit?«

»Nein.«

Hans stand auf, nun in voller Montur. Das Leinenhemd stand ihm gut. Er ging zu ihr, stellte sich hinter sie und legte seine Arme um ihre Hüften. Ulrike sah ein glückliches Paar vor sich im Spiegel.

»Weil ich dich heute wie damals liebe«, sagte er und umarmte sie fest.

»Du hast mir das schon seit einer Ewigkeit nicht mehr gesagt.« Ulrike rührte seine Liebeserklärung fast zu Tränen.

»War dumm von mir«, räumte er ein, dann biss er sie sanft ins Ohrläppchen. Ulrike quiekte vergnügt, Zeit für das Frühstück.

Morgens aufzuwachen und plötzlich zwei riesige Glubschaugen vor sich zu sehen machte schnell munter. Niklas hatte sie mit der Plüschmaus an der Nase wach gekitzelt. Normalerweise tat er das mit seinen Händen oder mit vollem Körpereinsatz. Wer den Mund nicht aufmachte, brauchte ihr gar nicht mit der Mäusemasche zu kommen. Nach wie vor kein Wort darüber, wie es dazu gekommen war, dass ihr Vater ihn zurück zum Hotel gebracht hatte. Ihn in die Mangel zu nehmen war um neun, als sie aufgewacht waren, nicht mehr drin gewesen. Schnell duschen und dann runter zum Frühstück. Während sie sich im Bad die Haare noch ein wenig antrocknete, bemerkte sie, dass er schon fertig angezogen auf dem Bett saß und sie förmlich anschmachtete. Auf den Kerl konnte man einfach nicht sauer sein, und dennoch nagte an ihr, dass er ständig versuchte, sich mit der immer gleichen Leier herauszureden: »Ich hab's deinem Vater versprochen.« Die Haare waren einigermaßen gebändigt. Die Neugier nicht. Mal ganz abgesehen davon, dass sie das erst geklärt haben wollte, bevor sie gedachte, ihm zu eröffnen, dass sie ein Kind erwartete. Es kam gar nicht infrage, dass der Vater ihres Kindes Geheimnisse vor ihr hatte. Und vor dem Frühstück zu offenbaren, dass sie schwanger war, hielt Sophie sowieso nicht für den günstigsten Zeitpunkt.

»Wir müssen ...«, sagte sie, ging zu ihm und reichte ihm die Hand, damit er aus dem Bett kam. Stattdessen zog er sie zu sich herab.

»Nur einen Kuss. Ich hab heute noch keinen gescheiten bekommen.«

»Den hast du dir noch nicht verdient.« Mal sehen, ob das funktionierte. Sie wusste ja, wie der Kerl tickte.

»Nur einen.«

Sophie beugte sich zu ihm und fuhr ihm durchs Haar, während sie dazu ansetzte, ihn zu küssen.

»Erst wenn du mir sagst, warum dich mein Vater abgeholt hat.«

»Quäl mich doch nicht so.«

Jetzt erst recht. Sophie machte einen Rückzieher. Härtere Geschütze mussten her. Ihre Hand tastete sich langsam zwischen seine Beine vor. Es dauerte nicht lange, bis er lustvoll aufstöhnte. Schon war die Hand weg. Sie saß mit verschränkten Armen auf seinem Becken.

»Jetzt sag schon. Sonst gibt's drei Tage Entzug«, drohte sie ihm an, dann beugte sie sich wieder zu ihm – auf Kussdistanz.

»Nur ein Wort ...«

Er versuchte, ihre Lippen zu erreichen, doch sie drückte ihn zurück ins Kopfkissen.

»Also gut. Aber alles sag ich dir nicht.«

»Dann fang an.«

»Ich war nicht bei meinem Kumpel, sondern mit deinem Vater unterwegs.«

»Was?« Ein Stromschlag hätte nicht schlimmer sein können. »Und warum dann diese Geheimnistuerei?«

»Ging nicht anders.«

»Ihr hängt doch jeden Tag im Gym ab. Wo wolltet ihr denn hin, zu zweit? Und warum erzählst du mir, dass du deinen Kumpel besuchst?«

Niklas nickte schuldbewusst.

»Das glaube ich jetzt nicht.« Sophie sprang aus dem Bett und tigerte im Zimmer auf und ab.

»Jetzt mach kein Drama draus.«

»Du hast mich belogen. Schon bevor wir losgefahren sind. Du hast dich doch mit ihm verabredet.«

»Nein, eigentlich nicht.«

Sophie sah ihn fassungslos an.

»Für einen guten Zweck. Bitte glaub mir.« Niklas wirkte verzweifelt.

Ihm glauben?

»Dein Vater und ich, wir wollen was gemeinsam hochziehen, etwas, woran ich glaube. Du hast mir doch schon oft genug vorgeworfen, dass ich nicht weiß, was ich mal machen will.«

Sophie stutzte. Das klang alles vernünftig. Sein Tonfall war ernst.

»Wollen wir jetzt frühstücken? Die anderen warten bestimmt schon auf uns.«

»Und wenn ich ihn frage, meinen Vater?«

»Untersteh dich. Das könnte unsere Pläne gefährden. Bitte, komm einfach mit mir zum Frühstück, Sophie«, bettelte er.

Also gut. Nachdem auch sie ein kleines Geheimnis in ihrem Bauch trug, durfte er seines noch für eine Weile behalten.

Die Sonne schien in den Frühstückssaal. Anja freute sich auf einen wunderbaren neuen Tag in Paris an der Seite ihres Mannes, der sie im Gegensatz zum Vortag Händchen haltend in den Aufzug und bis zu ihrem Platz begleitet hatte. Diese Kleinigkeiten waren es gewesen, die ihr gefehlt hatten. Das als schön zu empfinden, als wertvoll, war kein Produkt ihres Verstandes mehr, der die letzten Jahre darum bemüht gewesen war, sich ihre Ehe schönzureden, mit so vielen Argumenten, die alle nicht von der Hand zu weisen waren, aber sich oft in ihrer Gefühlswelt nicht wiederfanden. Die Reise nach Paris hatte sich gelohnt. Ganz sicher auch für ihre Eltern, die ebenfalls Hand in Hand in den Frühstücksraum trudelten, als sie gerade am Tisch Platz nahmen. Surreal. Die Stadt hatte sie anscheinend alle weichgespült, nur die Bedienung nicht, eine junge Frau, die sie bestimmt schon ungeduldig erwartet hatte und demonstrativ auf die Uhr sah. Auf den anderen Tischen stand benutztes Geschirr. Die Tischdecken hatten Kaffeeflecken. Sie waren heute mit Sicherheit die letzten Gäste und hatten nur noch geschätzte fünfzehn Minuten, um sich den Bauch vollzuschlagen.

»Vous désirez?«

»Entschuldigen Sie bitte die Verspätung«, erklärte Markus auf Französisch. In diesem Fall sah Anja ihm sein charmantes Lächeln nach. Es wirkte. Sie nahm die Bestellung auf, verzog dann aber doch das Gesicht, als Sophie und Niklas auch endlich zum Frühstück erschienen.

»Für uns auch Café au lait«, sagte Sophie.

»Croissants für alle?«, bot Hans an und setzte sich zum Büfett in Bewegung.

»Ist das nicht ein wunderschöner Tag heute?«

Mama wirkte glückselig. Sie von innen heraus so strahlen zu sehen irritierte Anja etwas.

»Na, ihr beiden. Auch schon wach?«, fragte Markus.

Warum er Niklas dabei besonders musterte, leuchtete Anja ein. Konspiratives Pack, wie sie nun von Markus wusste.

»Ich finde, wir sollten das schöne Wetter nutzen und einen Ausflug machen. Aufs Land«, fing er an. Anja wusste, warum.

»Hans. Hast du Lust?«, fragte Ulrike an Hans gerichtet, der mit genug Croissants für alle in einem Korb zurück zum Tisch kam.

»Also, ich weiß nicht. Wir haben doch so viel noch nicht gesehen. Was denkst du, Ulli?«

Anja stutzte. Papa nannte sie Ulli? Zuletzt vor Jahren gehört. Sehr schön!

»Markus hat wirklich was Großartiges entdeckt. Ein bisschen relaxen, schöne Natur, und Wellness gibt's dort auch.«

Sophie und Niklas tauschten Blicke. Ihre Tochter sah so aus, als würde sich gerade ihre berühmt-berüchtigte Denkblase über ihrem Kopf ausstülpen. Das konnte nur bedeuten, dass Niklas doch nicht so schweigsam gewesen war, wie er Markus hatte versprechen müssen.

»Meinetwegen. Was ist es denn genau? Ein Hotel? Mit Park? Im Grünen? Ein Schloss?«, fragte ihre Mutter.

»Lasst euch überraschen.«

»Du und deine Überraschungen. Aber mich musst du jetzt nicht mehr die Champs-Élysées entlangscheuchen. Und auf den Eiffelturm«, sagte Hans trocken, was ihre Mutter dermaßen belustigte, dass sie lauthals loslachte. Die waren heute ja gut drauf.

»Und heute Abend gehen wir noch mal schön essen. Ich finde, die Reise hat sich gelohnt, nicht wahr, Mama? Papa?«

Die beiden sahen sich an. Ungewohnt intensiv. Sie schmunzelten.

»Wahrlich … das hat es«, sagte Papa.

»Kaum zu glauben, dass ich ernsthaft darüber nachgedacht habe, mich von diesem Mann zu trennen«, gestand ihre Mutter offen ein. Ein berührender Moment, der Anja so vorkam, als wären sie gerade auf dem Standesamt und sie die Trauzeugin.

»Wir werden unser Leben verändern. Viel reisen. Was gemeinsam unternehmen. Die Jahre sind nur so verflogen, und wenn man da nicht die Bremse zieht … Ich war lange genug in diesem Blumenladen.«

»Und ich hab keine Lust mehr, mich von Volltrotteln schikanieren zu lassen. Hab ja meine Rente. Das reicht dann schon«, sagte Vater.

»Mal für ein paar Monate durch Europa fahren. Immer der Nase nach.« Ihre Mutter schien vor Glück fast zu platzen.

»Schon dieses Jahr oder erst, wenn du auch in Rente bist, Oma?«, fragte Sophie. Sie wirkte etwas besorgt, was Anja überhaupt nicht nachvollziehen konnte.

»Worauf warten? Im Sommer, und vielleicht überwintern wir sogar, wo es warm ist. Ihr braucht uns doch nicht mehr, oder?«

»Nein. Nein, fahrt nur«, redete Anja ihr zu.

»Könnten wir auch machen, Schatz. Mal öfter wegfahren«, schlug Markus prompt vor.

Sophie schien dies sichtlich zu beunruhigen.

Was hatte das Kind bloß?

»Ihr habt sicher auch Nachholbedarf«, sagte Vater, der sein Croissant in die Kaffeetasse tunkte.

Markus nickte und sah Anja bedeutsam an.

»Wir waren auf dem besten Weg, die gleichen Fehler zu machen. Nebeneinanderher zu leben, und irgendwann ist man nicht mehr glücklich. Das liegt schon Jahre zurück, als die Dinge aus der Bahn liefen.« Anja musste dieses Geständnis einfach ablegen. Wann saßen sie schon mal alle zusammen und sprachen so offen über ihre Gefühle?

»Aber welche Fehler denn, Mama?« Die Frage überraschte Anja aus dem Munde einer studierten Psychologin.

»Als du zur Welt kamst, Sophie. Ich hab mich so sehr auf dich gefreut, aber ich konnte nicht mehr weiterstudieren. Und dann musste ich mir einen Job suchen und bin in dieser Steuerkanzlei gelandet. Da sitz ich heute noch. Die ersten Jahre ... alles drehte sich nur um dich. Eine wunderschöne Zeit, aber auch ziemlich anstrengend. Dein Vater hatte damals noch kein eigenes Studio. Das Geld reichte hinten und vorne nicht. Wir haben von zweitausend Mark gelebt. Da ging die Hälfte von dem, was nach den festen

Kosten blieb, allein für Windeln drauf. Und dann, als du ausgezogen warst ... Da war es zu spät, noch mal umzusatteln. Die Jahre verfliegen ...« Anja seufzte.

»Wir wollen auch nicht mehr so weitermachen«, versicherte Markus ihnen.

»Den Fehler machen wir nicht. Wir haben es nicht so eilig, zu heiraten und Kinder zu kriegen. Gerade jetzt«, sagte Niklas.

»Sehr vernünftig, was Niklas da sagt«, meinte Ulrike.

Sophie sah das anscheinend anders. Anja traute ihren Augen nicht. Aus dem Nichts liefen ihr Tränen über die Wangen. Bleich wie die Wand war sie.

»Sophie?«

Auch die anderen starrten nun mit sorgenvoller Miene auf sie.

»Entschuldigt mich«, krächzte sie mit angeschlagener Stimme, stand auf und stürmte aus dem Raum.

»Sophie? Was ...?« Niklas war schon dabei, ihr hinterherzugehen, doch Markus hielt ihn am Arm fest.

»Sophie ist schwanger«, sagte er ganz nüchtern. Ein Paukenschlag, der alle zum Schweigen brachte.

Anja schluckte.

Ulrike starrte Markus ungläubig an. Hans blieb das Croissant fast im Hals stecken.

Festhalten musste Markus Niklas nun nicht mehr. Er setzte sich.

»Aber warum hat sie mir das nicht gesagt?«, fragte Niklas, der der Verzweiflung nahe schien.

»Ich glaube, das ist eine Angelegenheit, um die sich Oma kümmern sollte.«

Anja bereute bitterlich, was sie vorhin von sich gegeben hatte. Was musste sich Sophie nun denken? Dass sie ihr Leben ruiniert hatte. Ihre Mutter hatte recht. Besser, sie sah nach ihr.

Kapitel 15

Ulrike war hin- und hergerissen zwischen der Sorge um Sophie und der Freude, wahrscheinlich in einigen Monaten Großmutter zu sein. Was brachte das alles für ihre Enkelin mit sich, und was musste sie sich nun denken. Im Aufzug gestand Ulrike sich ein, dass für ihr gemeinsames Leben mit Hans in diesem Fall auch einige gravierende Änderungen bevorstanden. Die Rundreise durch Europa, mal ein halbes Jahr weg sein, das alles konnten sie vergessen. Vielmehr wollte sie es vergessen, denn der Gedanke, so einen kleinen Wurm im Arm zu halten, ließ ihr Herz höher schlagen. Ob Hans das genauso sehen würde? Seine frisch gewonnene Reiselust wäre dann dahin, und Ulrike konnte sich noch allzu gut daran erinnern, dass ihn die Zeit, in der Anja noch in den Windeln steckte, sehr belastet hatte. Er war berufsbedingt die meiste Zeit daheim gewesen, und sie hatten sich alle Aufgaben rund ums Baby geteilt. Schlaflose Nächte, weil Anja alle drei Stunden die Brust hatte haben wollen, und natürlich das ganze Pipapo, ständige Arztbesuche, Fläschchen, Wickeln, Bespaßen, Krabbelgruppe. Später morgens um sechs raus, um Anja in den Kindergarten zu verfrachten, die unablässig gebrüllt hatte. Das war selbst Ulrike oft zu viel gewesen. Das alles würde auf Sophie zukommen. Sagte man nicht immer, dass ein Großelterndasein in Bezug auf Nachwuchs wie Rosinenpicken war? Dennoch würde sie ihre volle Unterstützung brauchen, also nix mit Rosinenpicken. Ulrike seufzte, als sie vor Sophies Tür stand. Sie hörte ihre Enkelin bereits schluchzen. Die Ärmste.

»Sophie. Ich bin's. Darf ich reinkommen?«

Den daraufhin einsetzenden Heulkrampf wertete Ulrike als ein eindeutiges Ja.

Sophie lag wie ein geprellter Frosch mit verheulten Augen auf dem Bett und umarmte ein Kissen. Ein schwacher Trost, aber jetzt war ja Oma da. Ulrike setzte sich zu ihr.

»Du erwartest ein Kind von ihm, nicht wahr?«

Schon flossen frische Tränen.

»Das ist doch wunderbar.« Ulrike griff nach Sophies Hand. Das Kissen ließ sie trotzdem nicht los.

»Ich weiß wirklich nicht, wie ich das alles schaffen soll. Du hast Mama doch gehört. Ihr Leben war im Arsch. Wenn ich nicht gewesen wäre, hätte sie studiert und wäre nicht so unglücklich.«

»Deine Mutter ist nicht unglücklich. Jeder ist das hin und wieder. Und jetzt sag ich dir mal was. Anja hat genauso geheult wie du jetzt, als sie mir sagte, dass sie ein Kind von Markus erwartet, aber vor Glück.«

Das unterband sofort die Zufuhr weiterer Tränenflüssigkeit. Sophie sah sie zweifelnd an.

»Sie wollte ja ein Kind haben, und die beiden haben sich prima arrangiert. Hat sie dir denn nie die Familienalben gezeigt?«

»Doch.«

»Dann musst du doch gesehen haben, wie glücklich die beiden waren. Und die alten Videos. Es kam halt anders in ihrem Leben, aber Anja hat nie geklagt. Markus auch nicht. Er war ein guter Vater.«

»Und Niklas? Glaubst du, er ist ein guter Vater? Ich hab seine Worte noch im Ohr. Kein Kind.«

»Quatsch. Du wolltest ja auch erst eine Familie gründen, wenn du mit der Ausbildung fertig bist. Ist doch normal, dass er dann so reagiert, aber manchmal kommt es im Leben halt anders. Das heißt jedoch nicht, dass er kein guter Vater sein wird.«

»Und wenn er dann eine andere kennenlernt? Und mich sitzen lässt?«

»Macht er nicht.«

»Er hat noch nie darüber gesprochen zu heiraten. Noch nie.«

»Ihr seid ja auch noch jung.«

»Und wenn wir heiraten. Wer sagt, dass wir nicht so enden wie du und Opa? Du wolltest dich von ihm trennen. Und Mama und Papa? Ich hab das ja mitbekommen. Eine Traumehe war das in den letzten Jahren nicht mehr.«

»Höhen und Tiefen. Das gehört nun mal dazu, solange man daraus lernt. Wahrscheinlich sind sie auch genau aus diesem Grund da. Um zu erkennen, wo der Hase im Pfeffer liegt. Und dann hat man die Wahl. Alles hinschmeißen oder daraus Lehren ziehen.«

»Du willst dich also wirklich nicht mehr von Opa trennen? Ganz sicher?«

»Ich fühlte mich so in die Enge getrieben. Das kam mir so vor wie der einzige Ausweg. Aber nein. Es kommt mir im Nachhinein richtig absurd vor, dass ich mit einem Wohnmobil durch die Welt fahren wollte aus Panik, irgendwas im Leben verpasst zu haben. Hätte ich das getan, würde ich schließlich auch etwas verpassen. Die Zeit mit deinem Großvater. Die ist wertvoller als alles andere. Außerdem müsst ihr nicht die gleichen Fehler machen. Wahrscheinlich macht ihr andere. Das gehört dazu, aber solange ihr nicht aufhört, euch zu lieben, lässt sich jede Krise meistern. Letztlich, wenn ich ganz ehrlich zu mir bin, war alles halb so wild. C'est la vie, ma chère. An dem Spruch ist was Wahres dran.« Ul-

298

rike kam sich vor, als hätte sie eben das Wort zum Sonntag gesprochen, zudem auch noch an sich selbst gerichtet.

»Aber Niklas ist doch nicht Opa. Er ist ein ganz anderer Mensch. Und wenn er mich betrügt. Ich könnte das nicht ertragen. Ich weiß gar nicht, wie du das damals weggesteckt hast.«

»Hab ich nicht.«

»Aber ihr habt doch erzählt ...«

»War gelogen, damit deine Mutter nicht durchdreht.«

»Ihr hattet gar keinen Seitensprung?«

»Nein. Also, ich nicht. Und Hans ... Nein.«

Diese überraschende Neuigkeit brachte Sophie sogar dazu, endlich das Kissen loszulassen.

Ulrike zog ein frisches Kleenex aus der Box, die Sophie bereits auf ihrem Nachttisch stehen hatte, und reichte es ihr.

»Niklas wird mich trotzdem verlassen. Der rennt doch immer davon, wenn's schwierig wird. Er kriegt nicht einmal sein eigenes Leben auf die Reihe«, jammerte sie.

»Der Mensch wächst mit seinen Aufgaben. Ich hab mich damals auch überfordert gefühlt, aber man ist nicht allein. Meine Mutter war stets für mich da, wenn es mal eng wurde. Und dein Großvater und ich ... Wir werden auch für dich da sein.«

»Aber ihr wolltet doch verreisen?«

»Dann machen wir das halt später.«

»Und Mama?«

»Glaubst du im Ernst, die lässt dich hängen? Du hast ja noch ein paar Monate. Mach deine Doktorarbeit. Die kannst du auch zu Hause schreiben. Und wenn du dann irgendwann einen Job hast. Wir sind für dich da.«

»Und wenn ich keinen Job finde? Mutter mit Kleinkind.«

»Die finden auch Jobs. Mit deiner Ausbildung sowieso. Fachkräftemangel in Deutschland. Die stellen dir noch ein Laufgitter ins Büro, glaub mir.« Ulrike war froh, dass sie erst kürzlich einen Bericht darüber im Fernsehen gesehen hatte.

»Und Niklas? Papas Studio läuft nicht mehr so gut.«

»Er ist jung. Der findet wieder was.«

Ulrike konnte Sophie ansehen, wie sehr es in ihr ratterte. Immerhin hatten die Tränendrüsen ihre Arbeit nun gänzlich eingestellt. Sie wischte sich tapfer die Augen trocken.

»Na also, so gefällst du mir schon besser.«

Sophie seufzte. Es klang befreiend.

»Er will mit Papa was Neues hochziehen«, sagte Sophie dann.

Ulrike stutzte.

»Aber er sagt mir nicht, was genau«, fuhr Sophie fort.

»Er wird eh schon auf glühenden Kohlen sitzen. Ich glaube, es sind jetzt andere Umstände. Im wahrsten Sinne des Wortes. Es geht um eure gemeinsame Zukunft. Ich geh jetzt runter zu ihm und schick ihn rauf. Ist das okay?«

Sophie nickte tapfer und setzte sich immerhin schon mal auf.

Ulrike fuhr ihr durchs Haar und tätschelte ihr die Wange.

»Wird schon. Freu dich. Also, ich freu mich jedenfalls.«

Ulrike hielt kurz inne, weil sie im Moment dieses Gefühl, hin- und hergerissen zu sein, verlor.

»Und wie ich mich freue.« Ihr Lächeln schien ansteckend zu sein, denn es munterte ihre Enkelin auf.

Ulrike hatte damit gerechnet, dass sich alle Augenpaare auf sie richten würden, wenn sie den Speisesaal betrat. So kam es auch.

»Und? Bekommen wir Nachwuchs?«, wollte Hans sich vergewissern. Alle anderen starrten Ulrike wie eine Geistererscheinung an.

Sie nickte.

Sofort fuhr wieder Leben in die bis eben zu Stein erstarrten

Gestalten am Tisch. Hans lächelte milde. Anja holte tief Luft und tauschte Blicke mit Markus. Dann nahmen sie den Verursacher des freudigen Ereignisses ins Visier. Niklas wirkte auf Ulrike, als säße er auf der Anklagebank. Klar, denn von nix kam nix, und bei ihm konnte man ihres Wissens nicht von »nix« reden. Seine Beine wippten nervös in der Geschwindigkeit eines Kolibris, und er wusste nicht, wohin mit seinen Händen. Der war nervlich durch.

»Junger Mann. Folgen Sie mir«, sagte Ulrike.

Wie der Blitz war er auf den Beinen.

»Hätte ich nur meinen Mund gehalten«, sagte Anja.

»Ach was, war doch damals auch so«, beschwichtigte Markus.

»Was soll ich zuerst sagen?«, wimmerte Niklas. Dass der cool-lässige Macker plötzlich wie ein verschüchtertes Erdmännchen daherkam, amüsierte Ulrike.

»Macht euch nicht verrückt. Sophies Augen sind wieder trocken.«

Anja schlug die Hände vors Gesicht. Fehlte nur noch, dass sie sich selbst geißelte.

»Jetzt beruhigt euch. Bestellt lieber Champagner – und O-Saft für Sophie, damit wir nachher alle anstoßen können«, wies sie die Truppe an.

»Wie geht es ihr?« Niklas' Sorge stand ihm ins Gesicht geschrieben.

»Komm mit.«

»Ich schaff das schon allein«, sagte Niklas.

»Mitkommen.« Ulrike ließ sich das Heft nicht aus der Hand nehmen.

Er begleitete sie dann ohne weiteren Widerspruch hinaus.

»Will sie mich denn überhaupt sehen?«

»Also du stellst Fragen.«

»Was hat sie denn gesagt? Ich meine, hat sie gesagt, warum sie es mir nicht gesagt hat? Sie möchte das Kind doch haben, oder? Ist zwar früh, aber wir schaffen das schon«, stammelte er auf dem Weg zum Lift. Niklas zitterte so sehr, dass er erst im zweiten Anlauf den Aufzugknopf erwischte.

»Sie macht sich diesbezüglich Sorgen. Aber das ist normal, wenn man bedenkt, dass sie noch nicht mit dem Studium fertig ist, und so viel wirst du bei Markus ja nicht verdienen.«

»Wenn alles klappt, dann verdiene ich genug ...«

»Was hast du vor?«, fragte Ulrike, als sie im Aufzug standen.

Niklas zierte sich. Immerhin hatte er jetzt wieder etwas mehr Farbe im Gesicht.

»Ein neuer Job?«

»Ein Freund von mir arbeitet in einem völlig neuartigen Fitnessstudio. Eigentlich ist es das gar nicht. Eher Wellness, Lifestyle, Coaching ... für ältere Menschen. Die gehen nicht so gerne ins Gym, weil da meist Jüngere sind. Ich möchte so was hochziehen«, erklärte er.

»Warst du deshalb mit Markus unterwegs?« Ihre Frage kam mit dem Bing des Aufzugs.

Er nickte.

»Ich hab Markus davon erzählt. Es läuft ja nicht mehr gut, und er wollte in so ein Projekt investieren.«

»Mit was? Wenn es nicht mehr so gut läuft?«, wunderte Ulrike sich.

Niklas rang mit sich.

»Jetzt sag schon.«

»Es ist ein Franchise, wie McDonald's. Er hat gehofft, dass Sie ihm vielleicht etwas leihen könnten ... Einen Teil. Die Bank will ja Eigenkapital sehen.«

Ulrike rekapitulierte, was sie erfahren hatte.

»Moment ... Was du da beschrieben hast. Das klingt doch wie der Ort, wo wir heute hinfahren.«

Niklas brummte ein Ja, sichtlich betreten.

»Deshalb die Reise nach Paris.«

»Nein ... Ja ... Aber bestimmt nicht nur. Zwei Fliegen mit einer Klappe. Sie verstehen schon.«

»Und ich bin die eine Fliege. Hab ich das richtig verstanden?«

»Aber es war wirklich meine Idee, das mit dem Projekt.«

Ulrike musterte ihn nachdenklich und glaubte ihm.

»Klingt ja eigentlich nicht schlecht. Du würdest dann dort arbeiten?«

»Das wäre super. Ich hab's ja schon gesehen. Die Leute rennen denen die Bude ein, und man hat das Gefühl, etwas Gutes und Sinnvolles zu tun.«

»Er hätte mich doch auch fragen können.«

»Das ging nicht. Sie wollten doch ein Wohnmobil kaufen und auf und davon.«

»Verstehe. Und wenn die Knete weg ist, dann wird das nichts mit diesem Franchise. Sauber eingefädelt. Gut, dass ich das jetzt weiß. Er wollte uns also dort hinschleppen und uns den Mund wässrig machen?«

Niklas nickte betreten.

»Also auf den heutigen Ausflug freue ich mich. Und jetzt geh schon. Und kein Wort zu Markus, dass ich Bescheid weiß. Ich schau's mir mal an ...«

»Versprochen ... und danke ...«

»Bleibt ja in der Familie ...«, sagte sie dann, doch nur zu sich, denn Niklas stand bereits an Sophies Tür. Für Ulrike gab es nichts mehr zu tun, außer nach unten zu fahren und sich auf den Besuch in diesem Zentrum zu freuen. Zwei Fliegen mit einer Klappe. Als Fliege hatte sie sich auch noch nicht gesehen.

Es war Sophie klar, wessen Schritte sie vor ihrer Tür vernahm. Warum klopfte er nicht an? Anscheinend musste er sich erst einmal sammeln. Die Nachricht, Vater zu werden, hatte ihn kalt erwischt. Obwohl sie sicher sein konnte, dass er es nun wusste und es nichts mehr zu gestehen gab, wurde ihr flau im Magen. Den Gedanken, sich zu erheben und ihn an der Tür einfach nur in den Arm zu nehmen, verwarf sie sogleich wieder. Im Sitzen, gebettet auf weichen Kissen, waren berechtigte Vorwürfe sicher leichter zu ertragen. Er klopfte dann doch an der Tür.

»Komm rein«, rief sie ihm zu.

Das machte er dann auch. Mit Hundeblick. Und Moment mal! Feuchten Augen? Bei Niklas? Das war neu, denn nahe am Wasser gebaut war er nicht. Sie eigentlich auch nicht, und dennoch zeigten sich ihre Augen solidarisch mit den seinen.

»Sophie«, sagte er nur und kam zu ihr, zögerlich. Er wirkte hilflos und setzte sich zu ihr aufs Bett. Fast schüchtern griff er nach ihrer Hand.

»Tut mir so leid. Ich hätte es dir schon früher sagen sollen, aber die ganze Aufregung und deine Geheimnistuerei ... Ich weiß es doch selbst erst seit gestern«, erklärte Sophie.

»Was ich vorhin gesagt habe ... War wohl der falsche Moment. Ich weiß auch nicht. Ich kann das noch gar nicht glauben. Ich freu mich, und dann hab ich auch Schiss, dass wir das nicht packen und ...«

»Frag mich mal.«

Niklas legte sich schweigend zu ihr und sah ihr direkt in die Augen. Er wischte sich seine mit dem Ärmel seines Hemdes trocken. Ihre dann auch. Dann wanderte seine Hand auf ihren Bauch. Er sah wie jemand aus, der darauf wartete, dass eben gesäte Radieschen schon aus dem Boden schossen.

»Der Ausflug heut. Hat das was mit deiner Geheimnistuerei zu tun?«

»Wir wollen ein Lifestyle Center für ältere Leute aufmachen und sind dort hingefahren. Es ist großartig. Etwas, woran ich glaube. Dein Vater dachte, dass deine Großmutter uns Starthilfe gibt. Ohne sie gibt's ja keinen Kredit bei der Bank. Statt des Wohnmobils.«

»Und du hast dich noch geziert und wolltest erst gar nicht mit.« Schauspielerisches Talent hatte Niklas also auch noch.

»Mir gibt die Bank mit dem, was ich verdiene, sowieso nichts, und ich wollte dich einfach nicht enttäuschen. Was auf die Beine stellen.«

»Ihr hättet sie doch auch direkt fragen können. Da heißt es immer, wir Frauen seien kompliziert und Männer immer direkt. Also für dich und Papa gilt das nicht.«

Niklas schmunzelte und widmete seine ganze Aufmerksamkeit wieder ihrem Bauch.

»Dauert noch eine Weile, bis du da drin was spürst«, sagte Sophie.

»Da drin. Ein Teil von uns.«

Sophie ging es ähnlich. Auch wenn sie um den biologischen Vorgang und was in den nächsten Monaten in ihr vor sich gehen würde Bescheid wusste, kam es ihr trotzdem wie ein Wunder vor. Sie hatte den Eindruck, dass Niklas sich schneller an den Gedanken gewöhnte, als sie dazu imstande war, denn seine Anspannung löste sich, und sogar ein befreites Lächeln war zu sehen.

»Ist schon verrückt. Ich hab immer wieder mal daran gedacht. Wenn ich jungen Vätern auf der Straße begegnet bin. Ich hab mich gefragt, wie das mal ist. Die einen waren total entnervt, kämpften mit dem Kinderwagenverdeck, als es anfing zu regnen. Einer hatte seine Tochter in so einem Gestell aus Leder an seinem Bauch hängen. Der Geldbeutel fiel ihm runter, und er konnte sich kaum bücken.«

»Das wird mir sicher in ein paar Monaten genauso gehen. Ich sehe meine Füße dann nicht mehr beim Duschen«, erwiderte Sophie.

»Ein anderer Kerl, der war nicht viel älter als ich. Der hat sein Kind so angestrahlt. Der Junge saß mit ihm auf der Wiese. Sie haben mit einem Ball gespielt. Ich hab so viel Liebe in den Augen des Kindes gesehen. Ein ganz eigenwilliger Glanz. Den haben anscheinend nur Kinder, weil sie unbeschwert glücklich sind«, sinnierte er.

»Wir haben trotzdem nie darüber gesprochen«, überlegte Sophie laut.

»Es lag noch so weit in der Zukunft.«

»Dort sind wir jetzt aber angelangt.«

»Wir schaffen das. Und heiraten sollten wir jetzt auch, oder nicht?«

»Das klingt nach ›müssen‹«, beschwerte sie sich.

Niklas schmiegte sich nun an sie.

»Müssen? Stimmt, aber nicht, weil wir ein Kind haben werden. Ich kann nicht ohne dich sein. Die Frau, die man liebt, die heiratet man doch auch, oder nicht? Vorausgesetzt, du möchtest mich auch und hörst damit auf … Du weißt schon … Und keine Flirts mit irgendwelchen Amerikanern mehr.«

»Ich werde dir jedenfalls so treu sein, wie Oma und Opa es zeit ihres Lebens waren.«

Niklas stutzte. Er kannte ja nur die Scherzversion.

»Das haben sie nur erzählt, weil Mama glaubte, dass Papa kein Date mit der Mona Lisa hatte.«

Niklas schüttelte ungläubig den Kopf.

»Also schwören wir uns ewige Treue? Jetzt und hier?« Seine Theatralik brachte Sophie zum Schmunzeln.

»Das reicht doch noch auf dem Standesamt«, zog sie ihn auf.

»Jetzt gleich. Schwörst du?«

Sie nickte.

»Du auch?«

Er tat es auch und besiegelte ihren vorehelichen Pakt endlich mit einem Kuss, der zu Sophies Erstaunen nicht mehr nur von purer Lust und Verlangen befeuert wurde, sondern von einem Gefühl, das viel tiefer reichte. Dem der Nähe. Doch ausgerechnet das erzeugte ein noch größeres Verlangen und die Gewissheit, dass ihre Liebe all dem, was auf sie zukommen würde, gewachsen war.

Abfahrt um halb elf, hatte es geheißen. Daraus war nichts geworden, was mehr oder weniger an Anja lag, weil sie Sophie nach dem Anstoßen auf ihre erfreulichen Umstände mindestens eine halbe Stunde lang mit den schönsten Erinnerungen aus ihrer Zeit als frischgebackene Mutter beglückt hatte. Man musste Sophie den Mund wässrig machen. Heiraten wollten sie. Da durfte nichts mehr dazwischenkommen. Nun waren sie auf dem Weg zu diesem Franchise-Objekt, das wohl nicht nur über Niklas' Zukunft, sondern auch über die ihres Studios entscheiden würde. Ihre Eltern mit Sophie und Niklas im Gepäck fuhren hinterher. Zwei mittlerweile nahezu in perfektem Glück gebettete Paare. Beide mit neu gestellten Weichen. Hatte ihre Mutter eigentlich schon darüber nachgedacht, dass sie bald Uroma würde? Da fiel Anja ein, dass sie dann die Oma in der Familie wäre. Ein schrecklicher Gedanke – und doch auch schön.

»Meinst du, Sophie hat dir nur ein Wort geglaubt? Das war ja schon Propaganda. Ein Loblied auf die glücklichste Zeit im Leben. Und dann die Story mit den Hormonen und dem gestärkten Immunsystem, weil die Natur schon dafür sorgt, dass man nicht krank wird, um das Kind zu versorgen. Du hast alle paar Wochen flachgelegen. Ein grippaler Infekt nach dem anderen, und ich hab seit der Stomatitis, die Sophia vom Kindergarten heimgeschleppt hat, zehn Prozent weniger Zahnfleisch und krieg seither ohne Zahnseide meinen Mund nicht mehr sauber«, sagte Markus, nachdem sie den Parkplatz direkt an einer Parkanlage erreicht hatten. Von dort führte ein Weg zu einer Art Herrenhaus mit modernem Anbau aus Glas. Hübsche Ecke.

»Also, ich hab die Wahrheit gesagt. Punktuell.«

»Ich hab das anders in Erinnerung. Das war stressig damals, und du hattest ständig Angst, dass ich irgendetwas falsch mache«, sagte Markus.

»So sind Mütter halt.«

Mittlerweile war der Wagen ihres Vaters in die freie Parklücke ein paar Meter vor ihnen gefahren. Sophie und Niklas stiegen aus. Sie zupfte ihm die Jeansjacke gerade. Die beiden wirkten jetzt schon wie ein eingespieltes Ehepaar. Und hatte sie ihren Vater jemals dabei gesehen, dass er ihrer Mutter die Beifahrertür öffnete und ihr aus dem Wagen half? Paris-Therapie. Anders konnte man es nicht mehr bezeichnen.

»Ob aus Sophie auch so ein Muttertier wird?«

»Glaub ich nicht. Das sind doch jetzt ganz andere Zeiten.«

»Stressigere.«

»Sie werden das Kind schon schaukeln.«

Markus nickte zuversichtlich.

»Wir haben jetzt auch einiges zu schaukeln, auch wenn's wohl Niklas' Kind sein wird, nehme ich mal an.«

»Und wenn Mama nicht anbeißt?«

»Dann müssen wir halt weitermachen wie bisher. Ich kann

ja Öko-Säfte oder auch noch Massagen anbieten, damit wir neue Mitglieder gewinnen.«

»Du meinst wohl, eine weitere Schwedin einstellen?«

Markus lachte.

»Ich gebe mein Bestes«, versprach Anja.

»Aber übertreib nicht. Deine Mutter hört das Gras wachsen. Wirst sehen, die finden das so toll, dass wir nur noch einen günstigen Moment abwarten müssen, um dann ganz nebenbei ...«

»Ich weiß, das hast du mir jetzt schon mindestens zweimal erklärt.«

»Na, läuft doch schon alles wie geschmiert.« Anja folgte Markus' Blick. Ihre Mutter sah sich bereits um. Der angrenzende Park war aber auch eine Augenweide. Und sicher waren ihr auch nicht die beiden älteren Herrschaften entgangen, die auf dem Weg vom Haus in Richtung eines kleinen Teichs joggten. Sie stupste ihren Vater in die Seite und deutete auf die beiden. Anja konnte bei geschlossener Wagentür und aus der Distanz kein Wort hören, aber sie glaubte zu wissen, was ihre Mutter zu ihm sagte. »Geht doch. Das solltest du auch mal machen.« So oder so ähnlich.

»Auf in den Kampf!«, sagte Markus, bevor sie beide ausstiegen. Oma und Opa. Gütiger Himmel, das war gewöhnungsbedürftig.

Es war sagenhaft. Traumhaft schön, diese kleine Parkanlage. Man könnte meinen, dass sich der Landschaftsgärtner von Monet hatte inspirieren lassen. Ulrike hatte bei ihrem kurzen Spaziergang durch das Gelände die Seerosen im Teich als Erste entdeckt. Sie waren allerdings nicht hier, um den Park zu bewundern. Das wusste sie inzwischen, insofern ließ sie sich Zeit, um die Gartenlandschaft gebührend mit der Kamera ihres Smartphones zu würdigen. Das machte umso mehr Spaß, weil sie Markus anmerkte,

dass er wie auf Kohlen saß. Auch Anja schien nicht geahnte kon-
spirative Qualitäten zu besitzen. Anders ließen sich Anjas Versuche, ihre und die Aufmerksamkeit von Hans unentwegt auf dieses Zentrum und diese anscheinend überglücklichen supervitalen
älteren Menschen zu lenken, nicht erklären. Sie machte es schon
wieder, dabei war Ulrike noch mit der Makroaufnahme einer besonders schönen Blüte beschäftigt.

»Wie kann man in dem Alter noch so fit sein?« Anja sagte das
so laut, dass es einer Aufforderung gleichkam, ihrem Blick zu folgen. Ulrike ignorierte es. Hans hingegen nicht. Erst als Ulrike
mit der Aufnahme zufrieden war, besah sie sich die schnell wal-
kende Truppe. Ein gutes Dutzend locker über Siebzigjährige, die
mit Walkingstöcken und schicken Trainingsanzügen einem jungen Kerl hinterhertrabten. Sie wirkten bestens gelaunt, unterhielten sich lebhaft und bogen dann in Richtung eines Weges ab, der
in ein kleines angrenzendes Wäldchen führte.

»Sollte ich vielleicht mal probieren«, meinte Hans.

»Papa. Das wäre ideal für dich. Ist ja kein Joggen.«

»Walken ist gelenkschonend, und in einer Gruppe macht es
Spaß.«

Ulrike sah Markus nach, dass er Werbung für diesen Hokuspokus machte. Es amüsierte sie.

Einmal den Teich umrundet, stießen sie auf ältere Herrschaften, die auf gelben Yogamatten meditierten. Das schien hier ein
Jungbrunnen zu sein. Ulrike konnte sich gar nicht mehr daran
erinnern, wann sie zum letzten Mal im Schneidersitz gesessen
hatte. Irgendwie fühlte sich das gerade so an, als hätte sie eine
günstige Busreise in den Süden gebucht und war auf dem Weg
dorthin in eine Verkaufsveranstaltung für Schaffelle geraten. Einmal auf dem Weg nach Spanien erlebt. Gebranntes Kind.

Ein Trimm-dich-Pfad mit für den Außenbereich geeigneten

Fitnessgeräten durfte natürlich nicht fehlen. Niklas hüpfte gleich auf eine Hängebrücke, die Teil dieses Pfads war. Er hangelte sich an den Armen gestützt auf wackligem Boden den gut zehn Meter langen Parcours entlang und juchzte. Markus schloss sich ihm an. Ulrike traute ihren Augen nicht, dass Hans es nun auch wagte, sich darauf zu begeben. Hoffentlich ging das mal gut, er eierte ja ganz schön auf diesen wackligen Holzplanken herum.

»Yeah. Hans. Komm schon«, feuerte ihn Markus an.

Niklas war als Hilfestellung in der Nähe, doch Hans schlug sich zu Ulrikes Überraschung wacker. Nach der Hälfte fingen seine Arme etwas an zu zittern. Das war auch kein Wunder. Ab fünfzig bauten die Muskeln ab, wenn man sie nicht trainierte, und vom Tippen trainierte man sie nicht. Und wie er strahlte, als er es bis ans Ende geschafft hatte.

»Wahrscheinlich kann ich nachher beim Essen das Besteck nicht mehr ruhig halten«, sagte er. Spaß gemacht hatte es ihm anscheinend trotzdem.

»Und wo ist jetzt der Wellnessbereich? Innen?« Hans sprach es dann doch aus.

»Sauna, türkisches Dampfbad, Massagen, Ernährungsberatung, Büfett mit Biokost, Lifestyle-Seminare, Ayurveda, Tantra, Kosmetik – alles unter einem Dach und speziell für die älteren Semester«, frohlockte Markus.

»Tantra?«, hakte Hans nach.

»Grad im Alter. Macht locker und munter«, Markus drehte zu Ulrikes Belustigung auf.

»Das machen Leute in unserem Alter?«, wollte sich Hans vergewissern.

»Klar.«

Ulrike hatte Mühe, nicht loszufeixen. Sie stellte sich gerade Menschen in ihrem Alter vor, wie sie sich auf Gummimatten verrenkten und versuchten, längst eingeschlafene erogene Zonen wiederzubeleben. Andererseits ... Warum eigentlich nicht? Vielleicht stellte man sich nur selbst Hürden auf, was altersgerecht war und was nicht. Die auf den Yogamatten sahen jedenfalls so aus, als hätten sie ihre erogenen Zonen noch alle im Griff. Wer so zufrieden lächelte und in sich ruhte, der brauchte wahrscheinlich gar keinen Tantrakurs.

»Wow. Das ist ja toll eingerichtet«, schwärmte Anja, als sie den Eingangsbereich betraten.

»Und wie das duftet«, Sophie schloss sich den Lobgesängen nun auch an, aber sicher nur, weil ein angenehmer Blütenduft unaufdringlich, aber doch vernehmbar in diesem Raum hing. Schöner Empfangsbereich. Eine gepflegte ältere Dame hinter dem Tresen unterhielt sich dort mit einem älteren Paar und erklärte einen Plan, der vor ihr ausgebreitet auf dem Tresen lag.

»Ich hol mal so eine Broschüre. Mal sehen, wo hier was ist«, meinte Markus.

Als ob er das nicht schon längst wüsste.

»Hier, für euch. Sucht euch was aus. Ihr könnt machen, was ihr wollt.« Schon hatten Hans und sie je drei Broschüren in der Hand. Sophie blätterte auch in einer.

»Die organisieren sogar Ausflüge aufs Land zu Biobauern. Krass«, Sophie hatte anscheinend schon Feuer gefangen.

Anja besah sich die Broschüren auf dem Weg zur Terrasse, wohin Markus sie führte.

»Mensch, so etwas könnten wir doch auch machen. Der Laden scheint gut zu laufen«, sagte sie an Markus gerichtet.

»Wir haben aber keinen Park, keinen Teich und kein Herrenhaus.« Wie glaubhaft sich Markus zierte.

»Braucht's doch nicht. Hauptsache, die Leute haben so ein Angebot. Es traut sich doch von den Älteren kaum jemand ins

Gym. Ein bisschen Werbung, und der Laden läuft. Man muss ja nicht gleich alles anbieten.«

»Was sagt ihr dazu? Ihr seid doch die Zielgruppe.« Markus wandte sich direkt an Ulrike und Hans.

»Könnte gehen. Also, vielleicht würde ich dann auch mal vorbeischauen. So reinschnuppern ...«, räumte Hans ein.

»Das macht er doch nur, wenn Tantra im Angebot ist«, witzelte Markus, was ihm gleich einen Ellbogenhieb von Anja einbrachte.

»Aber da müssten wir ordentlich was reinstecken. Investieren. Die Räumlichkeiten wären vorhanden, und wir haben einen Park in der Nähe. Outdoor im Sommer. Eventuell gibt uns der Huber noch einen Teil seines Lagers zur Miete«, überlegte Markus laut.

»Das können wir uns nie im Leben leisten«, schränkte Anja ein. Perfekt inszeniert das Ganze.

Markus öffnete ihnen die Glastür zu einer ausladenden Terrasse.

»Jetzt bin ich mal auf das Essen gespannt.«

»Hier steht, dass jeder einen individuellen Ernährungsplan bekommt. Zum Abnehmen, um das Cholesterin zu senken. Die arbeiten sogar mit Ernährungsberatern zusammen.« Anja fielen fast die Augen raus. Gut gespielt.

Ulrike ließ alle vorgehen und hielt Hans diskret am Jackenärmel zurück. Der stutzte.

»Wenn ich jetzt gleich Blödsinn erzähle: Spiel einfach mit. Tu mir den Gefallen.«

»Du willst Blödsinn erzählen? Na, meinetwegen.« Dann betrat auch er die Terrasse.

Markus hatte schon einen Tisch auserkoren. Anscheinend war der bereits für sie reserviert, denn das Personal hatte drei Tische zu einer langen Tafel zusammengestellt. Blümchen steckten in den Vasen. Ein schönes Plätzchen.

»Meinst du, die Bank gibt uns einen Kredit?« Anja war immer noch am Durchblättern der Broschüre, nachdem sie ebenfalls Platz genommen hatte.

»Wird schwierig …« Nun näherte sich das Ganze der heißen Phase. Anja und er sahen sie mit diesem eigenartigen Hundeblick an. Das schien Ulrike der richtige Zeitpunkt zu sein. Sie freute sich schon auf seine und Anjas Gesichtsentgleisungen.

»Also, wir würden euch ja gerne unter die Arme greifen …«, fing sie an, nur um das Leuchten in Markus' Augen zu genießen.

»Aber Hans und ich … wir brauchen das Geld für das Wohnmobil. Wir haben gestern noch darüber gesprochen. Und unterwegs brauchen wir ja auch was. Essen, Autobahngebühren, und ihr wisst ja, dass Stellplätze nicht nur knapp geworden sind, sondern mittlerweile mehr kosten als die Unterkunft in einem Hotel. Nicht wahr, Hans?«

»Wohnmobil. Ja. Stimmt«, stammelte Hans und sah sie irritiert an.

Anja und Markus tauschten Blicke. Niklas sah sie fragend an. Der arme Kerl. Nur seinetwegen gedachte sie, die beiden am Boden Zerstörten nicht länger leiden zu lassen.

»Das habt ihr euch beide ja fein ausgedacht. Nach Paris locken, den Mund wässrig machen und unsere Ehe retten, damit ich das Geld nicht für so ein Wohnmobil verjuble, das mir sowieso an der spanischen Grenze geklaut wird.« Jetzt war es raus.

Sophie feixte. Niklas wirkte erleichtert. Anja und Markus hingegen rutschten auf ihren Stühlen einige Zentimeter tiefer.

»Hast du dazu nichts zu sagen, Markus? Und du, Anja?«

Die beiden sahen sich fragend an. Wer wohl als Erstes den Mund aufmachte?

»Na ja … Niklas hatte die Idee. Das Studio läuft nicht mehr so wie früher … Hans täte etwas Bewegung auch gut und …«

»War wirklich gut gemeint, Mama«, versicherte Anja ihr.

»Uns so hinters Licht zu führen«, entrüstete Hans sich. Ihn hatte Ulrike bewusst nicht eingeweiht, um zu sehen, wie er auf dieses Lifestyle-Dings reagierte.

»Ich leih euch, was ihr für die Bank an Eigenkapital braucht, aber nur, weil Niklas und Sophie eine Starthilfe benötigen«, stellte Ulrike klar.

Anja wirkte unendlich erleichtert. Markus hingegen saß immer noch da wie ein geprügelter Hund.

»Tut mir echt leid … Ich dachte mir halt, zwei …«

»… Fliegen mit einer Klappe, nicht wahr?«, sagte Ulrike.

Markus nickte. Dass Niklas etwas betreten dreinschaute, registrierte er.

»So, meine Lieben. Nachdem unsere Ehe nun gerettet ist, euer Studio, die Zukunft meiner Enkelin und des hoffentlich baldigen Schwiegerenkels, ihr beide euch auch wieder vertragt, könnten wir doch endlich was zu essen bestellen. Mir knurrt nämlich der Magen«, sagte Ulrike in die Runde.

Für einen Moment herrschte Schweigen am Tisch.

»Danke, Mama«, sagte Anja schließlich. Dann griffen alle zur Speisekarte. Nur Hans nicht.

»Jetzt leg doch diese Broschüre weg. Du brauchst doch eh immer so lange, bis du weißt, was du essen willst.«

Hans knickte sie an einer Stelle ein und ließ sie dann in seiner Jackentasche verschwinden.

Ulrike glaubte sich auf dem Traumschiff. Sie hatte gerade die Kapitänsrede gehalten. Jetzt fehlten nur noch Dinner-Marschmusik und weiß uniformierte Köche, die alle möglichen Schlemmereien mit Wunderkerzen auf dem Tablett hereintrugen. Gottlob blieb ihr wenigstens das auf dieser Reise erspart.

Epilog

Ulrike hatte zuerst gedacht, es sei ein schlechter Scherz. Hans'
in Paris neu entfachte unbändige Lust, sie glücklich zu machen,
schien ungebremst zu sein. Den »Scherz« hatte er in einer dieser
Ausflugsbroschüren entdeckt und, nachdem sie von ihrem Well-
nesstag wieder zurück im Hotel gewesen waren, Ulrike dazu auf-
gefordert, sich gleich am nächsten Morgen zum Friseur ums Eck
zu begeben, um sich richtig hübsch zu machen. Allem Anschein
nach noch so ein konspiratives Ding wie das von Markus eingefä-
delte. Angeblich eine Überraschung, die ihr gefallen würde. Noch
eine Fahrt mit der Ente? Aber dafür setzte man sich doch nicht
in den Friseursalon. Gleich zu dritt, denn Anja und Sophie hatte
er anscheinend bereits eingeweiht. Aus den beiden war kein Wort
herauszukriegen. Verschwiegen wie ein Grab. Auch Anja und Sophie hatten ihr versichert, dass ihr wirklich eine sehr schöne
Überraschung bevorstand. Was sollte man da weiter nachbohren.
Am besten die ganze Schönheitsprozedur über sich ergehen lassen. Waschen und legen, Fingernägel in Form feilen und lackieren
lassen. Und zu guter Letzt Make-up. Was um alles in der Welt hatten sie gegen zwei Uhr nachmittags vor? Am Abend wollten sie
doch zurückfahren, also konnte es kein Ausflug auf einem dieser Boote auf der Seine sein. Der dauerte doch Stunden. Irgendein Empfang vielleicht? Ulrike gab es mittlerweile auf. Das war so

ermüdend. Hans hatte ebenfalls einen Anzug an und frisch geputzte Schuhe. Eine Vernissage? Hör auf!, ermahnte Ulrike sich. Fest stand nur, dass sie in Richtung Eiffelturm fuhren. Der kam immer näher, und Hans bog dann tatsächlich Richtung Marsfeld ab.

»Jetzt sind wir doch gleich da. Sag schon! Wieso mussten wir uns alle so aufbrezeln?«

Hans lächelte nur verschmitzt, wie schon seit heute Morgen beim Frühstück. Die anderen wussten anscheinend Bescheid, denn auf einmal überholte sie Markus' BMW. Was ging hier vor?

Nach der nächsten Kurve wurde Ulrike zumindest das Ziel der Überraschungsfahrt klar. Markus war gerade dabei, seinen Wagen beim Invalidendom gegenüber dem Marsfeld zu parken. Dort lag Napoleon begraben. Dafür der ganze Aufwand? Um das Grab des Feldherrn zu besuchen? Das konnte doch nicht sein. Anscheinend war das auch nicht der Fall, denn Hans kurvte noch etwas herum, um ebenfalls einen Parkplatz zu ergattern. Er fand ihn direkt am Marsfeld. Im Rückspiegel konnte Ulrike sehen, dass die Truppe bereits im Anmarsch war. Warum um alles in der Welt hatten Anja und Sophie auf einmal Blumensträuße in der Hand? Und wieso winkte ihnen eine Frau, die Ulrike noch nie zuvor in ihrem Leben gesehen hatte, frenetisch vom Marsfeld aus zu? Sie war nicht allein. Dort stand auch noch ein Fotograf. Eine Fotosession vor dem Eiffelturm, gut angezogen, für die Nachwelt beziehungsweise als Erinnerung an die Parisreise? Die würde Ulrike sowie nicht vergessen.

»Das ist wirklich eine schöne Idee«, sagte Ulrike.

»Finde ich auch.«

»Aber der ganze Aufwand nur für so ein Foto? Wir hätten uns doch alle ganz normal angezogen und nicht so aufgedonnert vor den Eiffelturm stellen können. Irgendein Tourist hätte uns schon fotografiert.«

»Nicht ganz, meine Liebe«, sagte er, stellte den Motor ab und stieg aus.

Markus, Anja, Niklas und Sophie strahlten wie Honigkuchenpferde. Hilfe! Da war irgendetwas im Busch. Ulrike holte tief Luft und stieg ebenfalls aus dem Wagen.

Die Frau sah immer noch zu ihnen her. Sie strahlte ebenfalls, fast schon unnatürlich, und doch schien es authentisch zu sein.

»Wer ist das?«, fragte Ulrike.

»Michèle.«

»Was macht die hier?«, hakte Ulrike mittlerweile mit leicht erhöhtem Puls nach.

»Michèle ist Traurednerin.«

»Wie? Was redet die? Traut euch, oder was? Will die uns Mut für ein Foto …« Ulrike stockte. Nun schoss der Puls richtig nach oben. Trauung!

Jetzt ging Hans auch noch theatralisch auf die Knie. Ulrike wurde schummrig.

»Meine liebe Ulrike. Ich weiß, die letzten Jahre an meiner Seite waren nicht immer einfach. Ich war mit meinem Leben so unzufrieden und hab dabei gar nicht gemerkt, dass ich eigentlich gar keinen Grund dazu hatte. Weil du immer an meiner Seite warst. Und dann habe ich mich hier an so viel Schönes erinnert und die Gewissheit gewonnen, dass es wieder so schön sein kann wie früher. Anders, weil wir ja nicht mehr die Jüngsten sind, aber das soll mich nicht mehr daran hindern, endlich wieder zu leben, mit dir. Ich frage dich hier, vor unserer versammelten Familie, ob du noch einmal meine Frau werden möchtest.«

Ulrike stockte der Atem. Er griff nach ihrer Hand. Ihre und die von Hans waren patschnass. Sophie zückte bereits ein Papierta-schentuch. Alle Blicke lasteten auf ihr und ihrem Mann auf Knien.

»Das ist doch jetzt nicht euer Ernst.«

»Doch. Erneuerung eines Eheversprechens. Hier in Paris. Mama. Ich heul gleich«, gab Anja mit angeschlagener Stimme von sich.

»Ja«, sagte Ulrike mit vor Rührung belegter Stimme. In sol-chen Momenten schaltete man sein Hirn ab. Ulrike bekam das darauf Folgende nur noch in einem tranceähnlichen Zustand mit. Hans führte sie zum Motiv. Die Blümchenkinder positionierten sich links und rechts neben Michèle. Was für ein hübsches Paar sie seien ... Das bekam Ulrike noch mit. Ein Rausch. Besser als je-der Joint. Michèle legte daraufhin los. Was hatte die junge Frau mit Pagenschnitt, quasi eine junge Mireille Mathieu, doch für ei-nen süßen französischen Akzent im Deutschen. Sie seien hier, um die anhaltende Liebe zu feiern, die alle Herausforderungen des Lebens zu überstehen vermochte. Dass eine Ehe anstrengend war, wusste Ulrike nur zu gut, auch um die Glücksmomente, die mit Enttäuschungen und Schicksalsschlägen im Leben um die Wette liefen. Natürlich, auch da hatte Michèle in ihrer Rede recht, ver-änderte man sich über die Jahre, manchmal sogar den Charakter. Verborgene Facetten würden zutage kommen. Alles im Wandel der Zeit. Zurückblicken auf all das Gemeinsame und daraus eine Wertschätzung für den anderen ziehen, nach vorn schauen, ge-meinsame Pläne schmieden. Sich fragen, welche Wünsche noch unerfüllt seien. Träume gemeinsam erkunden und vor allem den Reichtum feiern, einander zu haben. Die Hände sollten sie sich nun reichen. Ulrike kam dem mittlerweile in einer rosa Wolke schwebend nach.

»Wollt ihr, Hans und Ulrike, euer Eheversprechen erneuern, auch weiterhin gemeinsam durchs Leben gehen, Freud und Leid miteinander teilen, eure Schwächen mit gegenseitigem Verständnis tragen und euch ewige Liebe schwören?«

»Ich will«, krächzte Hans.

Ulrikes Stimme drohte ebenfalls zu versagen, als sie die Frage bejahte.

»Dann erkläre ich euch für Mann und Frau, für die Ewigkeit«, besiegelte Michèle dieses Gelöbnis.

Ulrike schluchzte. Vor Glück. Der Fotograf huschte um sie herum. Machte der jetzt Fotos von ihren verheulten Gesichtern? Sei's drum. Ulrike hatte das Gefühl, Hans wollte sie nie wieder loslassen. Er tat es dann doch. Anja fiel ihr als Nächstes um den Hals, dann Sophie, und selbst Niklas und Markus drückten sie. Und das alles vor diesem wunderschönen Panorama und einer Ansammlung von Touristen, die heftig applaudierten. Was für eine perfekte Inszenierung – bis auf eines. Der Fotograf hielt Hans eine rote Rose hin. Nein! Alles, bloß das nicht. Ulrike steckte Hans die Rose trotzdem ins Revers.

»Un bisou«, verlangte der Fotograf. Ein Kuss vor diesem traumhaften Panorama. Hans konnte das endlich wieder. Was für ein verrückter Abschluss dieser Reise. Um die Auszahlung einer Lebensversicherung ärmer, aber um einen zu alter Frische aufgebackenen Ehemann und bald um ein Enkelkind reicher.

C'est la vie!